역사와 인문치료학

역사와 인문치료학

유재춘 · 엄찬호

책머리에

역사는 지나간 사실을 다루는 학문이기에 현재의 문제와 밀접한 관련이 있으며, 또한 미래의 배경이기도 하다. 지나간 모든 일의 있는 그대로의 사실이든 역사가에 의해 재구성된 사실이든 역사는 현재와 미래의 본바탕으로 문제의 근원을 탐구하는데 반드시 필요하다. 이러한 점이 역사의 학문적 성격이면서 역사를 인식하는 인류에게 문제 해결의 단서를 제공하고 교훈을 준다고 할 수 있다.

물론 역사가 반복된다고는 할 수 없지만, 과거와 현재는 서로 떨어져 있는 것이 아니라, 시간의 흐름속에서 앞과 뒤의 자리를 갖는 것일 뿐 본질적으로는 하나로 통일되어 있어서 충분한 경험치를 얻을 수 있다. 역사가 과거를 다루는 학문이면서도 현실과 밀접하게 관련되어 있는 이유가 여기에 있다.

따라서 역사는 과거의 텍스트에서 인간의 폭력과 죄악, 불의를 역사의 법정에 끄집어내어 단죄함으로써 비판적으로 역사를 읽게 하고 과거를 현재의 삶의 반성으로 삼게 하여, 현재의 삶에 기여하고 있다. 또한 역사의 지식은 미래를 조형해 나가는 현재에 도움이 될 때 가치가 있는 것으로, 적극적으로 삶을 조형하는 관심 속에서만이 역사학은 그 진정한 의미를 획득하는 것이다.

그러한 의미에서 역사는 개인의 트라우마나 사회적 병리현상에 대한 치유의 역할도 감당해야 한다. 역사는 과거의 문제를 분석하여 역사적 외상에 시달리는 사람들에게 치유의 길을 제시해 주는 것이다. 특히 한국의 근현대사는 내우외환으로 정상적인 역사의 발전을 가져올 수 없었으며 왜곡되고 변질된 사회구조로 행복한 삶을 영위하기도 어려웠다. 국가는 여전히 분단구조라는 비정상적인 체제를 유지하고 있으며, 국민 중 상당수는 국가폭력이나 이데올로기의 폭력에 희생되어 트라우마 속에 살고 있다. 이러한 사회구조의 문제와 개인의 문제를 해결하는 길은 역사속에서 찾아야 할 것이며, 치유 받아야 할 것이다.

역사 트라우마는 과거의 특정한 정치적 · 경제적 · 문화적인 사건으로 인하여 충격이 주어짐으로써 발생하는 것으로 그것을 치유하기 위해서는 충격으로 인한 억울함을 풀어주는 것으로부터 시작되어야 한다. 따라서 역사치유에서는 무엇이 마음을 억압하는지를 찾아내는 것이 중요하며, 왜 억압되어 왔는지를 알아내어 스스로 그 억압의 주체로부터 자유함을 찾는 것이 치유에 이르는 길이 될 것이다.

이 책은 역사의 치유 문제를 다루고 있다. 1부에서는 인문학이 갖는 치료의 의미와 인문치료학에서 역사학의 역할을 찾아보고, 퇴계의 경사상을 통한 마음 치유의 의미를 규명하였다. 2부에서는 한국근현대사 속의 역사왜곡과, 국가폭력에 의한 트라우마, 한국전쟁 전후 행해진 민간인 학살 문제, 과거사 청산의 진정한 의미, 남북통일을 위한 동질성 회복문제를 인문치료의 시각에서 고찰하였으며, 그리고 한말 동학의 치유사상을 살펴보았다.

인류만이 과거라는 짐을 짊어지고 살아간다. 인류의 삶은 단순히 동물처럼 정해진 본능에 따라 살아가지 않고, 삶의 의미를 구성하며 역사적으로 살아가기 때문이다. 그러므로 의미있게 역사적으로 살아간다는 것은 건강한 삶을 의미하며 보다 나은 삶을 위해 인류는 스스로 성찰하고 경계하며 치유의 삶을 추구한다. 이 책이 역사의 치유에 대한 의미를 되새기는 계기가 되기를 바란다.

2017년 7월

저자를 대표하여 엄찬호 씀

차 례

제1부

인문학과 역사 치유

01

인문학의 치유적 의미에 대하여

01

인문학의 치유적 의미에 대하여

엄찬호

1 머리말

근래에 인문학의 효용성 문제가 제기되면서 인문학에 대한 다양한 성찰이 있어 왔다. 그럼에도 아직까지 인문학이 어떻게 쓰일 수 있는가에 대한 문제는 지난한 과제를 안고 있다. '인문치료(人文治療)'도 그러한 한 방향으로 설정되어 인문학의 효용적인 영역의 개척분야에 속한다고 하겠다.

인문학의 치유(治癒)[1]적 활용에 있어서는 기존 의학의 치료과정에 따른 보조수단으로 '의료인문학' 또는 '인문의학'이 논의 되어 왔고, 또 한편으로는 심리학분야의 다변화에 따른 다양한 방법론으로서 합리적 정서치료나

1 치료와 치유 : 치료(治療)는 사전적의미로 '질병 · 상처 · 몸의 기능 이상 등을 낫게 하기 위한 의학적 행동이나 수단'이라고 정의하고 있고, 한자의미로는 '병이나 상처를 다스려서 낫게 함'이라 할 수 있고, 치유(治癒)는 한자의미로 '치료하여 병을 낫게함'이라고 정의 하고 있어, 사전적인 의미로는 큰 차이가 없어 보인다. 그러나 우리 몸에 상처가 나면 '치료(treatment)'를 한다고 하지 '치유(healing)'를 한다고 하지는 않는다. 그러나 중병이나 마음의 병이 생겼을 때는 치료보다는 치유한다는 말이 더 어울린다. 치료는 병을 고치거나 상처를 아물게 하기 위한 단순히 외과적 조치를 취하는 것을 말하고 치유는 병의 근본원인을 제거해 그 병이 없던 상태로 되돌리는 것을 말한다. 정치나 사회적 의미에서도 치료와 치유의 의미에는 차이가 있다. 인간의 정신이 부패하고 퇴락하여 사회적 문제가 생겼을 때 임시적 처방으로 새로운 규정을 만들고 벌칙을 가하는 것은 치료에 해당하고, 그러한 문제가 발생하게된 근본 원인을 찾아내 다시는 같은 문제가 발생하지 않도록 조치를 취하는 것은 치유에 해당한다.(http://cafe.daum.net/truthmind/Qlw3/16) 이에 본 논고에서는 인문학의 관점에서 볼 때 '치유한다'는 표현이 더 적합할 것이라 생각되어 '치유'라는 표현을 쓰고자 한다.

인지치료에 활용되고 있고, 나아가 문학치료나 예술치료 분야 등으로 전개되어 왔다. 그리고 인간의 심리와 영혼의 세계에 대한 통찰을 통해 인간을 보다 심층적으로 이해하고 나아가 내면세계에서 고통스러워하는 정신적 상처를 치유할 수 있다고 보는 철학치료의 논의가 진척되어 왔다. 여기에 인문한국학사업의 일환으로 인문치료학이 본격적인 인문학의 치료적 활용에 대한 문제를 제기하고 있다.

강원대학교 인문치료사업단은 인문치료에 대해서 "인문치료란 인문학적 정신과 방법으로 마음의 건강과 행복을 위해 인문학 각 분야 및 연계 학문들의 치료적 내용과 기능을 학제적으로 새롭게 통합하여 사람들의 정신적 · 정서적 · 사회적 문제들을 예방하고 치유하는 활동이다."[2]라고 소개하고 있다.

따라서 인문학의 치유적 의미는 문학 · 역사 · 철학으로 대변되는 인문학으로 사람들 개인의 문제인 정신적 · 정서적 문제와 사회적 문제들을 예방하고 치유하는 것이다. 곧 인류의 삶과 함께하고 있는 인문학은 고유의 정체성을 가지고 있기 때문에 기존의 정신 · 심리 치료체계와는 다른 치유적 의미가 있다 할 것이다.

그러나 인문학이 치유적으로 어떻게 작용될 수 있는가의 문제나, 기존 정신 · 심리 치료와의 차별성을 어떻게 가질 것인가는 보다 더 충분한 논의가 따라야 할 것으로 보인다. 이에 본고에서는 인문학 고유의 치유성을 천착하여 봄으로써 인문학의 치유적 의미를 고찰해보고자 한다. 또 인문학은 문학과 역사, 철학이 포함되어 있는 종합학문의 성격을 가지므로 기존의 개별학문의 치료적 역할을 통합적 인문학에서 어떻게 수용할 수 있을 것인지와 아울러 그에 따른 개인적 치유 뿐만 아니라 사회적 치유의 의미도 있음을 알아보고자 한다.

---

2 강원대학교HK인문치료사업단, 『인문치료』, (춘천:네오뮤즈, 2008), 18쪽.

2
인문학의 치유 연원

'인문학(人文學)이 무엇인가'에 대해서는 끊임없는 물음과 대답이 반복되어 오고 있지만, 여전히 정의되지 못하고 있다. 근본적으로 인문학은 인간과 관계되는 학문이기 때문에 넓은 의미로는 모든 학문이 인문학에 포함 될 수도 있을 것이고, 좁게 보자면 문학과 역사, 철학을 중심으로 하는 분석적이고 비판적이며 사변적인 학문을 이른다고 할 수 있다. 따라서 좁은 의미의 인문학을 통해서도 인문학의 고유한 특성을 찾을 수 있을 것이라 생각하기에 인문학과 치유의 관계를 본고에서는 문학·역사·철학을 중심으로 살펴보고자 한다.

첫째, 인문학의 치유적 의미는 인문학과 함께 인류 역사 시발점에 그 기원을 두고 있다. 인문학은 출발점을 인간다움의 추구에 두고 있었으므로 인문학은 인류의 역사 시작과 함께했다고 할 것이다. 전근대사회의 주술적인 원시신앙으로부터 고대학문의 성립기에 이르기까지 당시의 문화적인 활동은 곧 인간다움의 탐구였고, 인문학이라고 할 수 있기 때문이다.

원시사회에서 제사장들은 인간의 문제를 신적인 영역에서 찾고자 했고, 아울러 신과 인간의 어긋남으로 인해 발생한 불건강의 문제는 신과의 원활한 소통을 통해서 해결하고자 하였던 것이다. 곧 의학이 발생하기 이전 사람들은 모든 건강하지 못한 상태를 그것이 육체적이든 정신적이든 정신적인 문제로 보았고, 그 해결을 위해 절대자에 의존하였던 것이다. 고대 학문의 출현 시점에서도 지금의 인문학에 해당하는 문학·역사·철학의 출발은 종교를 근간으로 하고 있었다. 곧 종교를 근간으로 출발한 인문학은 인간의 문제를 신과의 관계속에서 해결하고자 하였으며, 신과 이상적인 체제를 회복하기 위해 노력하였고, 그로 인해 치유의 문제도 해결 되었던 것이다. 그러한 의미에서 인문학은 인류의 역사와 함께 치유의 문제에 대해 끊임없이 고민하고 해결을 위한 노력을 경주해왔다고 할 수 있다. 인문학은 세상 사람들이 삶의 문제를 고민하는 한, 시공을 초월하여 언제 어디서나 항상 밑

바탕에 깔려 있는 것이다.[3]

이와 같이 인문학의 치유기능은 인류의 역사와 궤를 같이하고 있는데, 선사시대에는 사람들이 주로 초자연적인 힘에 의지해 치유를 얻고자 했고, 고대 그리스에서는 병이 있는 사람들이 신을 경배하고 신탁을 받는 신전으로 모여들었다. 또 중세에 이르면 초자연적인 힘에 의한 치유의 역할이 수도원으로 옮겨졌다. 우리나라에서는 그 역할을 주로 무당이 담당했다. 근대에 와서도 초자연적인 힘에 의지하는 치유의 양식은 사라지지 않았다. 특히 경험적이고 과학적인 의학이 성립한 이후에도 정신적이고 마음에 문제가 있는 경우에는 여전히 초자연적인 치유에 의존하고자 하는 경향이 남아 있다. 경험과 과학에 의한 근대의학이 질병을 낫게 한다는 확신을 하고 있지만, 여전히 정신이나 마음의 문제는 의학의 문제로 해결될 수 없다는 것을 사람들이 알고 있기 때문일 것이다. 여기에 인문학이 치유를 담당해야할 의미가 있는 것이다.[4]

또한 인문학의 치유에 대한 인식은 독서가 인간의 영혼을 치유한다는 사실을 인식하고 있던 고대로부터도 찾을 수 있다. BC1300년경 이집트 람세스 2세는 '테베'에 있던 자신의 궁전에 상당한 규모의 도서관을 만들고, 그 도서관을 '영혼의 치유장소(The Healing Place of the Soul)'라고 불렀다고 한다.[5] 또 BC300년경 고대 그리스도서관 입구에는 '영혼을 위한 약(Medicine(Remedy) for the Soul)'이라는 현판이 새겨져 있었다고 한다.[6]

둘째, 인문학의 반성적 기능에 의한 치유의 의미를 살펴볼 수 있다. 인문학은 인문학에 포함되어 있는 다양한 텍스트에 대한 해석과 탐구를 통하여 도덕적 · 미학적 감수성을 길러주고, 정신세계에 대한 시야를 넓혀주며, 논리적 사유능력을 길러준다. 또한 세계와 인간에 관한 모든 문제를 반성적으

3 우기동, 「소외 계층과 호흡하는 인문학」, (『시대와 철학』제18권4호, 2007), 143쪽.

4 강신익, 『몸의 역사, 몸의 문화』, (서울:휴머니스트, 2007), 149~150쪽.

5 정필모, 오동근, 『도서관문화사』, (서울:구미무역출판사, 1991), 26쪽.

6 Ruth M. Tews, "Progress in Bibliotherapy", Advances in Librarianship, Vol.1(1970), 173쪽.

로 바라보게 하며, 편견・관습・전통이 하는 억압에서 우리를 해방시켜 자유의 길로 나아가게 만든다. 말하자면 인문학은 사람들을 진정한 주체로 만들 수 있는 내재적 기능을 가지고 있는 것이다.[7]

인간전체에 반성적으로 접근하고자 하는 것이 바로 인문학이 목표로 하는 바이므로, 반성을 하면서 우리는 새로운 사실 정보를 획득하기 보다는 이미 알려진 사실을 일정한 의미 연관아래 다시 위치시켜 그 의미를 되씹어 보는 일을 한다. 그런 과정에서 반성의 초점에 맞추어진 것들이 전에 생각했던 것과는 또 다른 의미를 부여받게 되는 바, 다른 무엇보다도 그 점을 우리는 반성의 성과로 받아들인다. 그리고 우리는 그와 같은 성과의 축적이 곧 해당 사안에 관한 우리의 이해를 깊게 하는 것이라고 생각한다. 곧 인문학은 반성을 통하여 이해를 깊게 하며 치유의 의미를 갖게 되는 것이다.

한편 이해는 이해하려는 대상에 일정한 의미 부여를 하는 해석을 동반하는 인지 활동이다. 실제로 반성적 인식은 해석을 핵심으로 포함하는 행위이므로 주관의 개입을 거절하는 진리의 관조에 만족하고 끝나는 것이 아니라 진리가 우리에게 의미를 갖게끔 관여하는 것이 바로 인문학적 활동이다.

따라서 해석에 바탕을 둔 인문학적 활동은 어떤 학문 분야보다도 인간의 삶 전체의 모습에 가까운 것일 수밖에 없다. 우리의 삶 안에는 일상과 일상을 벗어난 실천과 가치 창조, 그리고 과학과 같은 학문 활동이 들어 있다. 우리 삶이 그 안의 그 모든 것을 다 아우르며 진행되듯이, 인문학도 그 모든 것을 자신의 성찰 범위 안에 포괄하면서 그것들의 의미에 관심을 둔다.

곧 인문학은 전공분야를 떠나 공통적으로 인간의 사유와 의식, 인간간의 관계, 생활과 존재 기반, 그리고 이러한 것의 역사와 변화과정을 탐구하는 종합학문이자 인간과 인간관계를 탐구하는 학문인 것이다.[8]

7 박이문, 『통합의 인문학』, (서울:知와사랑, 2009), 35쪽.

8 정태헌, 「인문학-역사학과 한국 근현대사에서의 정의」, (『한국사회』제7집 2호, 2006), 67쪽.

이와 같은 인문학은 그 자체로서 치유의 힘을 가지고 있다. 역사를 통하여 문제해결의 실마리를 찾고 교훈을 삼듯이 인문학은 그 학문자체가 이미 인문학적인 치유를 포함하고 있는 것이다. 그러한 부분은 역사뿐만이 아니라 인문학에 속한 다양한 요소들을 통하여 실천되고 있다.

셋째, 인문학은 정신분석학이나 심리학에서 규명되지 않은 치유의 의미를 지니고 있다. 인간이 겪는 고통중에는 의학적인 치료로 치유될 수 있는 경우도 있지만, 그렇지 못한 경우도 많다. 가령 인간의 존재론적 고통, 가치론적 고통은 대상을 고찰하는 일정한 원리와 관찰의 방식을 통해서는 해결될 수 없다. 이것은 고통을 겪고 있는 당사자를 단지 '대상'으로서 만나는 '설명'의 방식이 아니라 '주체'로서 마주하여 공감하는 '이해'의 방식을 통해서만 극복될 수 있다.

고전적 정신분석학이나 행동요법(behavior), 그리고 전통적 신경정신학(traditional neuropsychiatry)은 인과법칙이나 관찰 가능한 경험에 근거하여 문제를 접근하고 있다. 특히 신경정신학은 병적 현상을 뇌신경의 화학작용으로 환원하여 바라보려는 경향이 강하다. 그러므로 이들은 병적 현상을 지니고 있는 자에 대하여 그를 관찰 대상으로만 접근할 뿐이지 아픔을 호소하는 주체로 만나지 못하고 있다.

예로 프로이트의 정신분석치료는 환자의 일방적인 보고를 중심으로 전개되고, 환자 자신의 보고과정이 일종의 치료적 과정이자 진단이 되고 있다. 이 때 이야기 하는 것이 치료가 될 수 있는 것은 전이 상태, 즉 무의식의 상태에서 말할 수 없었던 것을 말함으로써 가능한 것에 국한되는 것으로써 이는 인문학의 치유적 상담에서 상담자와 내담자 사이에 오가는 의식적인 대화의 성격이나 대화를 통한 내담자 스스로 문제의 해결점을 찾아가는 대화와는 다르다.[9]

---

9 김선희, 「마음치료, 철학적 대화인가 프로작인가?」, (『동서철학연구』53, 2009), 233쪽.

심리치료 역시 마찬가지로 오늘날 통상 심리치료라고 하면 과학적 접근에 입각한 치료라고 생각하지, 인문학적 활동에 기반을 둔 문제해결이라고 보지는 않는다. 실제로 심리치료와 관련된 다양한 방법론을 살펴보면 이와 같은 상황을 쉽게 목격할 수 있다. 그동안 심리학계와 정신분석학계에서 수행해온 정신치료 내지는 심리치료에서는 인간의 이상(異常) 행동 내지는 질병을 반드시 인과법칙에 입각해서 접근하는 경향을 보여주었다. 즉 어떤 행동이 있으면 그것에는 반드시 그것을 가능하게 한 원인이 있다는 인과법칙에 입각해서 결정론적으로 접근하려는 경향을 강하게 보여주었다. 그 원인이 심리적인 것에 있든, 신체적인 것에 있든 인과법칙이라는 틀을 통해서 문제를 바라보았다. 정신분석 입장, 행동주의 입장, 인본주의 입장, 인지적 입장 등은 전자에 근거를 두고 있다면, 생물학적 입장은 후자에 근거를 두고 있다.

특히 이들 치료의 접근법은 사실을 고찰하는 것에 집중해 있지, 가치 동반적인 논의 구조를 지니고 있지 못하다. 인간의 가치 갈등에서 비롯되는 아픔은 신체적 사실이나 심리적 사실로 환원하여 다룰 수 없는 차원이 존재한다. 이런 맥락에서 볼 때, 기존의 정신치료나 심리치료 상담법과는 다른 차원의 상담이 요구된다. 바로 여기에 가치론적 고민을 집중적으로 논의하는 인문학적 상담이 요구되는 것이다. 인간이 단순히 신체적이고 심리적인 사실법칙에 지배를 받는 차원을 넘어 가치론적 차원을 고민하며 살아가는 존재이고, 또 그런 상황에서 고통이 발생하고 있다면, 이 영역은 분명 인문학적 활동의 분야라고 하지 않을 수 없다.

인문학의 치유는 심리치료가 좀 더 근원적으로 반성해 보지 못한 인식론적, 존재론적, 가치론적 문제 전반과 관련하여 내담자가 겪고 있는 문제에 대해서 스스로 논쟁점과 갈등점을 찾아내고 거기에 대해서 해답을 찾아가도록 도와주는 소통의 역할을 적극적으로 수행하는 것이다. 이러한 작업은 기존의 심리치료에 대한 예방적 기능도 할 수 있으며, 동시에 미진한 부분

에 대한 보완적 기능도 할 수 있을 것이다.[10]

인문학은 기본적으로 사람다움을 탐구하는 것이라고 하였다. 사람다움의 탐구라는 것은 정신분석학에서 자아의 추구라고 할 수도 있겠고, 분석심리학에서 내적자아라고도 할 수 있을 것이다. 그러한 면에서 인문학은 자아나 내적 자아를 추구하기위한 중요한 수단이 되는 것이다. 사람들의 불건강이 표현자아와 내적자아의 갈등으로 인한 것이라고 볼 때 인문학은 그 사람다움이라는 내적자아의 추구를 통해 갈등을 해소하고 불건강에서 건강한 상태로 나아가게 할 것이다. 인문학의 치유적 의미는 여기에 있을 것이다.

넷째, 정신치료나 심리치료가 개인의 문제에 집착하여 치료행위를 하는 반면, 현대인의 정신적인 문제는 개인의 문제에 그치지 않고 사회적인 문제이기도 하고, 나아가 문명적인 문제이기도 하므로, 이러한 면에서 인문학은 현대인의 건강(Wellbing)문제를 다루는데 중요한 부분일 뿐만 아니라, 사회적 문제에 대한 치유의 의미도 가지고 있다.

인문학은 전공 분야를 떠나 공통적으로 인간의 사유와 의식, 인간간의 관계, 생활과 존재 기반, 그리고 이러한 것의 역사와 변화과정을 탐구하는 종합학문이자 인간과 인간관계를 탐구하는 학문이기에 인문학의 본령은 끝없는 사회비판과 비판적 문제의식의 촉구에 있기도 하다.

또 인문학은 문화의 토대를 이루며, 문화는 권력관계를 중심으로 구성되는 정치의 차원이나 이윤을 추구하는 경제의 차원과는 달리, 삶의 가치와 의미의 차원을 다룬다. 한 사회가 활용할 수 있는 다양한 가치와 의미자원을 갖추고 있다는 것은 당면문제에 대해 해당 사회의 문제해결 능력, 즉 사회적 생산성을 높일 수 있음을 뜻하기도 한다.[11]

우리나라의 사회적 갈등의 총체적 문제는 분단의 문제에 있다고 볼 수 있

10 김석수, 「심리치료와 철학상담의 발전적 관계에 대한 모색」, (『사회와 철학』 제17호, 2009), 90쪽.
11 우기동, 「소외 계층과 호흡하는 인문학」, (『시대와 철학』제18권4호, 2007), 159

다. 따라서 통일이라는 근원적인 치유가 있기 전에는 상존하고 있는 이념갈등이나, 구성원의 불신, 과거사 청산의 미해결 등의 문제를 구조적으로 해결하기가 어렵다.

사람이 세상을 살아가는 데에는 개인적으로나 사회적으로 항상 굴곡이 있게 마련이다. 그럴 때 새로운 방향을 모색해야 할 필요가 있는데, 자기 삶의 의미를 알고, 삶을 포괄적으로 이해하는 사람과 그렇지 못한 사람 사이에는 큰 차이가 있다. 또한 사회적으로도 포괄적인 공감대가 형성된 사회와 그렇지 못한 사회는 위기상황에 대응하는 능력에서도 엄청난 차이가 나리라고 본다. 그래서 결정적인 상황에서 큰 힘을 발휘하고, 우리 현실에서 더 중요한 비중을 차지하는 영역에서 개인적인 관점을 정립한다든가, 사회적 공감대를 형성하는 것이 바로 인문학의 역할이며, 인문학의 치유적 의미라고 할 수 있다.[12]

3
인문학의 치유 기능

3.1 철학의 치유적 기능

철학은 사유체계의 학문이다. 인간의 내적구조를 규명하므로 마음의 비정상적인 상태를 규명하고 정의할 수 있다. 따라서 인문학을 통하여 건강하지 못한 상태는 어떠한 상태인가에 대해 분별하고 정리 할 수 있을 것이다. 곧 철학은 잘못된 인식, 잘못된 논리, 잘못된 가치관이나 세계관으로 인하여 발생되는 불건강 상태를 찾아 이를 진단하고 또 진단에 따라 적절한 처방을 내리게 되는 것이다.

12 김경동 외, 『인문학콘서트』, (서울:이숲, 2010), 22~23쪽.

철학은 지금까지의 인간의 모든 경험과 사유, 신념들과 아울러 상상해낼 수 있는 앞으로의 모든 가능한 경험, 사유, 신념들에 대한 총체적이면서도 투명하고 근본적이면서도 세밀한 관찰, 비판적 반성, 철저한 논리적 분석, 정연한 체계화를 도모한다. 이런 점에서 철학은 소극적으로는 가장 철저한 비판적 성찰의 표현이고, 적극적으로는 가장 건설적인 지적 욕구의 산물이다. 이러한 철학적 사유를 통해서 우리는 사유하는 방법을 배우고, 가장 정돈된 세계와 인간상에 가까워지며, 사유의 혼돈과 세계의 혼돈에서 해방되어 보다 더 자유롭게 사유하고, 보다 더 정돈된 세계와 보다 더 바람직한 삶을 재구성할 수 있는 가능성을 가지게 된다.[13]

철학의 치유적 의미에 대해서는 이미 고대시대부터 주목되어 에피쿠로스는 철학을 '영혼의 치료'라고 하였으며, 스토아학파 역시 철학은 추상적 이론을 세우는 것이 아니라 건강하게 잘 사는 기술에 관계한다고 하였다. 이에 대하여 일찍이 니체는 '철학은 더 이상 부유함이나 힘을 대변하는 사치스러운 것이 아니라 아픈 자의 치료에 도움이 되어야 한다'고 역설한 바 있다. 그래서 그는 '건강에 대해서, 그리고 삶에 대해서 내가 의욕하는 것으로부터 나의 철학을 만들었다'고 선포하였다. 나아가 그는 철학적 행위와 관련하여 진리보다 건강, 생명, 힘과 같은 문제에 더 집중하였다. 그리하여 그는 철학이 지루한 학문적 작업을 하는 영역으로 추락하였음을 불평하면서, 철학이 다시 건강과 생명을 고민하는 '철학자 의사'로 거듭나야 함을 강조하였다.

이처럼 이들 철학자들은 인간에게 스며드는 고통의 문제를 철학의 가장 중심적인 문제로 설정하고 있다. 사실 고통은 인간이 경험하는 가장 근원적이고 확실한 사건이다. 따라서 인간의 문제를 고민하는 철학은 적어도 고통이 인간에게 어떤 '의미'를 지니는가에 대해서 해명해 줄 의무가 있다. 그렇게 함으로써 철학은 고통당하는 사람에게 위로를 제공할 수 있을 것이다.[14]

---

13 박이문, 『통합의 인문학』, (서울:知와사랑, 2009), 36쪽.

14 김석수, 「철학, 고통 그리고 치료」, (『哲學硏究』 第100輯, 2006), 182~184쪽

일찍이 니체는 진정 건강한 사람은 자신을 사랑하고 현실을 인정하며 그 부조리마저 이겨내려는 강인한 정신적 태도를 지닌 세계 긍정자인데, 그러한 인간에게 고통과 병이 있다는 것은 오히려 자신의 한계를 성찰하고 자신의 주어진 현실을 긍정한 채 감사의 마음으로 이를 극복할 수 있는 계기가 된다고 하였다. 이러한 삶의 태도를 지닌 사람에게는 그것이 육체의 질병이던 정신적 어려움이던 자신의 장애나 한계가 세계를 보다 깊고 넓게 이해할 수 있는 또 다른 계기가 될 수 있다는 것이다. 무수히 많은 몸의 건강이 있듯이 모든 사람에게는 각자의 건강이 있기 때문에, 자신의 삶의 목적, 지평, 충동 등 몸의 유지활동을 통해 각자가 자신의 건강을 찾아야 할 것이다. 정상으로 규범화되고 계량화되어 규정된 의학적 의미의 건강이 아니라, 내 자신의 몸의 건강을 찾는 니체의 작업은 나 자신의 자연성을 찾는 작업이기도 하다. 건강이란 다름 아닌 자연의 도움으로 모든 사람이 각자 자신의 몸과 삶의 균형을 이루는 작업이기 때문이다.[15]

철학 상담과 치료의 개념을 새롭게 제시하고 이것을 철학실천의 한 방법으로 택하여 공식적으로 출발시킨 철학자는 아헨바흐(Gerd B. Achenbach)로 1981년 독일 쾰른 인근의 베르기쉬 글랏바흐(Bergisch Gladbach)에서 '철학실천상담연구소'라는 상담소를 개업하면서 부터이다. 그 이후 철학 상담은 독일과 유럽은 물론 전 세계 여러 나라로 퍼져나갔으며, 철학상담을 위한 저술, 학회 및 연구소 설립, 학술지 발간, 학술대회 개최, 상담사 양성과정 등도 빠르게 확산되었다. 우리나라에서도 철학 상담과 치료에 대한 관심은 특히 2000년대로 접어든 이후 눈에 띄게 높아져 다양한 성과물이 나오고 있다.[16]

모든 인간은 각자 자신의 방식으로 자신의 삶을 살아가면서 그때그때 상황에 대처하기 마련이지만, 그러나 개인 각자가 자신의 생활세계와 내면적 삶

15 김정현, 「니체의 건강철학」, (『니체연구』제7집, 2005), 151쪽.

16 김성진, 「철학 상담과 철학 치료 : 봉사의 길, 도전의 길, 새로운 철학하기」, (『철학과 현실』83, 2009), 230~231쪽

의 체험, 그리고 객관적 상황에 대응하는 자기만의 정서적 반응과 심리적 기질 등에 대하여 어느 정도로 분명히 스스로 자각하고 검증하면서 행동하는가에 있어서는 사람마다 큰 차이가 있다. 이것은 우리에게 매우 중요한 안건이다. 내가 세계와 맺는 관계는 항상 나 자신과의 관계와 맞물려 돌아갈 수밖에 없으며, 바로 이 점에서 인간은 누구나 자신과의 관계안에서 살아가기 때문이다. 그러나 자신과의 관계를 어떻게 만들어 가는가에 있어서는 사람마다 차이가 있으며, 바로 이 점에서 인간은 자주 문제 상황에 빠진다. 말하자면 인간은 본질적으로 철학하는 동물이며, 개인적 삶에 있어서도 '철학하기'를 얼마나 잘 하는가 또는 잘못 하는가에 따라 각자의 삶은 크게 달라진다. 따라서 철학치료는 내담자 스스로 가지고 있는 '철학하기' 능력을 일깨우고 북돋아 줄 수 있다.[17]

현대사회의 정신적 문제들은 다중적이고 새로운 강박감에 의해 야기되고 있다. 이에 따라 단선적, 단층적 치유방법에 의존하고 있는 정신의학, 심리생물학, 임상심리 등 응용분과들의 치유론들은 한계를 나타내고 있다. 이것은 증세완화적인 화학약물요법이나 상황분석적 심리상담이 인간의 본성과 생의 목적, 나아가 존재이유에 대한 철학적 사유의 문제들을 근본적으로 치유할 수 없기 때문이다.

반면에 철학상담은 내담자가 자신의 철학적 기질과 잠재력을 최대한으로 발휘하여 자신과 자신이 처한 실존적 상황에 대하여 반성하고 분석하고 검증하도록 인도하고 도와주는 것이다. 아무리 훌륭하고 정교한 철학적 지혜일지라도 내담자 스스로 검증하고 자신의 철학으로 받아들이는 내면화 과정을 거치지 않고서는 아무 의미도 효력도 가지지 못할 것이기 때문이다. 따라서 철학 상담은 동서양의 모든 철학적 지혜들을 활용하여 그 지혜가 내담자의 실제 삶에 실존적으로 적용되고 내면화 과정을 통하여 인격화 되도록 하는 것에

17 위의 논문, 235쪽.

치유의 의미가 있다.[18]

곧 철학적 치유는 인간에 대한 이해로부터 시작되며, 이 이해는 고통과 관련된 해석학적이고 윤리적인 이해이며, 상대방에게 열려진 마음으로 상대방의 이야기를 들어주고 희망을 심어주는 공감적 방식이다. 철학 상담은 내담자의 인생관, 가치관, 세계관에 대해서 더 깊이 파고 물어 들어가면서, 동시에 객관적 진리가 아니라 내담자의 마음속에 자리하고 있는 주관적 진리를 발견하려고 한다. 이런 의미에서 철학상담은 신경정신과나 심리치료와 달리 사적 인식론에 입각하여 내담자로 하여금 궁극적인 자기를 찾도록 도와주고자 한다. 곧 그들 자신만이 가지고 있는 고유한 진실을 드러내게 함으로써 스스로 문제를 극복하도록 도와주는 것이다.

3.2 문학의 치유적 기능

문학치료의 출발은 정상적인 심리상태를 지니지 못한 사람을 문학작품을 통하여 정상적인 심리상태로 돌려놓고자 하는 일종의 심리치료에서 시작하였다. 곧 치료 대상인 환자를 치료하는데 적합하다고 판단되는 작품을 선택해 그 작품을 통해 치료하거나, 환자의 심리상태에 따라 적당한 소재를 주어 글을 쓰게 하거나 자신의 문제를 글로 쓰게 하여 문제를 풀어나가는 방법으로 심리치료의 방법인 것이다.[19]

또 문학치료는 서사이론을 기반으로 하고 있는데, 여기서의 서사는 작품 자체가 아니라 환자의 억압된 기억, 즉 무의식처럼 겉으로 드러나지 않아 알 수 없었던 것을 이해가 가능한 것으로 바꾸려는 것으로 이는 정신분석학의 접근방식을 원리의 기반으로 하고 있기도 하다.[20]

이와 같이 문학치료는 심리치료나 정신분석학의 원리를 기반으로 시작되었

18 김성진, 앞의 논문, 236~237쪽.

19 박기석, 「문학치료학 연구 서설」, (『문학치료연구』제1집, 2004), 1~2쪽.

20 나지영, 「문학치료 이론 연구의 현황과 전망」, (『문학치료연구』제10집, 2009), 135쪽.

으나 최근들어 문학치료의 연구성과와 임상이 축적되며 문학의 본래적 기능을 치료로 보고 연구하는 문학치료학이 정립되고 있다.[21]

문학은 인간의 삶을 다루는 학문이다. 따라서 다양한 인간 삶의 경험을 간접적으로 할 수 있고, 이는 스스로의 자아를 강화시켜 불건강의 상태를 건강의 상태로 나아가게 할 것이다. 현재 문학치료는 독서치료를 필두로 시치료, 글쓰기치료 나아가 연극 · 영화치료 등 다양한 분야에서 치유의 성과를 가져오고 있다.

각각의 문학작품은 작가의 관점에서 보면, 개인적 차원이나 사회적 맥락안에서 늘 부딪히게 되는 도덕적 갈등, 아름다움과 진실에 대한 갈망, 혼란스러운 경험세계에 질서를 부여하여 삶의 의미를 찾고자 하는 욕망의 상상적 표현이다. 독자의 관점에서 보면, 인간으로서의 자신의 모습을 세련된 언어로 신선한 각도에서 비추어보는 상상적 거울이다. 이 거울을 통해서 우리는 다양한 삶의 모습을 접하고 그것들을 관찰하고, 그것을 표현하는 기술을 배우며, 우리 자신을 반성하고 성찰함으로써 편견과 관습에서 해방되어 보다 나은 삶을 모색하는 기회를 갖게 된다. 이런 점에서 문학작품은 작가와 독자 모두에게 인간으로서의 삶의 기쁨과 고민을 다시 경험하고, 시야를 넓히며, 자유를 찾고, 삶의 의미를 체험할 수 있는 상상적 언어의 공간이다.[22]

따라서 문학에 치료라는 말을 굳이 접목시키지 않더라도 문학의 한 주요 기능이 허구적 세계에서의 객관화를 통한 인간의 정서 치유에 있다는 데는 이론의 여지가 별로 없어 보인다. 비극의 공포와 연민을 통한 카타르시스와 희극의 웃음을 통한 거리화 등은 자신의 정서상태를 객관화함으로써 그 실체를 파악하는 행위라는 점에서 자기 진단이며 또 그로 인한 심리적 혼란을 극복할 수 있게끔 한다는 점에서 자기치료라는 말을 적용할 수 있다.[23]

21 정운채, 『문학치료의 이론적 기초』, (서울:문학과치료, 2006), 268쪽.

22 박이문, 『통합의 인문학』, (서울:知와사랑, 2009), 36쪽.

23 김익진, 「마음의 건강과 행복 그리고 문학적 허구의 역할」, (『인문치료』, 네오뮤즈, 2008), 53쪽.

한편 문학치료 영역을 개척해온 학문 중 가정 선구자적인 성과를 이루어온 독서치료[24]의 예에서 문학치료의 의미를 살펴보면 독서치료란 『Dictionary of Education』에 '전반적인 발달을 위해 책을 사용하며, 책은 독자의 성격을 측정하고 적응과 성장, 정신적 건강을 위해 사용되기도 하는데 그 책과 독자 사이의 상호작용 과정이고, 선택된 독서자료에 내재된 생각이 독자의 정신적 또는 심리적 질병에 치료적인 영향을 줄 수 있다는 개념이다'라고 정의하고 있다.[25] 또 상담심리학 관점에서 Berry는 '독서치료란 시에서부터 단편소설, 자서전, 개인의 일기, 생활사 등등에 이르기까지의 가능한 모든 문학적 형태를 포함하는 문학작품들을 가지고 치료자와 참여자가 문학작품을 같이 이해하고 나누는 상호작용 기술을 의미한다'라고 정의했다.[26] 곧 독서치료는 독서자료에 내재된 생각이 치료자와 참여자의 나눔을 통해서 치유의 의미를 가지게 된다는 것이다.

어느 시인은 불행한 과거를 기억하면서 더 불행한 현재의 허망한 마음을 치유한다고 한다. 망각의 늪에 빠져 있어서 기억하리라고는 생각하지도 못했던 어린 시절에 입은 상처들, 인간성에 거슬리는 온갖 억압과 폭력의 실체 등을 기억해 내고 그것을 놓치지 않으려고 작가는 글을 쓴다. 그래서 문학의 언어는 본질적으로 회상의 형식을 거친다고 볼 수 있다. 그것이 지극히 사소한 개인의 체험에 속하는 사안일지라도, 문학은 인간다운 삶을 위하여 그것을 음미한다. 문학은 기억 저편에 있는 망각을 일깨우고, 과거의 상처를 극복하여 과거와의 화해를 이루고, 이를 통해 현재 자신의 삶을 탐색하여 자신의 정체성을 확립하고, 나아가 미래로 확장된 삶을 창조해 나갈 수 있게 돕는다. 이런 일련의 과정을 통해 과거의 상처는 치유되고 건강하고 인간다운 의미있는 삶을 추구하는 모습을 보

24 독서치료의 출발은 20세기 들어서며 심리나 정서적 치료의 한 방법으로 논의하기 시작하여 본격적인 연구는 20세기 중반이후 미국에서부터 출발하였다.

25 C., Good, Dictionary of Education, (N.Y. : McGraw-Hill, 1966).

26 F. M.. Berry, "Contemporary bibliotherapy : Systematizing the field.(1977)" In R. J. Rubin(Ed.), Bibliotherapy Sourcebook(AZ : Oryx Press , 1978).

여 준다. 독자들은 이러한 치료적 요소가 들어있는 문학작품을 읽으면서 자신만이 이런 유의 문제를 안고 있는 유일한 사람이 아니라는 사실, 그가 안고 있는 문제에 대한 해결방도가 있을 뿐 아니라 또한 여러 가지가 있을 수 있다는 사실, 다른 사람은 어떻게 하다 그가 처해 있는 상황과 같은 상황에 처하게 되었는지, 이런 경험은 돈 주고도 못살 인생에 값진 교훈이라는 점, 그 문제를 해결하기 위해 구체적으로 어떻게 해야 할지, 문제를 해결하기 위해 진정으로 계획하고 실천할 용기를 얻게 된다. 이것이 문학치료의 힘이다.[27]

문학치료의 가장 큰 성과는 '인간이 바로 문학이며 문학이 곧 인간'이라는 관점을 확립한 것이다. 지금까지의 문학연구에서는 문학을 '인간 활동의 결과물'로만 생각했다. 그렇기 때문에 문학작품을 볼 때의 관점과 문학작품을 생산하고 향유하고 있는 사람을 볼 때의 관점이 매우 달랐다. 문학적인 관점은 문학작품을 볼 때로 한정되었고, 사람을 볼 때는 의학적인 관점으로 보거나 심리학적으로 보거나 철학적으로 보거나 사회학적으로 보거나 할 뿐 문학적으로 보려 하지도 않고 또 문학적으로 볼 수 있다는 생각도 하기가 어려웠다. 그런데 문학치료에서는 사람도 문학적으로 볼 수 있게 하였다. 생각해 보면 사람을 문학적으로 보는 시각을 가진 사람들은 문학치료학이 수립되기 이전에도 수없이 많았었다. 니체나 사르트르나 하이데거와 같은 실존철학자들은 문학이야말로 인간의 실존을 감당할 수 있으며, 죽어가는 철학을 다시 살려 내려면 문학을 주목해야 한다고도 하였다.[28]

무엇보다 문학치료의 치유의 특징은 문학작품을 통하여 문제의 진행상황을 역으로 추적하여 해석학적이고 현상학적으로 탐구한다는데 있다. 따라서 문학치료에서는 문제의 감정 상황을 심리치료사가 대신하던 것을 치료자의

27 김춘경, 채연숙, 변학수, 「기억회상의 치료적 효과를 활용한 문학치료」, (『정서 · 행동장애연구』 제23권제3호, 2007), 456~457쪽.

28 정운채, 「문학치료의 서사이론과 통일인문학」, (『소통, 치유, 통합의 통일인문학』, 선인, 2009), 65~66쪽.

중재하에 문학으로 대신할 수 있다는 점이다. 그러면 참여자는 자신의 분노를 구체적으로 진술해야 하는 부담으로부터 해방될 수 있을 뿐만 아니라 자기의 억제된 감정을 표현해도 그에 대한 죄책감이나 경우에 따라서는 수치심을 가지지 않아도 된다는 점이다.[29]

문학치료의 궁극적인 지향점은 건강한 자기서사를 확립하는 일이며, 이러한 일은 누락된 자기서사를 보충하고 미약한 자기서사를 강화하며 분열되어 갈등하고 있는 자기서사를 통합함으로써 이루어지는 것이다.[30] 곧 문학치료는 존재론적 정황을 은유나 상징으로 구조화한 문학작품을 찾아 그것의 내적 동인을 내담자에게 적용하여 치료의 적당한 방법을 끌어내는 일이다.[31]

지금까지의 문학치료는 심리치료의 방법론을 응용하여 심리치료의 일환으로 치료를 진행해 왔지만, 이제 인문치료에서는 문학고유의 치유성을 가지고 독자적인 방법론으로 아니면 철학의 이론적 토대를 근거로 인문학적 치유의 정체성을 마련하여야 할 것이다.

3.3 역사의 치유적 기능

역사는 지나간 많은 과거의 사실들 가운데서 일정한 의도나 목적을 가지고, 그리고 나름대로 통용되는 객관적이고 과학적인 판단 기준을 가지고 취사선택해서 다른 많은 사람들에게 유용한 지식을 만들어내는 학문이라고 할 수 있다. 또한 일상적인 과거의 사건이나 지나간 옛일 가운데서 오늘 우리가 되새겨볼 만한 것들을 들추어내어 앞뒤 관계를 연결해 설명하고, 때로는 모호한 것들을 규명하며, 거기에 나름대로 그럴듯한 가치를 덧붙여서 이야기하고 글로 쓸 때 우리는 통상 역사라고 한다.

---

29 채연숙, 변학수, 김춘경, 「문학치료와 현대사회의 정신병리」, (『뷔히너와 현대문학』30, 2008), 307쪽.

30 정운채, 「문학치료의 서사이론과 통일인문학」, (『소통, 치유, 통합의 통일인문학』, 서울:선인, 2009), 87쪽.

31 변학수, 채연숙, 김춘경, 「불안장애와 문학치료」, (『뷔히너와 현대문학』30, 2008), 332쪽.

곧 역사는 시간의 선후 관계를 규명하고 반성을 요구하는 학문이다. 지난 경험에서 우리는 오늘을 살아가는 교훈을 얻을 수 있는데, 그 교훈은 역사를 통하여 우리가 찾는 것이며, 그리고 그 찾는 능력만큼 자신들에게 합당한 교훈, 또 필요한 교훈을 얻게 된다. 만일 교훈을 제대로 얻어내지 못한다면 역사는 무의미해지고 또한 그 사회나 국가는 극단적인 경우에는 역사가 없는 사회, 국가가 될 수도 있다. 말하자면 당면과제의 해결, 그것을 위해 지난 역사의 경험이 이용되고, 그 지난 역사경험을 이용하는 데에 바로 역사의 효용성, 역사의 교훈을 찾을 수 있다는 것이다. 건강하고 건강하지 못한 상태의 원인과 결과로 파악할 수 있고, 그에 따른 치유의 방향성을 제공해줄 수 있다. 곧 치유의 단서를 제공해 줄 수 있는 것이다. 아울러 역사는 과거사실 기록의 해석과 분석이나 사건 체험자의 구술을 통하여 사회구조의 문제나 개인의 트라우마를 치유할 수도 있다.

니체는 인간의 삶에서 역사적 사유의 필요성을 언급하면서, 더 나아가 하나의 질병을 치료하는 치료학으로서 역사학의 문제를 제시하였다. 그는 그것이 역사적 사유의 결여에서 왔건, 아니면 역사적 사유의 과잉에서 야기되었건 문화와 삶의 퇴화현상을 야기하는 것을 하나의 질병으로 진단하며, 그 처방전으로서 역사학의 문제를 언급하였던 것이다.[32]

역사는 인간이 거쳐온 혼돈스러운 경험들에 대한 기억을 정리하고 체계화하여 우리로 하여금 한 집단 혹은 한 생물학적 종으로서의 인간됨을 일깨워 준다. 역사는 공간적 축에서는 개인으로서의 삶의 의미를 한 사회의 맥락에서 찾게해주고, 한 사회의 존재를 문명의 맥락에서 의미 부여를 해주며, 시간적 축에서는 현재를 과거와 연결하고 또한 미래에 투사함으로써 그 의미의 틀을 마련해 준다. 문학작품이 실존적 차원에서의 인간의 삶의 표현이자 거울이라면, 기록된 역사는 집단적 차원에서 본 인간의 삶의 기록이며 거울인 것이다.[33]

역사에서 과거가 있다는 것은 오늘이 있고 미래가 있다는 것을 의미하며, 이것

32 김정현, 「니체의 역사치료학」, (『범한철학』 제35집, 범한철학회, 2004), 166쪽.
33 박이문, 『통합의 인문학』, (서울:知와사랑, 2009), 35~36쪽.

들 사이에는 유기적인 긴밀한 관계가 있다. 그러므로 지금 당면하고 있는 문제가 있다면 그 문제를 풀기 위하여 지난 일을 되돌아보고, 앞날을 계획하고 혹은 설계하기 위해서 현재의 위치를 짚어보게 된다. 현재의 위치는 바로 어제까지의 과거가 설명해주는 것이므로 당면한 과제를 해결하기 위해서 지난 역사의 경험을 이용하는 것이 역사의 효용성이라고 할 것이다.

우리의 근현대사에는 어두운 역사의 그림자가 많이 드리워져 있다. 개인도 삶의 어두운 상처와 고통의 흔적이 각인되어 지워지지 않을 때는 과거가 현재의 삶에 지대한 영향을 미치며 현재의 삶에 커다란 장애를 일으키듯이, 국가나 민족, 공동체에도 과거의 삶의 흔적이나 상흔이 정리되지 않을 때는 건강한 현재도, 창의적인 미래도 있을 수 없다. 그러나 또한 개인이나 민족, 국가도 과거의 평가에 발목이 잡혀 현재나 미래를 잃어버릴 때는 삶의 건강 전체를 잃어버리게 될 수도 있다.[34]

역사는 과거사를 되돌아보게 함으로써 문제 실마리를 찾아갈 수 있게 해준다. 곧 현재 문제가 되고 있는 불건강의 문제를 지나온 행적을 되새김해 봄으로써 단초를 찾고 그것을 교체하거나 회복시켜줌으로써 현재의 문제를 해결해 줄 것이다. 또한 역사는 앞으로의 문제도 예방할 수 있는 예방치유의 역할도 하고 있다.

인문치료의 대상이 사회적 · 정신적 치유에 있다면 고통받는 사회의 모든 현상 즉 그러한 억압이데올로기에 묶여있는 모든 대상들이 치유의 대상이 될 것이다. 따라서 역사적 고통은 치유의 중요한 대상이다. 역사적으로 사회구조나 국가이데올로기에 의해 억압되어온 고통을 안고 사는 사람들의 수많은 문제는 여전히 현실사회에 영향을 미치고 있고, 인식하지 못하는 고통을 주고 있다. 이러한 역사의 문제는 결자해지의 노력으로 가해자의 사과와 피해자의 용서, 그리고 화해를 통해 해결되어야 한다. 그럼으로써 틀어진 관계가 회복되고 고통은 치유되어 건강한 사회를 형성할 수 있는데, 이것이 역사치유인 것이다.

34 김정현, 「니체의 역사치료학」, (『범한철학』 제35집, 범한철학회, 2004), 159쪽.

4
맺음말

문학과 철학, 역사는 인문치료학의 개념이 정립되기 이전부터 이미 다양한 분야에서 치유의 역할과 의미를 가지고 있었다. 또한 인문학 고유의 치유적 성격으로 인하여 독서나 글쓰기, 인문강좌, 사유하기 등 치유의 목적이 있든 없든 여러 가지 형태로 사람들에게 치유를 베풀어 왔다고 할 수 있다.

인문학은 인류의 역사와 함께 하고 있으며, 근대 의료학이 성립하기 이전부터 성립한 이후까지 지속적으로 인간의 정신적인 문제에 대하여는 깊이 관여하고 있다. 이는 인문학이 인간의 불건강의 문제에 대한 치유의 근원적 해결의 의미를 갖고 있기 때문일 것이다.

또 인문학은 존재론적이고 의미론적인 분석을 가하여 기존의 인과론적 치유에 머물던 인간의 정신적 문제를 보다 깊이 있고 구체적으로 강화시켜 내재적 자아의 주체를 확립하는데 도움을 주어 문제로부터 근본적으로 벗어나게 할 수 있다.

그리고 개인적인 치유의 기능에 머물러 있던 치유의 의미를 사회적으로 확대하여 개인의 문제라 하더라도 개인 및 사회구조적으로 문제에 접근하여 종합적으로 치유하며, 사회구조의 변화를 가져오는 사회적 치유의 의미도 인문학에는 내포되어 있다.

이제 인문치료학은 각기 치유적 의미를 갖고 있는 인문학의 각 분야를 통합하여 종합적인 치유의 논리와 방법을 제시하는 것이 필요할 것이다. 문제의 가치론적 진단과 평가에는 철학과 역사가 어울려 규명하고, 치유의 단계에는 철학과 문학이 어울려 의미 분석에 따른 동일시 등을 통하여 문제에 적절한 치유의 방법론을 제시하는 등의 작업이 임상경험을 토대로 이론적 틀을 구축해 나가야 할 것이다.

참고문헌

강신익, 『몸의 역사, 몸의 문화』, 서울:휴머니스트. 2007.

강원대학교 HK인문치료사업단, 『인문치료』, 춘천:네오뮤즈. 2008.

건국대학교 인문학연구원 통일인문학연구단, 『소통, 치유, 통합의 통일인문학』, 서울:선인. 2009.

김경동 외, 『인문학콘서트』, 서울:이숲. 2010.

김석수, 「심리치료와 철학상담의 발전적 관계에 대한 모색」, 『사회와 철학』 제17호. 2009.

김석수, 「철학, 고통 그리고 치료」, 『哲學硏究』 第100輯, 2006.

김선희, 「마음치료, 철학적 대화인가 프로작인가?」, 『동서철학연구』 2009.

김성진, 「철학 상담과 철학 치료 : 봉사의 길, 도전의 길, 새로운 철학하기」, 『철학과 현실』83, 2009.

김정현, 「니체의 건강철학」, 『니체연구』제7집, 2005.

김창룡, 『인문학산책』, 서울:한성대학교출판부, 2006.

김춘경, 채연숙, 변학수, 「기억회상의 치료적 효과를 활용한 문학치료」, 『정서·행동장애연구』제23권제3호, 2007.

나지영, 「문학치료 이론 연구의 현황과 전망」, 『문학치료연구』제10집, 2009.

박기석, 「문학치료학 연구 서설」, 『문학치료연구』제1집, 2004.

박민영, 『인문학 세상을 읽다』, 서울:인물과사상사, 2009.

박이문, 『통합의 인문학』, 서울:知와사랑, 2009.

백원담편역, 『인문학의 위기』, 서울:도서출판 푸른숲, 1999.

변학수, 채연숙, 김춘경, 「불안장애와 문학치료」, 『뷔히너와 현대문학』30, 2008.

우기동, 「소외 계층과 호흡하는 인문학」, 『시대와 철학』제18권4호, 2007.

정운채, 『문학치료의 이론적 기초』, 서울:문학과치료, 2006.

정태헌, 「인문학-역사학과 한국 근현대사에서의 정의」, 『한국사회』제7집 2호, 2006.

정필모, 오동근, 『도서관문화사』, 서울:구미무역출판사, 1991.

채연숙, 변학수, 김춘경, 「문학치료와 현대사회의 정신병리」, 『뷔히너와 현대문학』30, 2008.

한국학술협의회, 『인문정신과 인문학』, 서울:아카넷, 2007.

한국해석학회, 『인문학과 해석학』, 서울:철학과 현실사, 2001.

02

인문치료학에서 역사학의 역할

– 역사의 효능과 인식 갈등의 치유 문제를 중심으로 –

02

인문치료학에서 역사학의 역할

역사의 효능과 인식 갈등의 치유 문제를 중심으로

유재춘

1 머리말

최근 새롭게 대두하여 인문학의 한 분야로 점차 자리매김하여 가고 있는 '인문치료학'은 기존 인문학을 활용해 현대인의 정서적 · 정신적 문제를 치료하는 이론과 실천방법을 연구하는 새로운 학문분야이다.[1] 그런데 '인문학을 활용해 현대인의 정서적 · 정신적 문제를 치료'한다는 측면에서 그 치료의 대상은 한 개인, 혹은 집단이 될 수도 있다. 이러한 특정 개인이나 집단을 대상으로 하는 인문치료(Humanities Therapy)는 대개 전통적으로 인문학에서 활용해 오고 있는 읽기나 쓰기, 말하기와 더불어 음악 · 영화 · 연극 · 미술 등 표현 기술적 방법

1 '인문치료'라고 하는 용어에서 '치료'라고 하는 말의 의미에 대해, 『인문치료』(강원대학교 인문과학연구소 엮음, 강원대 출판부, 2009.8 재판)에서는 일반적인 의료적 의미의 치료와 연결되어 있으나 이와 완전히 동일하지는 않으며 의료적 의미의 치료에서 수술치료와 약물치료를 제외한 개념으로, 상담학계에서 사용하는 '상담(counselling)의 의미로서의 치료' 개념도 포함된다고 정의하고 있다. 한편 최희봉은 「인문학, 인문학 실천, 그리고 인문치료」(『인문과학연구』 25, 2010, 341~342쪽)에서, 의학에서는 'treatment'나 'cure'에 해당하는 것인데, 인문치료에서의 '치료'는 'therapy'에 해당하지만 '치료'라는 번역어가 이에 대한 정확한 의미를 전달할 수 없으며 이의 실질적인 의미는 '치유'라고 해석하고 있다. '치료'라고 하는 말이 病(혹은 병적인 증상, 인문학적 病症도 포함)의 치유를 위한 모든 행위를 포괄적으로 의미하므로 '인문치료'라는 용어를 '인문치유'라고 바꿀 필요는 없다고 생각하지만 '치료'라는 말을 '치유'라는 의미로 이해하는 것이 인문치료의 의미를 더 정확하게 이해하는 길이라고 하는 의견은 타당하다고 생각한다.

을 유기적으로 결합시킨 통합적 커뮤니케이션 체계를 도구로 사용하게 된다.

그러나 인문치료의 대상은 반드시 그렇게 특정인이나 특정집단에 한정되는 것은 아니다. 인문치료의 대상이 되는 '인문학적 병'은 불특정 다수가 앓고 있을 수도 있기 때문이다.[2] 따라서 우리 사회가 안고 있는 정서적 · 정신적 病因을 진단하고 인문학적 사고와 방법론을 확립하여 적합한 처방을 시도하는 것도 또한 인문치료 행위에 있어서 매우 중요한 부분이라 생각한다. 특히 개인 또는 집단의 트라우마 치료나 '역사'에 말미암은 사회적 病因에 대한 치유를 위해서는 적절한 역사학의 역할이 필요하다. 우리는 지금도 국내적으로는 국사 인식의 문제로 인한 내적 갈등이 상존하고 있으며, 중국 · 일본과 벌이고 있는 외적인 역사인식 갈등도 마찬가지 이다. 그런 점에서 우리의 현실에서 '역사' 문제는 단순히 지나간 역사의 문제가 아니고 현실과 깊이 연관된 현실 문제인 것이다. 따라서 이러한 역사로 인한 갈등의 문제 해결을 모색하기 위해 단순히 정치나 연구에 매달리지 않고 인문치료라고 하는 새로운 관점으로 진단하여 해결을 모색하는 것이 필요하다고 생각한다.

인문치료와 관련하여 역사인식의 문제나 역사학의 효용에 대한 본격적인 논의나 모색은 아직 이루어지지 않고 있다. 다만 역사적 기억으로 인해 고통받는 이들의 상흔 치유와 새로운 역사쓰기를 시도하는 연구들이 있으며,[3] 인

2 이와 같은 인문치료의 대상에 대해서는 이미 『인문치료』(강원대학교 인문과학연구소 엮음, 강원대 출판부, 2009.8 재판, 21쪽)에서 정의된 바 있다. 또한 최희봉은 「인문학, 인문학 실천, 그리고 인문치료」(『인문과학연구』 25, 2010)에서 '인문학적 병'을 '인간다움과 관련된 세계관(인생관, 인간관 포함), 가치관(진, 선, 미, 성, 정의 등의 인문학적 가치에 대한 다양한 관점)의 무지, 혼란, 오류 등에 의해 생기는 마음의 고통이나 불편함'이라고 정의하였다. 이러한 측면에서 역사와 관련된 가치관의 혼란, 오류 그리고 그것으로 인한 갈등 또한 인문학적 병에 해당한다고 생각한다.

3 이와 관련된 연구로는 전진성의 「역사와 기억: "기억의 터"에 대한 최근 독일에서의 논의」(『서양사론』 12, 한국서양사학회, 2002)와 「기억의 정치학을 넘어 기억의 문화사로-'기억' 연구의 방법론적 진정을 위한 제언-」(『역사비평』 76, 역사문제연구소, 2006), 안병직의 「한국사회에서의 '기억'과 '역사'」(『역사학보』193, 역사학회, 2007)와 「홀로코스트의 기억과 역사가」(『독일연구』14, 한국독일사학회, 2007) 등이 있고, 이외에 단행본으로 『기억과 역사의 투쟁』(당대비평, 서울:삼인, 2002), 『역사가 기억을 말하다』(전진성, 서울:휴머니스트, 2005), 『고통과 기억의 연대는 가능한가?』(서경식, 서울:철수와 영희, 2009), 『기억과 전쟁』(전진성 외 엮음, 서울:휴머니스트, 2009) 등이 있다.

문치료에서 역사의 효용 가능성 또는 치유적 기능에 대한 연구,[4] 그리고 구술사를 활용한 인문치료 모색에 대한 연구 등이 있다.[5] 특히 역사학계에서 구술사라는 것이 점차 그 자리를 잡아가면서 다른 한편으로는 인문치료학의 입장에서 '구술'이라는 것이 가지고 있는 특징 때문에 구술자와 기록자의 상호작용에 의해 과거의 (고통스런)기억이나 트라우마를 치유할 수 있는 효능에 주목하고 있다. 그리고 과거사에 대한 집단기억, 역사인식과 관련하여 발생하는 문제와 해결방안을 모색한 여러 연구가 있다.[6]

우리의 일상적인 삶은 본인이 자각하든 자각하지 않든, 利害關係가 있건 혹은 없건간에 모두 역사와 연결되어 있다. 늘상 뉴스가 되어 우리 주변을 맴도는 정치 · 사회 · 문화 · 국제관계 등과 관련된 문제는 의외로 역사와 관련된 것들이 많다. 또 그런 문제 가운데는 이른바 '인문학적 병'의 범주에 들 수 있는 그런 사안들이 포함되어 있으며, 그러한 문제는 지금 당장은 우리에게 아무런 관련도 없는 것처럼 보일지 모르지만 어느 시기에 다른 因子를 만나면

4 설혜심은 「역사를 왜, 어떻게 배워야 하는가?」(『영국연구』 21, 영국사학회, 2009)라고 하는 논문에서 역사학을 인문치료적인 관점에서 연구한 것은 아니지만 역사의 효용성과 관련하여 인문치료학에 상당한 기대와 관심을 보여주고 있다. 그는 "인간의 모든 행위와 사고마저도 화학반응으로 설명되는 현재 사회에서 역사학이 그 자체가 가진 어떤 특성으로 인해 심리적 안정을 주고 나아가 질병을 치유하게 할 물리적인 항체를 생산해 낸다는 것이 밝혀진다면 그 어떤 학문도 필적할 수 없는 강력한 존재이유를 갖게 될 것"이라고 하며 기대심을 보였다. 또한 엄찬호는 「인문학의 치유적 의미에 대하여」(『인문과학연구』 25, 강원대 인문과학연구소, 2010)라는 논문에서 역사의 치유적 기능에 대해 사회의 건강성을 진단하여 치유의 단서를 제공할 수 있다는 것, 특히 역사적 고통의 치료에 인문학이 유용하게 활용될 수 있다는 기본적인 방향성, 가능성을 제시하였다.

5 구술사 연구로는 윤택림의 「기억에서 역사로:구술사의 이론적 방법론적 쟁점들에 대한 고찰」(『한국문화인류학』 25, 한국문화인류학회, 1994)를 비롯하여 많은 論著가 있으며, 구술사를 통한 인문치료를 모색한 연구로는 엄찬호 · 김호연의 「구술사(oral history)를 활용한 인문치료의 모색-기억, 트라우마, 그리고 역사치료-」(『인문과학연구』24, 강원대 인문과학연구소, 2010)가 있다.

6 이와 관련된 연구로는 니체의 역사관을 다룬 이상엽의 「니체의 역사-"삶에 대한 역사의 유익함과 해로움"에 대하여」(『哲學』 69, 한국철학회, 2001), 김정현의 「니체의 역사 치료학」(『범한철학』 35, 범한철학회, 2004), 전진성의 「트라우마, 내러티브, 정체성-20세기 전쟁기념의 문화사적 연구를 위한 방법론의 모색-」(『역사학보』 193, 역사학회, 2007), 안병직의 「동아시아의 역사 갈등과 한국사회의 집단기억」(『역사학보』 197, 역사학회, 2008) 등이 있다.

폭발력을 발휘하게 되고 우리 사회에 심대한 영향을 끼치게 되는 것이다. 그렇기 때문에 지금 당장의 이해관계가 없더라도 '인문학적 병'은 결코 가볍게 볼 수 있는 문제는 아니다.

따라서 필자는 본 연구에서 과연 역사학이 인문치료라고 하는 관점에서 어떤 효능을 가질 수 있는지, 그리고 역사인식에서 발생하는 여러 가지 病症, 그리고 갈등을 짚어보고 이에 대한 치유의 방안을 모색해 보고자 한다.

2
인문치료 관점에서의 역사(학)의 효능

앞서 언급한 바와 같이 인문치료란 '인문학을 활용해 현대인의 정서적·정신적 문제를 치료'하는 것을 말한다. 그렇다면 인문학의 한 중요한 갈래인 역사(혹은 역사학)가 인문치료학 관점에서 과연 어떠한 효능을 발휘할 것인가 하는 문제를 살펴볼 필요가 있다.

일찍이 16~17세기 전반에 활동한 영국의 문필가 피챔(Peacham)은 프랑스의 역사가 장 보댕(Jean Bodin)의 말을 인용하며 역사책을 읽으며 건강을 회복한 사례를 보고한 후 치명적인 열병에 걸렸던 알폰소 왕이 퀸틸리아누스와 쿠르티우스를 읽고 병이 완전히 나았던 사례를 볼 때 자신도 그 이론을 믿을 수 밖에 없다고 말했다고 한다.[7] 이것이 사실인지, 아닌지는 확인된 바 없지만 아마 이는 로마의 뛰어난 교육이론가이자 작가인 퀸틸리아누스, 그리고 로마의 전설적인 영웅 쿠르티우스에 대한 전기적 역사책을 읽고 병이 나았다는 의미로 이해되며 이는 아마 로마 역사상 개인적 소신과 용기, 집요한 노력으로 출중한 능력을 보여준 두 역사적 인물을 통해 '교훈적 위로'와 '삶에 대

7 설혜심, 「역사를 왜, 어떻게 배워야 하는가?」, 『영국연구』 21(영국사학회, 2009), 35쪽.

한 새로운 의욕'을 불러 일으키는 효과를 받았다는 의미 정도로 이해될 수 있을 것이다.

또한 프란시스 베이컨(Francis Bacon)은 그의 저서 『학문의 진보』에서 '학문'이 갖는 효능에 대해 다음과 같은 주장을 한 바 있다.

> 학문이 마음의 온갖 질병에 대해 제공하는 치료제는 그 수가 너무 많아서 일일이 거론하기 힘들 지경이다. 학문은 나쁜 체액(기질)을 몰아내기도 하고, 답답함을 풀어주기도 하고, 소화를 돕기도 하고, 의욕을 증진하기도 하고, 정신의 상처며 멍울을 치료하기도 한다. 모든 치료제를 일일이 거론하지 않고 전체의 요지를 살려 결론을 내리자면, 학문은 정신의 골격을 잡아 준다는 것이다. 정신이 그 자체의 결함에 못 박힌 채 안주하지 않고, 지속적인 성장과 개선에 편입될 수 있도록 해주는 것이 바로 학문이라는 뜻이다. 반면에 학식이 없는 자는 스스로의 내면을 성찰할 수도, 스스로를 평가할 수도 없으며 따라서 매일 어제보다 나은 인간이 되어간다는 기쁨을 맛볼 수 없다.[8]

이러한 베이컨의 말은 인간의 지적 욕구와 실현이 인간에게 정신적 만족감 또는 자신을 성찰하고 보다 좋은 방향으로 나아가는데, 다시 말해서 인간의 정신적 건강을 증진시키는데 도움이 될 뿐만 아니라 실제 신체적 건강에도 도움이 된다는 취지라고 이해된다. 특히 학문이 인간의 '정신적 골격'을 잡아준다는 것은 전문적인 학문연구라고 하는 측면이 아니라 일반적인 인문학의 기본을 통하여 얻어지는 교양에 의해 인간이 인간답게 살기 위한 기본적인 인성을 갖추는 것을 의미한다고 하겠다.

생활수준의 향상과 더불어 과거보다 더 많은 시민들이 '문화'에 대한 관심이 높아지고, 문화생활을 향유하거나 배우려고 하는 열기가 높아지는 것도 '배움'이 정신적 건강에 주는 효능 때문이라고 할 수 있다. 여러 종류의 평생교

8 프란시스 베이컨 著 · 이종흡 옮김, 『학문의 진보』(서울:아카넷, 2002), 128쪽.

육이나 기타 시민을 대상으로 하는 교양특강에 직업이나 자신의 일과 연계성이 전혀 없는 사람들이 관심을 가지고 참여하는 것은 그러한 일면을 보여주는 사례라고 할 수 있을 것이다.

니체의 견해에 의하면 현재는 과거를 수태하고 미래를 생산하며, 역사란 과거의 인간행위와 그 궤적에 대한 물음에서 출발하지만 이것은 현재의 문제의식이나 시각을 통해 미래적 삶의 지평에서 다시 그 물음을 제기할 때 비로소 의미있는 역사로 되살아 날 수 있다. 미래의 의미 지평은 니체에게는 역사를 평가하는 중요한 근거가 되는 것이다.[9] 또한 니체는 철학에 있어서 역사적 사유의 중요성을 매우 강조하고 있다. 그는 모든 철학자의 유전적 결함이 역사적 감각의 결여에 있음을 지적하며, 따라서 지금부터는 역사적으로 철학하는 것이 필요하다고 역설한다.

그의 역사적 사유는 우연과 의도, 부조리와 의지, 모순과 이성이 종횡으로 빚어놓은 역사적 사건 속에서 삶의 세계를 해석함으로써 인간을 인간답게 살 수 있도록, 인간이 역사적 세계속에서 보다 풍부한 삶을 살 수 있도록 해 준다. 그에게 있어서 역사는 과거와 현재와 미래의 끊임없는 대화 가운데 인간의 삶을 풍요롭게 고양시키는데 그 의미가 있는 것이다.

니체는 인간의 삶에 있어서 역사적 사유의 필요성을 강조하면서 더 나아가 우리 사회의 질병을 치료하는 치료학으로서 역사학의 문제를 말하고 있다. 역사적 사유의 결여에서 비롯되었거나 아니면 역사적 사유의 과잉에서 야기되었건 문화와 삶의 퇴화현상을 가져오는 것을 하나의 질병으로 진단하며, 그 처방전으로서 역사학의 효용에 대하여 다음과 같이 말하고 있다.

> 전체로서의 역사학, 즉 다양한 문화에 대한 지식으로서의 역사학은 치료법이론이기는 하지만 치료 기술의 학문 자체는 아니다. ... 정신의 치료와 대비될 만한 일로서 육체적인 관점에서 볼 때 지구의 각 지방이 어떠한 퇴화현상과 질병을 여기하

9 김정현, 「니체의 역사 치료학」, 『범한철학』 35(범한철학회, 2004), 162쪽.

고 있는지 또 반대로 어떠한 치료 요인을 제공하고 있는지를 인류는 의학적 지리학을 통해 규명하도록 노력해야 한다.[10]

니체에 의하면 역사학은 치료의 구체적인 기술이 아니라 치료법 자체에 대한 이론이다. 역사학은 지구가 가지고 있는 다양성과 각 지방이 가지고 있는 퇴화 현상, 질병 현상 등 여러 가지 문제를 널리 연구함으로써 인간이 진정으로 건강하게 살 수 있는 조건을 찾아내고 그러한 문제를 치유하는 '의학적 지리학'의 성격을 가져야 한다는 것이다.

그런데 니체는 역사에 대해 그 효용성과 필요성은 인정하였지만 매우 비판적인 입장을 가지고 있었다. 특히 당대를 풍미하고 있던 실증주의 역사학, 그리고 단순히 지식화, 학문화한 역사학에 대해 혹독한 비판적 생각을 가지고 있었다.

활기를 주지 않는 교훈, 활동을 잠재우는 지식, 또 값나가는 인식의 과잉과 사치인 역사가 왜 괴테의 말처럼 우리에게서 정말 미움을 받아야 하는지가 이 고찰에서 다루어 질 것이다. ... 물론 우리는 역사가 필요하다. 그러나 다른 역사, 즉 지식의 정원에서 한가하게 놀고 있는 버릇없는 게으름뱅이가 원하는 것과는 다른 역사가 필요하다. 비록 이 게으름뱅이가 우리의 거칠고 품위없는 욕구와 궁핍을 점잖은 체하며 무시할지라도. 다시 말해 우리는 삶과 행위를 위해서 역사를 필요로 하지, 삶이나 행위를 기피하기 위해서 또는 이기적인 삶이나 비겁하고 나쁜 행위를 미화하기 위해서가 아니다. 역사가 삶에 봉사하는 만큼 우리도 역사에 봉사할 것이다. 그러나 역사를 수행하는 데는 정도가 있고, 그것을 평가하는 데도 삶을 왜곡하고 변질시키는 평가가 있다.[11]

니체는 '다른 역사'가 필요하다고 역설한다. 그에게 '다른 역사'란 바로 단순 지식화한 역사가 아니고, 또 정치적 미화나 이용을 위한 만들어진 역사가

10 니체 著 · 김미기 옮김, 『인간적인 너무나 인간적인 II』(서울:책세상, 2002), 340~341쪽.
11 니체 著, 이진우 옮김, 『비극의 탄생 · 반시대적인 고찰』(서울:책세상, 2005), 287-288쪽.

아니라 인간의 삶을 진정으로 풍요롭게 할 그러한 역사가 필요하다는 것이다. 이에 그는 역사가 삶에 봉사하는 만큼 우리도 역사에 봉사한다고 하고 있다. 이러한 그의 입장은 그가 당대의 역사 교양이라고 하는 것에 대해 매우 비판적인 것에서도 알 수 있다.

> … 이 고찰이 반시대적인 것은, 시대가 자랑스러워하는 역사적 교양을 내가 여기서 시대의 폐해로, 질병과 결함으로 이해하려 하기 때문이며 또 심지어 나는 우리 모두가 소모적인 역사적 열병에 고통을 받고 있으며 적어도 우리가 고통을 당한다는 사실을 인식해야 한다고 믿기 때문이다. 우리는 미덕과 함께 결함도 재배한다고 괴테가 말했다면, 또 누구나 알고 있듯이 미덕의 과잉은—우리 시대의 역사적 의미가 내게는 그렇게 보인다—악덕의 과잉 못지않게 한 민족을 파멸시킬 수 있다는 옳은 말을 그가 했다면, 내게도 그런 기회를 한번 줘야 할 것이다.[12]

그는 자신이 쓴 저술이 「반시대적 고찰」인 것은 시대가 자랑스러워하는 역사적 교양을 내가 여기서 시대의 폐해로, 질병과 결함으로 이해하려 하기 때문이라고 하고 있으며,[13] 특히 우리 모두가 소모적인 역사적 열병에 고통받고 있다는 사실을 인식해야 한다고 역설하고 있다. 특히 그는 '역사 과잉'이 가져오는 폐해에 대해 매우 날카롭게 지적하고 있다.

---

12 니체, 위와 같은 책, 288쪽.

13 니체의 당대 교양에 대한 비판은 「문화가 있다고 인정받는 민족은 진정한 의미에서 살아있는 일체여야 하며, 그렇게 비참하게 내면과 외면으로 내용과 형식으로 분열되어서는 안된다. 한 민족의 문화를 추구하고 장려하려는 사람은 이 높은 통일성을 추구하고 장려하며 진정한 교양을 위해 현대적 교양을 파괴하는 데 동참한다. 또 그는 역사로 인해 손상된 한 민족의 건강을 어떻게 되찾을 수 있는지, 그 민족의 본능을, 또 그로써 그들의 진실성을 어떻게 다시 발견할 수 있는지를 깊이 생각하려 할 것이다」(니체, 320쪽)라고 하는 대목과 「역사가 인간을 무엇보다 정직하게 되라고 격려했다고-정직한 바보일지라도-우리는 생각해야만 한다. 그리고 이것이 역사의 영향이었지만 이제 더 이상 그렇지 않다. 역사적 교양과 시민의 보편적 제복은 동시에 지배한다. 지금처럼 시끄럽게 '자유인격'에 관해 떠들어 본 적이 없지만, 자유로운 인격은 고사하고 인격도 보이지 않는다. 온통 비겁하게 자신을 감춘 보편적 인간들 뿐이다. 개인은 내면으로 후퇴했다. 겉모습만으로는 그 낌새를 전혀 알아차릴 수 없다」(니체, 327-328쪽)라고 하는 것에서도 잘 드러난다.

A. … 다시 말해 동물아 보여주듯이 기억없이 살아가는 것, 행복하게 살아가는 것은 가능하다. 그러나 망각없이 산다는 것은 전적으로 불가능 하다. 또는 좀더 단순하게 내 주제를 설명한다면, 불면과 되새김질, 역사적 의미에도 어떤 한도가 있는데 이 한도에 이르면 인간이든, 민족이든, 문화든 살아있는 것은 모두 해를 입고 마침내 파멸한다. 과거의 것이 현재의 것의 무덤을 파지 않으려면, 과거의 것이 잊혀야 할 한도와 한계를 결정하기 위해서 우리는 한 인간, 한 민족과 문화의 조형력이 얼마나 큰지를 정확하게 알아야 한다. 조형력이란 스스로 고유한 방식으로 성장하고, 과거의 것과 낯선 것을 변형시켜 자기 것으로 만들며, 상처를 치유하고 상실한 것을 대체하고 부서진 형식을 스스로 복제할 수 있는 힘을 말한다.[14]

B. 명랑함, 양심, 즐거운 행위, 다가올 것에 대한 신뢰 – 이 모든 것은 (…) 또한 우리가 제때에 기억하는 것처럼 제때에 잊을줄 아느냐, 우리가 힘찬 본능을 가지고 언제 역사적으로 느껴야 하고 언제 비역사적으로 느껴야 할지 감지해내느냐의 여부에 달려 있다. 바로 이것이 독자들에게 한번 고찰해 보라고 권하고 싶은 명제다. 즉, 비역사적인 것과 역사적인 것은 한 개인이나 민족 그리고 한 문화의 건강에 똑같이 필요하다.[15]

C. … 동물은 안전히 비역사적이며 거의 하나의 점과 같은 지평속에서 산다. 그러나 동물은 적어도 권태와 왜곡이 없는 행복속에서 살아간다. 다시 말해 우리는 어느 정도 비역사적으로 느낄 수 있는 능력을 더 중요하고 더 원초적인 능력으로 간주해야만 할 것이다. 즉, 올바르고 건강하고 위대한 것, 진정으로 인간적인 것이 자라날 수 있는 토대가 그 안에 놓여 있는 한 그렇다. 비역사적인 것은 무언가를 감싸는 분위기와 비슷하다. 그 안에서 삶은 스스로 생성되고, 이 분위기의 파괴와 더불어 다시 사라진다. 인간이 사유하고 숙고하고 비교하고 분리하고 결합하면서 저 비역사적인 요소를 제거함으로써, 또 저 에워싸는 안개구름 안에서 밝은 섬광이 발생함으로써, 그리고 삶을 위해 과거를 사용하고 이미 일어난 것에서 다시 역사를 만

14 니체 著, 이진우 옮김, 『비극의 탄생 · 반시대적인 고찰』, 293쪽.
15 니체, 같은 책, 294쪽

드는 힘을 통해 비로소 인간은 인간이 된다. 그러나 역사의 과잉 속에서 인간은 다시 인간이기를 중지한다.[16]

D. … 역사가 삶에 봉사하는 한, 그것은 비역사적인 권력에 봉사하는 것이고, 따라서 이런 종속 관계에서는 수학처럼 그렇게 순수한 학문이 될 수 없고 되어서도 안 된다. 그러나 어느 정도까지 삶이 역사의 봉사를 필요로 하는가 하는 질문은 한 인간과 한 민족, 한 문화의 건강과 관련하여 가장 중요한 질문들과 근심거리들 중 하나다. 왜냐하면 그것이 지나칠 경우 삶은 붕괴되고 타락하며, 삶의 타락으로 인해 역사 자체도 타락한다.[17]

E. … 어느 시대가 역사를 포식하면 다섯가지 측면에서 삶에 적대적이고 위험하게 된다고 나는 생각한다. 역사의 과잉으로 인해 이제까지 언급한 내면과 외면의 대립이 발생하고 그로 인해 인격이 약해진다. 또 과잉으로 인해 시대는 자신이 가장 희귀한 미덕, 정의를 어떤 다른 시대보다 더 많이 소유하고 있다는 망상에 빠진다. 역사의 과잉으로 인해 민족의 본능이 손상되었고, 개인도 전체 못지않게 성숙을 방해받는다. 역사의 과잉으로 항상 유해한 믿음, 즉 인류의 연륜에 대한 믿음, 늦둥이이며 아류라는 믿음을 심어준다. 과잉으로 인해 시대는 자신에 대한 아이러니라는 위험한 분위기에 빠지고 거기서 더 위험한 견유주의의 분위기에 젖게 된다. 이런 분위기속에서 시대는 점점 더 교활해지고 이기적인 실천으로 굳어가고 그로 인해 생명력은 마비되고 결국 파괴된다.[18]

니체는 역사가 인간의 삶에 봉사하는 것으로 인식되기 위해서는 적절한 망각과 지나친 역사적 삶에 대한 강박에서 벗어나야 한다는 것이다. '**과거의 것이 현재의 것의 무덤을 파지 않으려면**'이라는 그의 말 속에는 바로 역사가 현재의 삶과 어떤 관계를 맺어야하는 것인지에 대한 생각이 잘 드러나 있다. 기

16 니체, 같은 책, 295쪽.
17 니체, 같은 책, 301쪽.
18 니체, 같은 책, 325쪽.

억과 역사적 의미에 어떤 한계가 있는데 이 한계에 도달하면 인간이든, 민족이든, 문화든 살아있는 것은 모두 해를 입고 마침내 파멸한다는 것이다.

따라서 우리가 건강한 삶을 살기 위해서는 제 때에 기억하는 것처럼 제 때에 잊을줄 아느냐, 우리가 힘찬 본능을 가지고 언제 역사적으로 느껴야 하고 언제 비역사적으로 느껴야 할지 감지해내느냐의 여부에 달려 있다는 것이다. 특히 한 인간, 한 민족이 건강성을 유지하려면 그들이 가지고 있는 조형력이 얼마나 큰지를 정확하게 알아야 한다고 강조한다. 그가 말하는 조형력이란 「스스로 고유한 방식으로 성장하고, 과거의 것과 낯선 것을 변형시켜 자기 것으로 만들며, 상처를 치유하고 상실한 것을 대체하고 부서진 형식을 스스로 복제할 수 있는 힘」을 말하는데, 이것은 한마디로 과거와 현재가 적절한 조화를 이루면서 미래를 열어 나가는 것을 말한다고 할 수 있다.

또 그는 역사 과잉에 대해 매우 경계하며 이는 시대를 파멸시킬 수도 있는 매우 위험한 것임을 지적하고 있다. 언제나 모든 것을 역사적으로만 평가하려는 역사의식의 비만은 인간의 삶을 해칠 수 있다는 것이다. 진정한 삶과 역사적 의미에 대한 성찰 없이 단순한 지식의 過食은 인간에게 내용과 형식의 모순, 즉 인격 박약성에 빠지게 하며, 객관성과 보편적 인간의 산출이라는 근대의 지식위주의 교육은 내면과 외면의 대립뿐만 아니라 획일적인 인간상을 만들게 된다는 것이다.

이러한 역사의 폐해를 주장하는 니체의 이면에는 독일제국의 창건이 가져온 민족적 열기 속에서 역사와 기억이 제국의 정초신화로 동원되는 상황이 깔려 있다. 그가 지적하는 歷史病이라는 말은 역사주의 역사학의 실증적 경향이 가져온 역사지식의 범람을 말하는 것으로 이해될 수 있지만 그속에 들어있는 더 심오한 문제는 역사지식 자체가 아니라 그 지식이 공공에 미치는 영향이었다. 과거를 이상화하고 그것을 역사와 기억의 형태로 공공의 동원 수단으로 이용하는 것을 그는 병으로 인식한 것이다.[19] 또한 이러한 니체의 사상속에는 속성위주, 지식위주의 근대 교육에 대한 비판이 들어있다. 그러한 교육은 인간의 내면세계를 황폐화시키고 더 나아가 인간으로 하여금 자신을 상실하고 혼란스러운 지식의 더미에서 "향락하며 돌아다니는 구경꾼"으로 만들게 된다는 것이다. 내면과 외면, 이론과 실천, 삶과 지식의 분열이 일어나며 인간의 왜소화, 범용화, 획일화, 평준화가 일어나는 인간의 자기 상실의 역사가 진행된다는 것이다.[20]

또한 그는 역사의 객관화에 대한 혹독한 비판을 가하고 있다.[21] 역사 연구나 서술에 있어서 역사가 자신이 아무리 '객관성'을 주장한다고 하더라도 궁극적으로 그건 불가능하다고 여긴다. 그건 지금의 思考로는 도저히 이해할 수 없는 과거를 현재의 천박하고 일반적인 잣대를 가지고 판단하고는 그것을 객관이라고 한다는 것이다.[22] 이러한 그의 생각은 랑케 이후 세상을 풍미한 이른바

---

19 안병직, 「동아시아의 역사 갈등과 한국사회의 집단기억」, 『역사학보』 197(역사학회, 2008), 218쪽.

20 김정현, 「니체의 역사 치료학」, 174~175쪽.

21 니체는 역사의 객관성에 대해 「저 순진한 역사가들은 과거의 견해와 행위를 현재의 일반적 견해를 잣대로 재는 것을 '객관성'이라 부른다. 여기서 그들은 모든 진리의 규약을 발견한다. 그들의 작업은 과거를 시대적인 천박성에 적응시키는 데 있다. 그에 반해 그들은 저 통속적 견해를 규준에 맞지 않다고 생각하는 역사 서술을 '주관적'이라 부른다. 객관성이라는 단어를 최대한 해석한다 해도 거기에는 어떤 환상이 함께 적용하지 않는가? 역사가가 어떤 사건의 동기와 결과를 너무나 순수하게 있는 그대로 고찰함으로써 그것이 자신의 주관에 어떤 영향도 미치지 않게 될 때, 이 역사가의 상태를 우리는 객관성이라고 이해한다」라고 비판하고 있다.(니체 著, 이진우 옮김, 『비극의 탄생 · 반시대적인 고찰』, 책세상, 337쪽)

22 역사 연구나 서술에 있어서 '객관성'의 문제는 역사의 어떤 부분을 말하는가에 따라 다를 수밖에 없다. 이에 영국의 역사학자 키스 젠킨스(Keith Jenkins)는 "역사가에게 문제가 되는 것은 사실 그 자체가 아니라, 한 설명 안에서 사실들이 차지하는 각각의 비중, 위치, 결합, 의미작용의 문제다. 이것은 곧 해석의 차원이고, 이는 역사가가 과거의 사건을(말 그대로 그저 재현해 놓았을 때는 발생되지 않는) 의미유형으로 바꾸어 놓을 때 문제가 된다. 왜냐하면 '무엇이 일어났는가'를 밝혀 낼 방법은 많지만 그 '사실'이 무엇을 의미하는지를 정확히 말할 방법이 전혀 없기 때문이다"라고 지적하고 있다.(키스 젠킨스 著 · 최용찬 옮김, 『누구를 위한 역사인가』, 혜안, 1999, 106쪽) 즉, 키스 젠킨스의 말은 사실 그 자체가 언제 일어났는지라고 하는 연대기적 사실을 밝히는 것은 매우 간단하지만 그것이 일어난 배경이나 의미를 서술하는 문제에 있어서 절대적 객관성이란 있을 수 없다는 말이다.

실증주의 사학에 대한 그의 비판적 견해를 담고 있는 것이지만 비록 역사 연구와 서술에 있어서 완전한 객관성이라는 것이 불가능하지만 역사라는 학문에서 객관에 가까워지려고 하는 부단한 노력이 가지는 중요성에 대해서는 간과한 것이라고 할 수 있다. 역사 서술에 있어서 과거에 대한 완벽한 재현이 불가능하다는 것은 더 이상 말할 필요도 없지만 객관성을 향한 노력이 없는 역사 서술은 이미 역사가 아니라고 하는 인식은 결여되어 있다.

니체의 역사에 대한 인식을 종합하면 삶에 봉사하는 역사가 필요하다는 것과 역사의 과잉은 인간에게 심각한 해를 끼친다는 것으로 요약될 수 있을 것이다.[23] 이러한 그의 생각은 인간이 진정으로 인간답게 살아가는데 의미가 있는 역사를 필요로 한다는 것이며, 또 역사에 대한 다양한 인식을 저해하는 획일주의, 그야말로 열병같이 퍼지는 강요된 역사인식 등 균형적 감각을 해치는 것을 매우 경계하였다. 이러한 생각을 바탕으로 그가 유형을 제시한 역사는 '기념비적인 역사', '골동품적인 역사', '비판적 역사' 등 3가지 이다.

기념비적 역사는 위대한 것, 힘 있는 것, 명예로운 것을 서술함으로써 그것에서 역사의 모범자, 스승, 위안자를 찾는 것이다. 이러한 역사는 위대성의 전승과 배양이라는 점에서 긍정적인 측면이 있으나 이러한 것이 지나치면 과거가 단순히 모방되어야 할 것으로 기술되거나 왜곡되어 아름다운 것으로 해석되기도 하고, 역사가 자의적인 창작에 가까워지는 위험을 피할 수 없게 된다. 과거의 위대한 인물을 통하여 역사적 자극을 받는 것은 바람직하지만 한편으

23 독일의 역사학자 코젤렉(Reinhart Koselleck)은 니체가 역사철학적으로 역사속에서 의미를 형성시키는 모든 시도들을 비판했음에도 불구하고, 스스로 '역사적 의미'를 추구하려고 하는 모순에 빠져 있다고 비판하였으며, 또 역사가 삶에 봉사하기 위해 도구화되고 노예화될 경우 역사는 고유성과 학문적 증명능력을 상실하는 위험에 처하고, 정치화될 수 있음을 경고하고 있다.(이상엽, 「니체의 역사-"삶에 대한 역사의 유익함과 해로움"에 대하여」, 『哲學』 69, 한국철학회, 2001, 143~144쪽 참조) 이러한 코젤렉의 비평은 물론 일면 타당하다고 할 수 있으나 다른 한편으로 니체의 '삶에 봉사하는 역사'라고 하는 진정한 의미에 대한 오해도 있다고 여겨진다. 니체는 인간의 자유로운 사고와 삶을 저해하는 '역사'에 대한 비판을 의도한 것이지 단순히 역사가 유익한 삶의 도구가 되어야 한다는 뜻은 아니었다고 생각된다. 오히려 니체는 현실에서 역사가 지나치게 과장되거나 포장되어 정치 도구화하는 것을 경계하고 있다고 여겨진다.

로는 과거의 왜곡된 해석에 매몰되면 하나의 신화적 허구에 빠지게 되고 오히려 삶을 훼손시키게 된다는 것이다.[24]

골동품적 역사는 자신이 유래된 곳, 자라난 곳을 회고하며 이를 보존하고 존경하고자 하는 사람들에게 필요한 것으로, 과거는 단지 오래되었다는 이유로 과거에 대한 우리 지식은 경건하게 보존될 필요가 있다는 것이다. 조상들이 남긴 유물을 보존하고 이를 통해 자신의 가계와 민족의 계보를 기록하며 이러한 것은 자기 정체성을 확보하는 기반을 제공한다. 그러나 이처럼 옛것을 지나치게 숭배하게 되면 새로운 것의 출현을 억제하거나 방해하는 위험성을 가지게 되며, 과거에 안주함으로써 과거지향적인 성향을 갖게 된다. 골동품적 역사는 현대의 신선한 생명이 그것에 정신을 불어넣거나 활기를 넣지 못하는 순간에 스스로 퇴화되고 만다는 것이다.[25]

비판적 역사는 인간이 살기위해 과거를 파괴하고 해체하는 힘을 지니고, 그 힘을 실제적으로 행사하는 가운데 역사가 삶에 봉사하게끔 한다는 것이다. 이는 과거의 텍스트에서 인간적 폭력과 죄악, 불의를 역사의 법정에 끌어내어 단죄함으로써 비판적으로 역사를 읽고 과거를 현재의 삶의 반성으로 삼는다. 니체는 과거의 텍스트를 비판적으로 해석함으로써 역사가 현재의 삶에 기여해야 한다고 보고 있다. 그러나 기념비적 역사의 숭배나 골동품적 역사에서의 수집에 대한 집착과 마찬가지로 과거 역사에 대한 무조건적 파괴는 인간의 삶 자체를 손상시키기도 하며, 과거를 역사의 심판에 끌어내기 위해서는 미래를 창출하려는 열정과 사랑이 있어야 하고 역사를 읽는 사람의 의식 성숙이 전제되어야 한다는 것이다.[26]

니체는 이러한 세가지 유형의 역사인식의 장·단점을 지적하면서 역사에 대한 균형적 감각으로 조율이 될 때 인간의 삶을 건강하게 증진시키게 된다

24 김정현, 「니체의 역사 치료학」, 『범한철학』 35집, 175~176쪽.

25 김정현, 같은 논문, 176~177쪽.

26 김정현, 같은 논문, 177~178쪽.

고 한다. 그러나 니체는 역사학으로서의 학문이 과거를 평가하는 유일한 심판자가 된 이후로 역사의 유용성은 인간의 삶을 오히려 위협하고 있다고 보았다. 그는 현재 및 미래의 관점에서 과거 및 역사가 해석되어야 한다고 보지만 한편으로 역사의 과잉에서 오는 역사병을 진단하고 처방하는 것이 필요하다고 역설한다.

역사의 효용성에 언급한 또다른 사람은 20세기 프랑스의 저명한 역사학자 마르크 블로흐이다.

> 비록 역사에 다른 효용은 있을 수 없다는 판단이 내려진다 해도 역사가 위안을 주는 것이라는 사실만은 수긍할 수 있을 것이다. 혹은 보다 정확히 말해서-왜냐하면 누구나 자기 마음에 드는 곳에서 위안을 찾는 법이니까-역사는 분명 상당수의 사람에게 위안을 주는 듯 보인다고는 말할 수 있을 것이다. … 역사란 분명 다른 어떤 학문과도 닮지 않은 고유의 미학적 즐거움을 가지고 있다. 그것도 역사만의 특별한 대상이 되는 인간행위의 모습이 다른 무엇보다도 인간의 상상력을 사로잡도록 되어 있기 때문이다. 특히 시간적·공간적 거리 덕분에 그 펼쳐지는 모습이 이상한 것의 미묘한 매력으로 꾸며져 있을 때는 더욱 그렇다. 위대한 라이프니쯔도 그런 사실을 고백하였다. 수학이나 변신론이 추상적 사유에 골몰하다가 독일제국의 옛날 헌장이나 연대기를 판독하는 일을 시작했을 때 그도 우리와 마찬가지로 '이상한 것들을 알게되는 환희'를 느꼈던 것이다.[27]

그는 역사가 많은 사람들에게 위안을 주며, 또 어떤 학문과도 닮지 않은 고유의 미학적 즐거움을 가지고 있는데, 이는 역사만의 특별한 대상이 되는 인간행위의 모습이 다른 무엇보다도 인간의 상상력을 사로잡도록 되어 있기 때문이라고 하고 있다. 특히 그는 투철한 소명감을 가진 역사학자의 입장에서, 철학자들이 역사학에 대한 깊은 이해없이 '역사'에 대해 비난하는 것을 몹시 못마땅해 했다.

27 마르크 블로흐 著 · 정남기 옮김, 『역사를 위한 변명』(서울:한길사, 1979), 26 · 27쪽.

역사의 효용성의 문제는 – 좁은 의미에서, 그리고 그 말의 실증적 의미에서 – 고유한 의미에서의 역사의 지적 정당성의 문제와는 혼동될 수 없는 것이다. 더욱이 그 문제는 2차적인 것이다. 즉, 합리적으로 행동하기 위해서는 우선 제대로 이해해야 할 필요가 있지 않겠는가? … 우리들의 충고자나 혹은 충고자이기를 바라는 이들중 몇 사람이 이미 이 문제에 관해 대답했었다. 그것은 여지없이 우리의 기대를 저버리는 것이었다. 그중 가장 관대한 이들이 이렇게 말했다. "역사란 확실한 것도 없고 이로운 것도 없다"고. 준엄한 까닭에 미지근한 표현을 원치 않았던 이들은 또 이렇게 말했다. "역사란 해로운 것"이라고. 그중 한사람 – 그것도 상당히 유명한 – 은 역사란 "지성의 화학이 공들여 만들어 놓은 것 중에서 가장 위험한 생산물"이라고 매도했다. 이러한 비난은 놀라울만한 매력을 가지고 있다. 그 비난은 무엇보다도 무지를 정당화 시키고 있다.[28]

한 분야에만 국한된 협착한 역사나 피상적인 역사 연구를 모두 止揚하고 역사를 총체적인 인간의 모습으로 파악하려 했던 그로서는 그들의 역사에 대한 비난은 역사학에 대한 무지의 소치로밖에 보이지 않았던 것이다. 블로흐의 『역사를 위한 변명』은 물론 주로 역사가의 입장에서 역사(또는 역사학)에 대한 여러 소견을 정리한 것이지만, 역사가 일상적인 인간에게 어떤 의미가 있는지에 대한 확고한 소신을 가지고 있었다. 그는 각 시대간의 연대성은 매우 공고하기 때문에 시대간의 관계는 두 방향에서 작용한다고 하고 있다. 현재에 대한 몰이해는 과거에 대한 무지에서 빚어진 결과이며, 또한 반대로 현재에 대해서 아무것도 알지 못하면서 과거를 이해하려고 노력한다면 전혀 결실없는 노력에 그친다는 것이다.[29] 이러한 그의 말은 결과적으로 역사의 의미에 대한 그의 소견을 그대로 보여주는 대목이다. 이는 의미있는 현재의 삶을 살아가기 위해서는 꼭 현재에 대한 이해를 높여줄 수 있는 과거를 알아야 한다는 것이며, 효용성이라는 것도 결국 그 연장선상에서 평가될 수 있는 것이다.

28 마르크 블로흐 著 · 정남기 옮김, 같은 책, 29쪽.

29 마르크 블로흐 著 · 정남기 옮김, 같은 책, 57쪽.

한편 인문치료학에 있어서 역사(학)의 효능을 논함에 있어서 구술사의 중요성을 빼놓을 수 없을 것이다. 구술사는 역사라는 학문분야에서 기록물의 한계와 결점을 보완하는 데 매우 중요한 의미를 가지기 때문에 최근에 와서 한국사학계에서도 많은 관심을 가지고 점차 연구가 활성화되고 있고, 특히 국사편찬위원회에서는 최근 구술사의 중요성을 인식하고 구술자료 확보를 위한 여러 가지 노력을 하고 있다.[30] 그런데 구술사는 단순히 '자료 확보'라는 차원을 넘어 구술자와 구술기록자간의 상호작용과 기억의 역사화 등을 통한 과거의 상흔의 치료라고 하는 관점에서의 활용 가능성이 제기되고 있다.[31] 구술사 연구는 일상 생활이나 역사적 사건으로 인한 개인 또는 집단의 기억을 치유하는 데 일정한 기능을 발휘할 수 있을 것이라는 점에서 앞으로 방법론에 대한 모색이 필요하다고 할 수 있다.

홀로코스트에 대한 이슈화 과정이나 역사적 평가 과정은 현재와 가까운 시기에 벌어진 기억의 역사를 우리가 어떻게 치유하고, 역사화 할 것인지를 깊이 생각하게 하며, 새로운 방향 모색에 대한 여러 가지 시사점을 주고 있다.

제2차 세계대전이 끝난 뒤 1970년대에 이르기까지 홀로코스트에 대한 역사적 평가에 대한 공론화는 거의 이루어지지 않았다. 종전 직후에 진행된 뉘른베르크 나치 전범재판에서는 유대인 학살을 포함해서 나치 정권이 자행한 비인도적인 전쟁 범죄의 책임을 히틀러로 대표되는 나치 광신자들에게 전가함으로써 결과적으로 다른 독일인들을 죄의식에서 구제해 주는 효과를 가져다주었다.[32] 특히 동 · 서독간의 냉전 체제, 전후 서독 경제의 빠른 회복 등 현실

---

30 국사편찬위원회에서는 지난 2004년부터 구술자료의 중요성을 인식하고 이에 대한 본격적인 수집활동을 시작하였으며, 그해 12월에는 구술사의 필요성, 수집의 기획과 실행 요령, 연구현황 등을 정리한 『현황과 방법, 구술 · 구술자료 · 구술사』을 발간하였다.

31 엄찬호 · 김호연, 「구술사(oral history)를 활용한 인문치료의 모색-기억, 트라우마, 그리고 역사치료-」, 『인문과학연구』 24(강원대 인문과학연구소, 2010).

32 육영수, 「기억, 트라우마, 정신분석학 : 도미니크 라카프라와 홀로코스트」, 『치유의 역사학으로』(서울:푸른역사, 2008), 382쪽.

적인 문제에 묻혀 홀로코스트에 대한 반성과 평가는 미루어 졌고, 신나치주의자들은 홀로코스트의 발생 자체를 부정하고 생존자들의 증언을 가공의 상상적 산물로 치부하기에 이르렀다.

이러한 가운데 1980년대에 이르러 이른바 역사가의 논쟁이 일어났다. 서독 역사가 놀테(Nolte)는 나치 정권의 유대인 학살을 독일을 수용소 군도화하려는 공산주의 정권에 대한 자위행위라고 변호했고, 나아가 나치 정권이 동부 전선에서 막대한 희생을 감수하면서 소비에트 공산주의의 확장을 막은 공헌을 과소평가하지 말 것을 주문했다.[33] 또 놀테와 유사한 논점을 가진 안드레스 힐그루버(Andreas Hillgruber), 미하엘 스튜머(Michael Stümer) 등은 홀로코스트를 특정한 역사적 상황의 산물로 봄으로써 "역사화=콘텍스트화"하는 데 노력했다. 이들은 홀로코스트를 20세기 중반 유럽의 특수한 상황이 낳은 고육지책의 산물로 간주하도록 부추겼으며, 더 나아가 나치정권 아래에서 신음하던 독일의 보통 사람들도 특정한 역사적 상황의 희생자라는 사고를 은근히 주입하였다. 유대인과 독일인은 알고보면 모두 억울한 희생자라는 논리에 기대어 홀로코스트 가해자와 희생자의 위치를 전도하거나 그 차이를 희석하려 한 것이다.[34]

홀로코스트에 대한 기억을 둘러싸고 독일 사회 내부적으로 논란이 지속되어 왔으며, 이러한 기억을 중심으로 하는 갈등에는 언론, 정당, 시민단체 뿐만 아니라 독일의 역사가도 한 축을 형성해 왔다. 독일의 역사가들은 역사 연구를 통해 홀로코스트에 대한 독일사회의 기억에 많은 영향을 미쳤고, 다른 한편으로는 그들의 연구 자체가 이 집단기억의 영향을 강하게 받기도 하였다. 이러한 상호작용을 통하여 홀로코스트 문제는 매우 치열한 공공의 이슈로 부상하였다.[35]

---

33 육영수, 「기억, 트라우마, 정신분석학 : 도미니크 라카프라와 홀로코스트」, 383쪽.

34 위와 같음.

35 안병직, 「홀로코스트의 기억과 역사가」, 『독일연구』 14(한국독일사학회, 2007), 72쪽.

한편 미국은 역사적 사실로서의 홀로코스트와 관련하여 특별한 관계에 놓여있지 않다. 지리적으로 멀리 이격되어 있을 뿐만 아니라 미국사회내의 유대인 비율은 미국 전체인구의 2.1%에 불과하며 더구나 홀로코스트 희생자와 관련된 수는 극히 미미하다. 그러나 사회적 집단기억 현상으로서 홀로코스트의 원천은 미국이라고 할 수 있을 것이다. 학교에서의 홀로코스트 교육을 강화하고, 기념비와 기념의식, 박물관 등을 통해 홀로코스트 기념문화를 구축하였다. 아울러 영화와 텔레비전 드라마를 통해 홀로코스트 기억을 대중화하고 이를 전 세계에 전파하였다. 미국은 그 당사자와의 거리감에도 불구하고 홀로코스트 기억을 세계화 하는데 가장 중심에 서 있었던 것이다.[36]

그러나 홀로코스트가 사회적 이미지화 하는 과정에서 여러 문제점을 내포하게 되었다. 특히 이러한 역사적 트라우마에 대한 집단의 기억은 자유로운 사고나 비판보다는 합의와 충성을 우선시하기 때문에 이러한 집단기억이 사라져가는 과거를 원래대로 보존하는 의미보다는 정치적 도구화하게 되었다. 이러한 점에 대해서 아르노 메이어(Arno Mayer), 피터 노빅(Peter Novick) 등은 냉정한 비판을 가하였다.[37] 특히 노빅은 홀로코스트의 유일성에 대한 주장을 비판하며, 이는 분명히 존재하는 공통점을 감추고 차이점만을 강조함으로써 역사적 현상을 이해 불가능한 超역사적인 것으로 만든다는 것이다. 또 홀로코스트에 대한 지나친 기념문화에 대해서는 의구심을 보내며, 아메리카 인디언이나 흑인 노예의 고통은 외면하고 유대인 희생만 기억하고자 하는 것은 미국인을 위해 결코 바람직한 현상이 아니라고 하고 지적하고 있다.[38]

역사적 트라우마의 치유는 사회적 病을 치유 또는 완화하여 보다 건강한 사회를 만드는데 매우 중요한 문제이다. 역사적 트라우마가 과거에 일어난 일인

36 안병직, 「홀로코스트의 기억과 역사가」, 『독일연구』 14(한국독일사학회, 2007), 73쪽.

37 이에 대해서는 안병직의 「홀로코스트의 기억과 역사가」(『독일연구』 14, 한국독일사학회, 2007) 참조,

38 안병직, 「홀로코스트의 기억과 역사가」, 77쪽.

만큼 이를 치유하는 해법을 모색하는데 역사라는 학문이 이를 전적으로 담당할 수 있는 것은 아닐지라도 분명이 일정한 역할이 있고, 특히 트라우마를 현재에 재현하고 이에 대한 공감(empathy)-치유-역사화하는 과정에서 구술사는 매우 유용한 부분이 있을 것이다. 구술자료는 채록자와 구술자의 상호작용에 의해서 만들어지고, 구술은 단순히 구술자가 채록자의 질문에 따라 수동적으로 만들어지는 것이 아니라 구술자가 구술 내용과 관련하여 능동적으로 자신의 과거 경험을 해석해내는 작업[39]이라는 점에 주목할 필요가 있다. 구술 내용이 구술자 본인의 과거 傷痕과 관련된 것이라면, 이는 구술자와 채록자의 상호작용을 통해 구술자의 상흔을 치유할 수 있는 가능성이 열리게 되는 것이다.[40]

3
갈등적 역사 인식과 인문치료

역사란 단순히 지나간 일이 아니라 현재와 늘 연결되어 있고, 그런 점에서는 우리가 늘 피부로 느끼지 못할 지라도 우리 일상 생활과 매우 밀접한 관련이 있다고 해야 할 것이다. '역사'라고 하는 것이 개개인이 겪고 있는 정서적 · 정신적 장애나 고통을 치료하는 데는 매우 제한적일 수밖에 없을 것이지만 사회적 차원의 정서적 · 정신적 질병을 말한다면 그 효용은 결코 적다고 할 수 없으며, 눈에 보이지 않는 커다란 잠재적 효용성을 가지고 있다고 해야 할 것이다.

39 윤택림 · 함한희 공저, 『새로운 역사 쓰기를 위한 구술사 연구방법론』(서울:아르케, 2006), 55쪽.

40 이러한 점은 필자가 과제(양구 항일 · 반공운동 자료집, 양구의 6.25전쟁 자료집 제작)를 수행하는 과정에서 많은 구술자를 면담하면서도 절실히 느낀 점이다. 구술자는 그들이 겪은 과거사(특히 비참하고 치열한 전쟁에 대한 것)와 관련하여 사회의 무관심과 냉대에 대해 매우 불편한 심기를 종종 드러냈으나 그들의 증언이 역사기록으로 남겨져 의미있는 자료가 된다는 것에 대해서는 대부분이 자부심을 갖는 것으로 판단되었다.

사회의 질병이라는 것은 범죄와 관련되거나 다른 사람들에게 불쾌감을 주거나 해악을 끼치는 것, 즉 눈에 보이는 현저한 그런 사회적 문제들만이 아니다. 지금 당장 문제점으로 드러나 보이지 않지만 미래에 우리 모두에게 중대한 해악을 끼칠 가능성이 내재된 사회의 정서적 · 정신적 病이 존재하며, 또 현재 이미 더 바람직한 사회로 나아가는데 장애가 되고 있는데도 인식하지 못하는 그런 사안들도 있다. 그 가운데 역사인식과 관련된 부분은 어쩌면 가장 중요한 사안이면서도 가장 不感의 사안이 되어 있는지도 모른다. 이에 역사와 관련하여 '역사적 트라우마'를 '만성적인 사회적 持病'으로 지목하기도 하였다.[41] 트라우마는 본래 정신분석학에서 개인의 병리적 현상을 설명하기 위해 도입된 용어지만 개인적 차원을 넘어선 것이 바로 역사적 트라우마가 되는 것이다. 이러한 역사적 트라우마는 사회적 지병이 되어 사회적 불신이나 정체성의 분열을 초래할 수 있는 것이며, 이는 지금 당장 눈에 보이는 증상이 없다고 하더라도 잠복기를 거치는 심각한 질병과 같은 것이라고 할 수 있다.

역사학자 홉스봄(Eric J. Hobsbawm)이 역사학을 핵물리학만큼이나 위험하다고 한 의미를 잘 되새겨 볼 필요가 있다. 잘못된 역사인식은 비극적인 폭력과 전쟁을 일으키고 나라를 두동강 내기도 하는 엄청난 위험성을 안고 있기 때문일 것이다. 인도-파키스탄의 분리와 인도사회의 이슬람교도와 힌두교도간의 끊임없는 폭력사태는 잘못된 역사인식이 개인뿐만 아니라 사회 또는 민족, 국가에 얼마나 큰 해악을 끼치는지를 잘 보여주고 있다. 역사상 나타나는 수많은 집단간, 민족간, 국가간의 상호 침략속에서 살육과 약탈은 흔히 나타나는 일이었다. 인도 역사상 1026년 이슬람인은 구자라뜨 州의 소마나타에 있는 힌두교 사원에 침입해서 사원을 파괴하고 약탈을 자행하였다. 이 사건은 실상은 미미한 것이어서 토착 왕국의 기록에서는 거의 찾아보기

41 전진성, 「트라우마, 내러티브, 정체성-20세기 전쟁 기념의 문화사적 연구를 위한 방법론의 모색-」, 『역사학보』 193(역사학회, 2007), 219쪽.

어려운 일이나 이 일은 사건을 과장한 이슬람의 기록만이 남아 후대에 역사를 재구성하는데 매우 중대한 영향을 끼치게 되었다. 그 발단은 식민주의 역사학자들에 의해 시작되었는데, 식민주의 사학자들은 인도의 역사를 고대 힌두와 중세 이슬람으로 설정해 놓았고, 따라서 이슬람 문명의 시작은 뭔가 엄청난 사건과 맞물려야 했다. 이 과정에서 인도 서부의 일부 한정된 지역에 국한된 미미한 약탈행위가 인도 역사를 고대에서 중세로 전환시켜 놓은 엄청난 사건으로 과장되게 된 것이다. 그런데 이러한 역사 서술로 말미암아 소마나타 약탈 사건은 힌두와 무슬림 사이에 내재된 적대감의 맹아로 투사되었고, 영국 식민주의자들은 인도를 보다 쉽게 통치하기 위해 인도 민족을 하나의 공동체로 규정하지 않고 인도 사회는 힌두교와 이슬람이라는 두 종교를 기준으로 만들어진 공동체가 따로 있어 서로 분리되어 살았다고 역사를 서술하였다. 그리고 그 시발점을 무슬림이 인도를 침략해 약탈했던 그 시기로 잡았고, 이 때문에 무슬림 침략은 힌두 사회에 심한 트라우마로 남았으며 이 트라우마가 근대 힌두와 무슬림 사이의 공동체 반목의 원인이 되었다는 이론으로 연결되었다. 식민주의자가 역사를 재구성하는 바람에 결국 그 의도대로 힌두와 무슬림 사이에 이전에는 없었던 각각의 종교 공동체가 만들어져 버렸고, 갈수록 그들의 갈등은 격화되었다.[42] 역사인식의 誤謬가 얼마나 심각한 사회적 질병을 일으키는 요인이 되는지를 잘 보여주는 사례라고 할 수 있다.

우리는 현재 우리 국사를 서술하고 인식하는데 있어서, 또 아직 '역사화'되지 않은 기억의 역사(미래의 '역사화'될 대상)가 우리 사회에서 내적으로, 혹은 외적으로 여러 갈등을 겪고 있으며, 그 중에는 사회 持病的인 요소도 가지고 있다.

그 가운데 두가지 중요한 것을 지적한다면, 첫째가 민족주의적 색채가 들어있는 역사연구와 서술이고, 둘째는 정치 이데올로기화 된 국사 인식이다.

42 이상 인도사와 관련된 내용은 이광수의 『역사는 핵무기보다 무섭다』(도서출판 이후, 2010) 참고함.

우리의 국사 연구나 서술에 있어서 지적될 수 있는 주요 문제는 지나친 민족주의적 색채와 정치 이데올로기가 섞인 역사인식이다. 이는 근거가 빈약한 역사를 확고한 민족사로 고정시키거나 민족사의 영광이나 우월성, 고유성을 지나치게 강조하는 것 등의 문제이다.

한국사회의 일각에서는 그동안 단군 신화 형태로 기술된 고조선의 건국과정을 역사화하려는 시도가 끊이지 않았다. 『규원사화』나 『환단고기』와 같은 우리 민족 초기 역사와 관련된 사서의 진위 논쟁은 그러한 고조선 역사의 공고화와 관련이 있다. 특히 최근 중국의 동북공정이 국내외 문제로 부각되면서 고조선 건국과정에 대한 역사화 시도는 큰 힘을 얻고 있으며 급기야 최근 교육당국은 국사교과서를 수정해 발간하는 등 여러 가지 변화를 초래하고 있다.[43] 한편 북한에서의 단군릉 정비에 대해서도 여러 문제가 지적된 바 있다. 북한은 본래 고조선의 중심지를 遼河 하류 동쪽일대에 비정하였고, 그 이유는 이 지역이 다른 주변지역보다 일찍부터 청동기 문화가 발전하였고, 또 고조선 수도인 왕검성 부근을 흐르는 列水가 지금의 요하라는 견해에 근거를 두고 있었다.[44] 그런데 1994년 북한 김일성 주석의 지시에 따라 평양시 강동군 문흥리 대밝산 기슭에 소재하는 단군릉을 대대적으로 정비 · 복원하였다. 당초 북한의 역사, 고고학자들은 본래의 단군릉에 대해 그다지 주목하지 않았는데, 그 이유는 이 분묘가 고구려식인데다가 고조선 초기 중심지가 평양 인근이 아니라 요동지역이라고 하는 것이 정설이었기 때문이다. 그러

43 2007년 2월 교육인적자원부에서는 고등학교 국사교과서에 대한 수정을 발표하였다. 이에 그해 3월에 발간된 고등학교 교과서에서는 종전 고조선 건국과정에 대해 "삼국유사와 동국통감의 기록에 따르면 단군왕검이 고조선을 건국하였다고 한다(기원전 2333)."라고 하는 대목에서 "단군왕검이 고조선을 건국하였다"라고 하는 단정적 표현으로 바꾸고, 또 한국의 청동기시대 시작 연대를 기존의 한반도 지역 기원전 10세기경, 만주지역은 기원전 15~13세기경이라고 한 것을 기원전 2000~1500년경으로 끌어 올렸고, 한국의 청동기시대 상한연대에 대해 학계에서 異論이 있다는 내용도 삭제하였다.(교육인적자원부, 『고등학교 국사』, 국사편찬위원회 국정도서편찬위원회, 2007, 26~33쪽) 물론 이와 같은 것은 그간 학계의 여러 연구 진전에 따른 결과의 반영이었음에도 불구하고 수정 시점이 갖는 의미상 단순히 연구결과의 반영이라고만 할 수 없다.

44 안병우 · 도진순 편, 『북한의 한국사인식』(서울:한길사, 1990), 86쪽.

한 가운데 이 단군릉을 김일성 주석은 발굴하여 과학적으로 규명하라고 지시하여 이에 대한 발굴이 이루어졌는데, 여기에서는 고구려 유물과 유골 86점이 출토되었다고 한다. 이 유골에 대한 연대 측정 결과 1993년을 기준으로 '5,011±267년'이라는 값을 얻게 되었으며, 북한에서는 이 인골이 단군과 그의 부인의 것이라고 인정하게 되었고, 대대적인 개수정비사업을 추진하여 완공하였다. 이에 대한 국내학자들의 의견은 대개 회의적이며, 북한에서 최근까지 추진되어 온 三大王(단군, 동명성왕, 태조 왕건) 선양사업의 일환으로, 북한정권의 역사적 정통성을 부각시키고자 하는 의도에서 비롯된 것으로 보고 있다.

또한 고구려사와 관련하여서, 안병직은 한국사회가 집단적 차원에서 기억하고자하는 것은 이민족의 침략을 훌륭하게 격퇴한 민족의 힘과 영광이며, 또 고구려를 고대 동북아 세계의 강자로 기억하고자 하는 배경에는 산업화와 민주화 등 해방이후 국민국가 건설과정에서 이룩한 성취감과 자부심, 그리고 그를 토대로 분단을 극복하고 대륙으로 진출하고자 하는 열망이 작용한다고 지적한다.[45] 또한 민족의 현재에 대한 자부심, 그리고 민족의 미래에 대한 희망이 고구려에 대한 한국사회의 기억의 바탕에 깔려 있다는 사실은 동북공정을 둘러싼 중국과의 갈등과 관련하여 여러 가지 점을 시사하며, 동북공정으로 인한 갈등은 이러한 기억현상의 결과이다. 그리고 동북공정이 제기하는 문제도 단순히 역사 서술상의 논쟁이나 왜곡의 문제가 아니라 내셔널리즘을 추구하는 국민국가들이 각축을 벌이는 동북아 국제질서와 국제정치의 문제이며, 그런 점에서 동북공정에 대한 한국사회의 대응방식에는 문제가 있다고 지적한다.[46]

중요한 문제는 이러한 민족사의 기원과 전통, 영광에 대한 지대한 관심을

45 안병직, 「동아시아의 역사 갈등과 한국사회의 집단기억」, 『역사학보』 197(역사학회, 2008), 213 · 214쪽.

46 안병직, 같은 논문, 215쪽.

어떻게 볼 것인가 하는 문제이다. 즉, 선별적이기는 하나 이러한 우리 역사에 대한 지나친 관심이 우리의 현재와 미래를 위해 과연 바람직한 것인가의 문제이다. 안병직은 이에 대해 니체가 말한 '歷史病'이라는 역사 과잉 비판을 들어 "민족의 기원과 전통을 강조하는 역사와 기억은 동아시아의 현재와 미래의 삶에는 바람직하지 않으며, 동아시아를 평화와 번영의 공동체로 만드는 데는 과거의 전통에 얽매이지 않는 새로운 역사의식이 필요하다"고 부정적인 입장을 피력하였다.[47] 앞서 2장에서 서술한 바와 같이 니체는 인간의 삶이 역사에 종속되어서는 안되며 반대로 역사가 인간의 삶에 봉사하여야 그 의미가 있다고 하였다. 역사주의에 대한 니체의 비판은 그러한 역사주의가 '역사 과잉'을 초래하였고, 또 역사에 지나치게 몰입함으로써 인간의 삶이 위협받는다고 생각하였다. 이러한 니체의 역사관은 매우 예리한 시대 비판을 담고 있으며, 독일에서의 나치정권 등장과 2차대전 패망이라는 역사 전개를 볼 때 그의 미래를 내다보는 지혜는 매우 탁월한 것이었다.

동아시아 지역에서의 국가간 역사 갈등의 원인과 폐해를 생각하면, 그러한 갈등을 피할 수 있는 새로운 역사인식이 필요한 것은 명백한 사실이다. 오랜 기간 동안 이웃해 위치하며 역사적 굴곡을 겪어 온 중국, 가깝고도 먼나라로 지칭되는 일본이지만 동아시아의 평화와 공존을 위해 우호가 절실히 필요하다는 것에 대해 이의를 달 사람은 없을 것이다. 그러나 한국이 처한 특수한 상황속에서 민족의 기원과 전통을 강조하는 역사인식을 무작정 비판할 수만은 없는 점도 있다. 일방적인 우리만의 역사 성찰이 아닌 새로운 역사인식으로 나아가기 위한 韓·中·日 모두의 호혜적 실천이 필요하다. 그러나 이러한 우리 스스로 민족사 인식에 대한 성찰의 필요성에 대해 적극적으로 말할 수 있는 것은 분명 문제의 해결을 위해 진일보한 것이라고 생각한다.

일본의 한국에 대한 식민지 지배에 대한 인식문제에 이르면 내용은 더욱

47 안병직, 「동아시아의 역사 갈등과 한국사회의 집단기억」, 220쪽.

복잡해지고 적대감은 더욱 깊어진다. 식민지 지배에 대한 우리 국민의 기억은 매우 큰 비중을 차지하고 있고, 이는 공휴일로 지정된 4대 국경일 가운데 절반에 해당하는 두 국경일 즉, 3.1절과 8.15 광복절이 식민지 지배와 관련이 있다는 것에서도 분명히 알 수 있다. 또한 독립기념관을 비롯하여 도처에 자리잡고 있는 수많은 기념관, 기념물, 사적지, 기념공원 등 가운데 많은 것들이 식민지 지배의 기억을 되살리는 것으로 구성되어 있다.[48] 이러한 집단적 고통과 관련된 기념문화는 말할것도 없이 민족사에 대한 공동의 기억을 통해 민족으로서의 정체성을 강화하고 통합정신을 제고하려는 의지를 반영한 것이다. 이러한 식민지 지배에 대한 기억은 고통의 기억이기 때문에 부정적인 성향을 가질 수밖에 없다. 물론 우리가 현재 가지고 있는 반일정서를 식민지 지배라는 것만을 가지고 설명할 수는 없을 것이다. 왜냐하면 이미 시기적으로 더 거슬러 올라가서 여말선초의 왜구나 임진왜란과 관련된 인식이 일본에 대해 부정적인 정서를 갖게 하는 중요한 요인이 되고 있기 때문이다. 왜구는 우리를 시도 때도 없이 와서 약탈하고 괴롭힌 도적으로, 豊臣秀吉의 무고한 침략은 우리 국토의 엄청난 파괴와 인명 손실을 가져왔다는 인식이 일반적이고 또 사실이 그렇게 때문이다. 임진왜란과 관련하여서는 수많은 기록에서 '不俱戴天之怨讐'로 표현되었고, 또 『東國新續三綱行實圖』에서는 왜군의 잔인무도한 행위를 그림으로 표현해 널리 유포함으로써 전쟁이 끝났지만 일본에 대한 적대감은 代를 이어가면서 遺産이 되었다.

한편 식민지 지배를 둘러싼 우리 국민들의 집단 기억에 대한 비판도 있었다. 식민지 지배에 대한 기념문화를 통해 식민지배의 역사가 주는 교훈을 상기할지 의문이고, 과거를 기억하지 못하면 동일한 역사적 운명에 처할 것이라는 집단기억의 전제도 의문이라는 것이다. 역사란 결코 반복되는 것이 아니며, 일본에서 제국주의가 부활하리라는 생각은 지나친 상상이고 그야말로

48 안병직, 같은 논문, 201~204쪽.

근거없는 가정에 불과하다는 것이다.[49] 더 나아가 여론의 형태를 띤 반일정서는 집단기억을 둘러싼 외교적 갈등의 합리적 해결을 어렵게 하는 정치적 압력이 되고 비타협적인 정치는 다시 반일의 기억과 정서를 강화하는 요인이 된다고 비판하고 있다.[50] 이는 홀로코스트 이미지가 신앙차원으로 절대화되어 정상적 역사인식을 불가능하게 하는 것에 대한 비판과 맥을 같이 한다.

이외에도 국사와 관련된 역사인식의 문제로 갈등이 있거나 갈등의 소지가 있는 여러 가지 사안이 있다. 친일파에 대한 인식 문제, 남북한의 독립운동사 구성의 차이 문제, 해방후 대한민국 정부 수립의 의미에 대한 문제, 6.25전쟁에 대한 문제, 유신시대에 대한 평가 문제, 그리고 국사서술에 있어서 이른바 좌파 논쟁 등 크고 작은 많은 문제들이 쌓여 있다. 이러한 사안들은 단순한 역사적 진실의 문제가 아니라 정치적 이해관계를 둘러싼 내적 갈등과 직 · 간접적으로 연결되어 있다. 지난 이명박대통령 정부에서의 교과서 수정 논쟁이나 박근혜대통령 정부 시기의 국정교과서 문제는 역사인식을 둘러싼 우리 내부의 갈등을 잘 보여주고 있는 사례가 되었다. 앞서 언급한 바와 같이 역사학을 '핵물리학만큼이나 위험'하다고 말한 것은 바로 역사가 가지는 '정치성' 때문이다. 일종의 과거를 대상으로 하는 정치인 역사는, 항상 현실과 밀접하게 연관되어 있고 여기에는 폭발력이 잠재되어 있기 때문이다. 더구나 이웃나라인 일본, 중국과의 역사인식 갈등 문제도 그 해결책이 간단하지는 않다.

한편 역사화되지 않은 '기억의 역사' 문제도 중요한 과제이다. 한국은 현대사의 굴곡속에서 많은 어두운 그림자를 드리우게 되었다. 이러한 과거의 부정적 잔재는 사라지지 않고 아직 현실적인 영향력을 발휘하고 있으며, 강요된 침묵속에 묻혀왔다. 그러나 과거의 상처를 은폐하려고 하면 할수록 더욱 골깊은 상처가 되고 적절한 시기에 적절한 치료를 받지 못함으로써 회복

49 안병직, 같은 논문, 203 · 204쪽.

50 안병직, 같은 논문, 209쪽.

할 수 없는 사회의 持病이 되는 것이다. 우리 사회는 그간 자신의 기억을 억압하고 傷痕을 방치해 옴으로써, 정부차원의 무마노력에도 불구하고 사회적 불신이나 정체성의 분열이 반복해서 초래되고 있다.[51] 과거의 상처를 여실히 드러내고 그 아픔을 함께 나눌 수 있는 여건이 마련되지 않는 한 우리 사회가 내적으로 통합되기란 요원한 일이며, 과거의 '진상'을 공론화하는 일은 한 사회가 건실한 집단정체성을 공유하여 더 나은 미래로 나아가기 위한 필수적인 전제조건이다.[52] 이러한 맥락에서 전진성은 과거의 상처 문제를 섣불리 '역사화'하는 것을 비판한다. 이에 독일의 사례를 들어 어두운 과거라고 하여 함부로 도덕적 단죄의 대상으로 삼아서는 안된다는 주장에 대해 비판을 가하고 있다. 특히 나치 치하의 독일인의 '일상생활사' 연구를 통하여 나치시대 서민들의 일상적 경험이 조명되자 나치시대는 다른 모습으로 비추어지게 되었다. 나치체제하의 대다수 평범한 독일국민들은 무기력한 체제순응과 영웅적 항쟁이라는 양 극단에 속하기 보다는 그 중간의 회색지대에서 적당히 타협하며 살았음이 밝혀졌다. 이러한 연구 결과는 궁극적으로 역사는 선악의 관점으로 일률적으로 파악할 수 없는 다양하고 복잡한 차원을 지닌다는 것인데, 이러한 연구가 일부 한국 연구자들에게 역사에 대한 이분법적 인식이나 과거사에 대한 흑백논리를 비판하는 것으로 이용됨으로써 과거청산의 대의를 반박하는 근거가 되었던 것이다.[53] 이러한 문제는 독일내에서도 치열한 논란이 있었던 것으로, 과거 청산과 관련하여 이미 두루 여러 단계를 거친 독일

51 1990년대 이후 정부에서는 광주민주화 운동 관련자 보상 지원, 거창 사건 등 관련자 명예회복 심의, 민주화 운동 관련자 명예 회복 및 보상, 제주 4.3사건 진상 규명 및 희생자 명예 회복, 특수 임무 수행자 보상 심의, 동학 농민혁명 참여자 명예 회복 심의, 일제 강점하 강제 동원 피해 진상규명, 노근리 사건 희생자 심사 및 명예 회복, 삼청 교육피해자 명예 회복 및 보상 심의, 친일 반민족행위 진상규명, 진실 · 화해를 위한 과거사정리, 군의문사 진상규명, 친일 반민족행위자 재산조사를 위한 위원회를 설치하여 운영하였으며, 금년까지 대부분 활동을 마치고 폐지되었다.

52 전진성, 「과거는 역사가의 전유물이 아니다-'과거사진상규명'을 바라보는 시각-」, 『역사와 경계』 53(부산경남사학회, 2004).

53 전진성, 같은 논문, 274쪽.

과 우리의 문제를 간단히 비교하는 것은 무리이다.

과거의 상흔과 관련하여 학자들이 문제의 초점을 부각시켜주기보다 오히려 흐리는 역할을 수행하고 있는 것으로 보인다는 비판, 그리고 상처화된 과거사에 대한 청산 문제나 인식문제에 있어서 역사학자들이 보여준 여러 논란 무성한 활동은, 결과적으로 지금껏 역사학이 이러한 역사적 트라우마를 치료하는데 뚜렷한 공헌을 하지 못했거나 오히려 방해가 되었다고 하더라도 여전히 매우 중요한 역할을 할 수 있는 여지가 열려 있음을 여실히 보여준 것이라고 생각한다. 다만 적절한 방법론이 문제가 되는 것이다.[54]

이러한 국내외적인 역사 인식의 갈등은 어제 오늘의 일이 아니며, 각 국민의 정서와 국내 정치에 강력하게 밀착되어 있기 때문에 그 해결이 간단하게 이루어지리라고 기대하기는 어려울 것 같다. 식민지 지배나 고구려사에 대한 집단기억 문제와 관련하여 현재와 과거를 구분하는 '망각'의 의미를 강조하기도 한다.[55] 이것은 집단기억에 대한 숭배는 현재가 만들어낸 과거의 이미지를 진정성과 진실의 이름으로 이데올로기화 한 것에 불과하다는 생각을 바탕으로 하고 있다. 즉, 과거와 현재가 분리되지 않은 기억은 불필요하게 과거를 현재로 끌어들여 미래를 저해할 수 있기 때문이다.

또 일본과의 역사 갈등에 대한 해법으로, 바람직한 방향으로 꾸준히 연구를 진행시키고 이것이 보급되어 역사의식을 변화시키도록 하자는 제의도 있

54 도미니크 라카프라는 이러한 문제와 관련하여 「문제는 역사 서술이 자기 방법으로 과거의 상처와 흉터를 그럴듯하게 치유하는 것을 도와줄 수 있느냐가 아니라 그 상처, 흉터와 직접 대면(coming-to-terms)하는 것을 도와줄 수 있느냐 하는 것이다. 그러한 대면을 위해서는 일차적인 객관화만 하거나 인식적이기만 한 진리 주장 이상의 것이 필요하다. 정서도 필요하다. 그리고 이 대면에 의해 자아는 불안(unsettlement)에 공감적으로 노출될 수 있는데, 이 불안-2차 트라우마는 아니지만-은 미화되거나 고정되어서는 안된다. 이 불안은 유토피아적 열망으로 열린 것이어야 할 뿐만 아니라 인지적으로도 윤리적으로도 책임감 있게 표현되어야 하는 것이다」라고 하고 있다. 이는 트라우마 치료에 있어서 역사학의 매우 조심스러운 접근을 권고하는 것이라고 볼 수 있을 것이다. 〈도미니크 라카프라 지음, 육영수 엮음, 『치유의 역사학으로』, 푸른역사, 2008, 179-180쪽〉

55 안병직, 「동아시아의 역사 갈등과 한국사회의 집단기억」, 220~227쪽.

지만,[56] 이러한 기대는 '百年河清'이 될 가능성이 크다. 이는 학자들 간에도 아직 한일간 역사인식의 괴리를 언급하는 것을 '그런 문제를 자구 끄집어 내는 것이 평지풍파를 일으킨다'는 생각을 가진 사람이 많기 때문이다.[57] 이는 문제를 회피하는 것으로, 인문치료라고 하는 관점에서 본다면 전혀 치료의 준비가 되어 있지 않은 상태이다. 즉, 환자 자체가 진단을 거부하거나 명백한 질병 진단이 되었음에도 불구하고 스스로 환자가 아니라고 우기는 것과 같은 것이다. 물론 이러한 문제에 대한 해결을 공동으로 노력하는 것이 매우 중요하고, 양국 정부에서는 공동위원회를 만들어 운영하기도 하였지만 무엇보다 중요한 것은 미래에 대한 비젼에 공감하고 반드시 노력을 기울일 필요가 있다는데 동감하는 것이라고 할 수 있다. 다만 우리는 일본에서도 한국을 진정으로 이해하려고 하는 많은 일본인이 있다는 점을 기억해야 할 것이며, 이를 우리 스스로의 성찰에도 반영하여야 할 것이다.

최근 한국의 KBS와 일본 NHK가 공동으로 벌인 여론조사에 의하면 일본의 경우, '한-일관계가 좋다'는 응답이 60%에 달하였으나 한국에서는 반대로 '좋지 않다'가 약 60%를 차지했고, 지난 4월 실시된 요미우리신문에서 조사한 것에서도 상호 상대방 국가를 신뢰할 수 있는지를 묻는 질문에 대해 일본에서는 한국을 신뢰할 수 있다가 45%로 신뢰할 수 없다고 대답한 41%를 웃

56 일본학자 池享은 「도요토미 히데요시(豊臣秀吉)像의 창출」(『전쟁과 기억속의 한일관계』, 경인문화사, 2008)이라는 논문에서 히데요시의 행위가 일반적인 교과서에 침략이라고 하는 기술은 있지만 그것이 국내정책과는 분리되어 히데요시의 새로운 국가·질서 형성자라고 하는 '내향의 얼굴'과 침략자라고 하는 '외향의 얼굴'이 통일되어 있지 않고 전체적으로는 침략자로서의 측면이 뒷자리로 물러나고 있다는 것이다. 이러한 상황이 텔레비전 드라마 등에서 형성되는 히데요시 이미지와 결합하여 히데요시상에서 조선침략이 은폐되고 있는 현실과 관련이 있다는 것이다. 이러한 기억의 망각으로는 진정한 의미의 한일 상호 이해가 실현되지 않는다고 생각되지만 그것을 극복하는 것은 용이하지 않으나 향후 바람직한 방향으로 연구를 진행시키고 그 성과가 있을 때마다 그것을 보급해 나가는 것이 중요하며, 이것이 우회하는 것처럼 보이지만 이러한 연구 동향이 일반 사람들의 역사의식에 영향을 주고 있는 것은 확실하기 때문에 부단히 노력할 것을 제의하고 있다.

57 이 내용은 이종원(일본 릿쿄대 교수)가 『한겨레신문』(2010. 8. 21)에 투고한 글에서 인용함.

돌았다. 그러나 한국에서는 일본을 신뢰할 수 없다고 하는 응답이 무려 80%에 달했다.[58] 이러한 결과는 양국민의 정서를 살피자면 당연한 결과라고 할 수 있다. 양국민간의 상호인식이 이렇게 크게 차이가 난다는 것은 불행한 일이지만 우리에게 일말의 희망이 있다면 바로 일본인 가운데 상당수가 한국에 대해 우호적이라는 점이다. 특히 일본내에서도 일본의 식민지 지배 시기의 비인도적인 행위와 전쟁에 대한 책임을 강조하는 많은 단체와 개인이 있다. 일본군 '위안부' 문제, 교과서 문제, 야스쿠니 神社 참배 문제 등 일본의 침략전쟁과 전쟁범죄 실태를 규명하고, 전쟁책임과 전후보상 문제를 폭 넓게 연구하고 있는 '일본의 전쟁책임자료센터', 그리고 일본의 전쟁범죄나 전후처리 문제 등과 관련하여 여러 저서를 집필하고 실제 사회운동에 널리 참여하고 있는 야마다 쇼지(山田昭次)氏[59] 등 수많은 개인과 시민단체 등이 활동하고 있다.

역사 인식을 둘러싼 현실에서의 갈등 문제 해결은 용이한 것이 아니지만 인문치료라고 하는 입장에서 본다면 우선되어야 할 것은 무엇이 병이 되어 있는가라고 하는 진단이며, 또 스스로의 성찰을 통하여 진정 그것을 병으로 인식하는가 하는 문제이다. 병을 진단해 내고 환자 스스로가 지병을 인성하고 스스로 치료를 받을 준비가 되었다면 치료가 지금보다 훨씬 수월해 질 수 있을 것이다. 당장 그 역사를 고치자는 것이 아니라 진정으로 그러한 인식이 우리 사회의 병이 되는가 아닌가를 진단하고 진정 병적인 요소가 있다고 이해된다면 그를 제거할 방안이 마련되어 나갈 수 있는 것이다.

---

58 여론조사와 관련된 내용은 이종원(일본 릿쿄대 교수)가 『한겨레신문』(2010. 8. 21)에 투고한 글에서 인용함.

59 야마다 쇼지씨는 관동대지진 당시 조선인 학살에 대한 진상을 자세히 조사하여 『관동대지진 조선인 학살에 대한 일본 국가와 민중의 책임』을 저술하였고, 기타 식민지 지배나 전쟁의 책임과 관련된 여러 저서를 저술하였다.

4
맺음말

최근 새롭게 대두하여 인문학의 한 분야로 점차 자리매김하여 가고 있는 '인문치료학'은 기존 인문학을 활용해 현대인의 정서적 · 정신적 문제를 치료하는 이론과 실천방법을 연구하는 새로운 학문분야이다. 그런데 '인문학을 활용해 현대인의 정서적 · 정신적 문제를 치료'한다는 측면에서 그 치료의 대상은 한 개인, 혹은 집단, 또는 불특정 다수의 사회가 될 수도 있다.

인문치료(Humanities Therapy)가 기존의 의학적 치료로 개선되기 어려운 정서적 · 정신적 病症을 치유하는데 도움이 될 수 있지만 더 중요한 것은 의학적 치료 대상의 범주에서 벗어나 있지만 한 개인, 집단, 사회에서 정서적 · 정신적 病이 되어 있는 것을 치유하여 더 건강한 사회를 만들어 나가는데 기여하는 것이다. 특히 개인 또는 집단의 트라우마 치료나 '역사'에 말미암은 사회적 病因에 대한 치유를 위해서는 적절한 역사학의 역할이 필요하다.

역사는 매우 오래전부터 필수적인 '교양'으로 여겨져 왔고, 그런 측면에서 그 효용성에 대해 긍정적인 평가를 하고 있다. 독일의 철학자 니체는 역사학은 치료의 구체적인 기술이 아니라 치료법 자체에 대한 이론이며, 역사학은 지구가 가지고 있는 다양성과 각 지방이 가지고 있는 퇴화 현상, 질병 현상 등 여러 가지 문제를 널리 연구함으로써 인간이 진정으로 건강하게 살 수 있는 조건을 찾아내고 그러한 문제를 치유하는 '의학적 지리학'의 성격을 가져야 한다는 것이다. 그러나 니체는 역사에 대해 그 효용성과 필요성은 인정하였지만 당대를 풍미하고 있던 실증주의 역사학, 그리고 단순히 지식화, 학문화한 역사학에 대해 혹독한 비판적인 생각을 가지고 있었다. 특히 '역사 과잉'이라는 歷史病의 폐해에 대해 통절한 비판을 가하고 있다. 그릇된 역사인식이 가져올 폐해를 경고하고 있는 것이며, 그렇기 때문에 처방을 필요로 하는 것이다. 니체는 '다른 역사'가 필요하다고 역설한다. 그에게 '다른 역사'란 바로 단순 지식화한 역사가 아니고, 또 정치적 미화나 이용을 위해 만들어진 역사가 아니라 인간의 삶을 진정으로 풍요롭게 할 그러한 역사가 필요하다는 것이다. 이에 그는 역사가 삶에 봉사하는 만큼 우리도 역사에 봉사해야 한다고 하고 있다. 이러한 그의 입장은 그가 당대의 역사 교양이라고 하는 것에 대해 매우 비판적인 것에서도 알 수 있다.

우리는 지금도 국내적으로는 국사 인식의 문제로 인한 내적 갈등이 상존하고 있으며, 중국 · 일본과 벌이고 있는 외적 갈등도 마찬가지 이다. 그런 점에서 우리의 현실에서 '역사' 문제는 단순히 지나간 역사의 문제가 아니고 현실과 깊이 연관된 현실문제인 것이다. 따라서 이러한 역사로 인한 갈등의 문제 해결을 모색하기 위해 단순히 정치적 해결이나 학술적 연구에 매달리지 않고 인문치료라고 하는 새로운 관점으로 진단하여 해결을 모색하는 것이 필요하다고 생각한다.

역사 인식을 둘러싼 현실에서의 갈등 문제 해결은 용이한 것이 아니지만 인문치료라고 하는 입장에서 본다면 우선되어야 할 것은 '무엇이 병이 되어 있는가'라고 하는 진단이며, 또 스스로의 성찰을 통하여 '진정 그것을 병으로 인식하는가' 하는 문제이다. 병을 진단해 내고 환자 스스로가 지병을 인정하고 스스로 치료를 받을 준비가 되었다면 치료가 지금보다 훨씬 수월해 질 수 있을 것이다. 당장 그 역사를 고치자는 것이 아니라 진정으로 그러한 인식이 우리사회의 병이 되는가 아닌가를 진단하고 진정 병적인 요소가 있다고 이해된다면 그를 제거할 방안이 마련되어 나갈 수 있는 것이다.

우리의 일상적인 삶은 본인이 자각하든 자각하지 않든, 利害關係가 있건 혹은 없건간에 모두 역사와 연결되어 있고, 그 가운데는 이른바 '인문학적 병'의 범주에 들 수 있는 여러 가지 문제들이 내포되어 있다. 이러한 역사와 관련된 인문학적 병을 사회 구성원 개개인으로 따진다면 '역사적 사건의 트라우마'에 직접 관련되지 않은 사람은 그것에 대한 문제의식이 약할 수 있지만 우리사회 전체의 미래 문제라고 하는 측면에서는 '무자각의 病'이며 잠재적인 '위험 요인'이라고 할 수 있다. 그러한 문제가 지금 당장은 우리에게 아무런 관련도 없는 것처럼 보일지 모르지만 어느 시기에 다른 因子를 만나면 폭발력을 발휘하게 되고 우리 사회에 심대한 영향을 끼치게 되는 것이다. 그렇기 때문에 지금 당장의 이해관계가 없더라도 결코 가볍게 볼 수 있는 문제는 아니다.

이러한 역사적 고통과 갈등의 문제가 단순히 '역사학'이라는 학문에 의해서만 치유될 수 있다는 것은 아니며, 철학, 문학, 예술, 심리학 등 다른 여러 분야 학문의 도움을 필요로 한다. 특히 치료의 핵심에는 '상호 이해와 소통'이 자리 잡고 있기 때문에 더욱 그러하다. 이렇기 때문에 철학치료, 문학치료, 예술치료, 역사치료를 떠나 '인문치료'가 필요한 것이다.

필자는 이 글을 통하여 '인문치료'에서 '역사(학)'가 어떤 역할을 할 수 있을 것인가를 제시하고자 하였지만 결과적으로는 원칙론을 제기하는 것에 멈추었다고 여겨지며, 특히 이 논문이 치료(혹은 치유)와 관련된 것인만큼 '역사(학)의 효능' 문제를 좀더 구체적인 치료 사례와 연결하여 서술해 나가는 것이 바람직한 것이었으나 그러한 단계에는 이르지 못하였다는 점에서는 여러 한계를 가지고 있다. 그러나 필자는 여기서 역사 문제로 인하여 일어나는 사회적 · 민족적 · 국제적 갈등은 매우 위험한 요인을 내재하고 있으며 이를 해소하고 치유하기 위해서는 그러한 '無自覺의 病'을 '自覺의 病'으로 바꾸어 나가야 하며 이를 이루기 위한 하나의 수단으로 인문치료적 관점이 필요하다는 것을 부각시키고 싶었다.

참고문헌

마르크 블로흐 著·정남기 옮김. 『역사를 위한 변명』. 서울:한길사, 1979.

안병우·도진순 편.『북한의 한국사인식』. 서울:한길사, 1990.

키스 젠킨스 著·최용찬 옮김. 『누구를 위한 역사인가』. 서울:혜안, 1999.

프란시스 베이컨 著·이종흡 옮김. 『학문의 진보』. 서울:아카넷, 2002.

니체 著·김미기 옮김. 『인간적인 너무나 인간적인 II』. 서울:책세상, 2002.

당대비평. 『기억과 역사의 투쟁』. 서울:삼인, 2002.

山田昭次 著·정선태 옮김. 『가네코 후미코 : 식민지 조선을 사랑한 일본 제국의 아나키스트』. 서울:산처럼, 2002.

국사편찬위원회. 『현황과 방법, 구술·구술자료·구술사』, 2004.

니체 著·이진우 옮김. 『비극의 탄생·반시대적인 고찰』. 서울:책세상, 2005.

전진성. 『역사가 기억을 말하다』. 서울:휴머니스트, 2005.

윤택림·함한희 공저. 『새로운 역사 쓰기를 위한 구술사 연구방법론』. 서울:아르케, 2006.

교육인적자원부. 『고등학교 국사』. 국사편찬위원회 국정도서편찬위원회, 2007.

육영수. 「기억, 트라우마, 정신분석학 : 도미니크 라카프라와 홀로코스트」, 『치유의 역사학으로』. 푸른역사, 2008.

山田昭次 著·이진희 옮김.. 『관동대지진 조선인 학살에 대한 일본 국가와 민중의 책임』. 서울:논형, 2008.

서경식. 『고통과 기억의 연대는 가능한가?』. 서울:철수와 영희, 2009.

전진성 외 엮음. 『기억과 전쟁』. 서울:휴머니스트, 2009.

김호연·유강하. 『인문치료학의 정립을 위한 시론적 연구 : 문학과 역사에 치유의 길을 묻다』. 강원대학교 인문과학연구소, 2009.

김대기 外. 『인문치료학의 모색 : 인문학의 치유적 활용』. 춘천:강원대학교출판부, 2009.

김선희 外. 『인문치료, 어떻게 할 것인가』. 춘천:강원대학교출판부, 2009.

강원대학교 인문과학연구소 엮음. 『인문치료』. 춘천:강원대 출판부, 2009.

이광수. 『역사는 핵무기보다 무섭다』. 서울:도서출판 이후, 2010.

윤택림. 「기억에서 역사로:구술사의 이론적 방법론적 쟁점들에 대한 고찰」. 『한국문화인류학』

25. 한국문화인류학회, 1994.

이상엽. 「니체의 역사-"삶에 대한 역사의 유익함과 해로움"에 대하여」. 『哲學』 69. 한국철학회, 2001.

전진성. 「역사와 기억: "기억의 터"에 대한 최근 독일에서의 논의」. 『서양사론』 12. 한국서양사학회, 2002.

김정현. 「니체의 역사 치료학」. 『범한철학』 35. 범한철학회, 2004.

전진성. 「과거는 역사가의 전유물이 아니다-'과거사진상규명'을 바라보는 시각-」. 『역사와 경계』 53. 부산경남사학회, 2004.

전진성. 「기억의 정치학을 넘어 기억의 문화사로-'기억' 연구의 방법론적 진정을 위한 제언-」. 『역사비평』 76. 역사문제연구소, 2006.

전진성. 「트라우마, 내러티브, 정체성-20세기 전쟁기념의 문화사적 연구를 위한 방법론의 모색-」. 『역사학보』 193. 역사학회, 2007.

안병직. 「한국사회에서의 '기억'과 '역사'」. 『역사학보』193. 역사학회, 2007.

안병직. 「홀로코스트의 기억과 역사가」. 『독일연구』14. 한국독일사학회, 2007.

안병직. 「동아시아의 역사 갈등과 한국사회의 집단기억」. 『역사학보』 197. 역사학회, 2008.

池享. 「도요토미 히데요시(豊臣秀吉)像의 창출」. 『전쟁과 기억속의 한일관계』. 서울: 경인문화사, 2008.

설혜심. 「역사를 왜, 어떻게 배워야 하는가?」. 『영국연구』 21. 영국사학회, 2009.

엄찬호. 「인문학의 치유적 의미에 대하여」. 『인문과학연구』 25. 강원대 인문과학연구소, 2010.

최희봉. 「인문학, 인문학 실천, 그리고 인문치료」. 『인문과학연구』 25. 강원대 인문과학연구소, 2010.

엄찬호·김호연. 「구술사(oral history)를 활용한 인문치료의 모색-기억, 트라우마, 그리고 역사치료-」. 『인문과학연구』24. 강원대 인문과학연구소, 2010.

03

퇴계의 경(敬)사상과 『활인심방(活人心方)』에서의 마음치유

03

퇴계의 경(敬)사상과 『활인심방(活人心方)』에서의 마음치유

엄찬호

1 머리말

태백진인(太白眞人)은 '그 질병을 다스리고자 하는 자는 먼저 그 마음을 다스려야 한다'고 하며, 병자(病者)로 하여금 마음속의 일체의 생각들을 모두 버리게 한다면, 자연히 마음이 태연하고 성지(性地)가 화평해져서 약이 입에 이르기 전에 병을 이미 잊을 것이다.[1]고 하였다. 한의학에서도 마음을 칠정과 육욕으로 표현하는데, 이러한 정이 지나치면 장기와 심기를 해하게 된다고 보고, 또한 자연의 이치에 순종하지 않고 역행하여도 문제가 발생한다고 하였다. 현대의학에서도 일부이기는 하지만 정신적인 원인으로 발생되는 질환을 심인성 질환으로 분류하고 있는데, 이러한 마음의 문제로 인하여 발생한 질환은 먼저 문제의 원인인 마음을 다스려야 하는 것이다.

『활인심방(活人心方)』에서는 마음의 치유를 위해서 '병자로 하여금 마음속의 의심과 여러 가지 잡된 생각을 다 버리고, 일체의 망념, 일체의 불만, 남과 나 사이에 일어났던 일체의 뉘우침과 깨우침 등 평생 동안 지은 허물과 잘못들을 모두 다 버리게 해야 한다'[2]고 하였다.

1 『산림경제』 제1권, 섭생(攝生), 심지(心志)를 기름.

2 『活人心方』 活人心上.

그러나 '선한 마음으로 돌이키려 하여도 내 마음이 받아들이지 아니하면 이는 나의 양심과 다투는 격이 되고, 그러면 반드시 몹시 성내는 마음이 생겨 내 안에서 갈등이 일어나게 되는데, 선한 마음이 그 성내는 마음과 접촉하면 다툼이 일어나게 되고, 다툼이 그치지 않으면 마음에 병이 생긴다'[3]고 하였다.

곧 만약 한가지라도 나쁜 생각이 싹트면 정신은 밖으로 치달리고 나쁜 기는 안에서 흩어지게 되니 피가 나쁜 기를 따라 흐르면 생리기능이 혼란해져 온갖 병이 서로 공격하여 모든 병은 마음에서 생긴다는 것이다. 이와 같이 『활인심방』은 대개 마음을 온화하게 기르면 질병이 생겨나지 않으니, 이것이 마음을 다스려야 하는 이유라고 하였다.[4]

퇴계는 이 『활인심방』으로 그의 병증을 치료하고자하여 도교의 양생사상에 기반을 둔 책이지만 필사하여 두고 심신수련에 정진하였다. 물론 퇴계가 도교의 양생사상을 따라간 것은 아니지만 그의 경사상을 통해서도 마음 치유를 추구하였다는 점에서 『활인심방』을 큰 거부감 없이 받아들였을 것으로 생각된다.

그러므로 퇴계의 마음치유 사상인 경사상과 그에 기반을 둔 『활인심방』의 마음 치유법은 심신의 질병을 치유하는 중요한 방법을 제시해 주고 있다. 『활인심방』에 대해서는 지금까지 다양한 학문분야에서 상당한 연구가 축적되어 왔다. 철학분야를 비롯한 체육학, 무용학, 의학, 보건학, 간호학, 대체의학, 심리학, 음악학, 어문학 등 각 학문분야별로 사람의 건강을 주제로 『활인심방』의 활용가능성을 탐색해 왔다. 이에 본 연구는 기왕의 연구를 바탕으로 인문학의 치료대상인 마음의 치료에 대하여 『活人心方』에 보이는 논의와 마음의 수양을 통하여 도심을 지켜가고자 했던 퇴계의 마음 치료에 대한 의미를 찾아보고자 한다.

---

3 『活人心方』 治心.

4 위와 같음.

2
퇴계의 치심(治心)과 지경(持敬)

2.1 퇴계의 치심과 경

퇴계는 사람의 혈기에는 허한 경우와 실한 경우가 있는데, 혈기가 허하면 심기도 튼실하지 못해서 질병에 걸리기 쉽다고 하였다.[5] 또한 심기(心氣)의 병은 이치를 살피는 데 투철하지 못하여, 이치를 무리하게 찾으며 자기도 모르게 마음을 괴롭히고 정력을 극도로 소모하여 생긴다는 것이다.[6]

그러므로 사람의 몸을 주관하고 있는 마음의 이치는 잡스러운 것이 없고 영묘하여 천하의 이치를 주관하게 되니 마음을 다스림으로 본래의 허령한 마음을 회복해야 마음이 치유된다. 홍만선은 도가의 치심을 소개하며 '세상을 잊고 묵연정좌(默然靜坐)해서 마음을 비우면 모든 병이 완치 된다'[7]고 하였다. 또 구선은 모든 질병의 발생 원인이 마음에서 비롯된다고 하며 다음과 같이 말하였다.

> "사람이 마음으로 불을 오래 생각하면 몸이 더워지고, 사람이 마음으로 얼음을 오래 생각하면 몸이 차가워진다. 겁이 나면 머리털이 치솟고 놀리면 땀이 나며, 두려우면 근육이 떨리고 부끄러우면 얼굴이 붉어지며, 슬프면 눈물이 나고 당황하면 가슴이 뛴다. 그리고 기가 질리면 마비(麻痹)가 오고 신 것을 말하면 침을 흘리며, 냄새 나는 것을 말하면 침을 뱉고 즐거움을 말하면 웃으며, 슬픔을 말하면 눈물을 흘리는데, 이 모든 것이 마음으로 인해 생기는 것이다."[8]

심장(心臟)은 신명(神明)의 집으로서 속은 비었고 지름이 한 치에 불과하나 신명이 거하는 곳으로 마음의 근원이다. 그래서 세상의 온갖 복잡한 사물

---

5 『退溪先生文集』 卷之三十六, 書, 答李宏仲問目.

6 『퇴계선생문집』 제14권, 서(書)2, 「남시보(南時甫)에게 답하다」 별폭(別幅).

7 홍만선(洪萬選)의 가어(嘉語)-6-도가치심치병술(道家治心治病術).

8 『산림경제』 제1권, 섭생(攝生), 심지(心志)를 기름.

을 주관하여 희로애락하니 하루와 한 시간의 사이라도 한 치 정도밖에 안 되는 곳이 불처럼 뜨겁게 된다. 그러므로 '마음이 고요하면 신명(神明)을 통할 수 있고 원기(元氣)를 굳힐 수 있어서 만병이 생기지 않지만, 만약 한 가닥 생각의 싹이 일어나면 신명은 외부로 달려가고 기운은 안에서 흩어지는데, 피는 기운을 따라 운행하므로 영위(榮衛)가 혼란해져서 백병(百病)이 서로 침공하게 된다'는 것이다. 대개 마음을 수양하면 질병이 생기지 않는 이유인 것이다.

사람의 정신은 맑음을 좋아하는데 마음이 이를 뒤흔들고, 사람의 마음은 고요함을 좋아하는데 물욕이 이를 끌어낸다. 그러니 항상 물욕을 몰아내면 마음은 절로 고요해지고, 마음을 맑게 하면 정신은 절로 맑아진다. 물욕은 마음 때문에 일어나고 마음은 호흡으로 안정되는 것이니 마음과 호흡이 서로 의지하면 호흡이 조절되고 마음이 고요해진다.

그리고 무릇 마음에 좋아함이 있더라도 너무 깊이 좋아하지 말고 마음에 미워함이 있더라도 너무 깊이 미워하지 말며, 기쁨이 이르더라도 마음이 방탕해지지 않고 노여움이 지나간 후에는 감정에 머물러 두지 않으면, 이 모두가 정신을 기르고 수명을 연장하게 할 수 있게 되는 것이다.[9]

또한 사람은 이(理)와 기(氣)가 합해서 마음이 되는 것이니, 이가 주장이 되어 기를 거느리면 마음이 고요하고 생각이 한결같아서 저절로 쓸데없는 생각이 없어지지만, 이가 주장이 되지 못하고 기가 이기게 되면 이 마음은 어지럽기 그지없어서 사특하고 망령된 생각이 뒤섞여 일어나[10] 병의 근원이 되고 있다. 그러므로 퇴계는 사람의 병을 다스리기 위해 마음을 다스림으로부터 시작해야 한다고 생각하였다.

퇴계의 사상에서 이러한 마음 수양의 요체는 '경(敬)'이라고 할 수 있다. 요컨대 공부하는 요령이 모두 하나의 경에서 떠나지 않는다고 보았다. '대개 마음이란 몸의 주재요 경은 또 마음의 주재이니, 배우는 이들이 주일무적(主一

9 위와 같음

10 『퇴계집』 언행록1 유편(類編) '지경(持敬)을 논함'.

無適)의 설과 정제엄숙(整齊嚴肅)의 설 및 그 마음을 수렴하여 항상 깨어 있는 것을 궁구하면, 그 공부가 극진하여 넉넉히 성인의 경지에 들어가는 것이 또한 어렵지 않다'고 하였다.[11] 그러므로 퇴계는 경이라는 한 글자가 성학(聖學)의 시종이 되는 요긴한 것으로 경은 위에서부터 끝까지 통하는 것이니 하루라도 경에서 떠나서는 안된다고 하였다.[12]

경은 본래 인간이 종교적 신앙 행위를 할 때 모든 정성을 한데 모아 신한테로 나아가는 엄숙하고 경건한 심리적 태도를 말하는 것이었다.[13] 종교적 의미의 엄숙하고 경건함은 선진유학(先秦儒學)시기의 중요한 개념으로 경은 하늘과 모든 신에게 바치는 제사의식과 인간 세상에서 지녀야 할 자세를 의미하는 것으로 성(聖)과 속(俗)을 관통하는 개념이다.[14] 그러므로 경을 요체로 하는 것은 삶의 모든 것에서 용모를 단정하게 해야하고 엄숙하고 경건한 자세로 행해야 함을 말하는 것이다.

정이는 만약 바깥세상에 마음을 빼앗기게 되면 우리의 마음속에는 온갖 잡념이 일어나기 마련이며, 이러한 잡념과 사욕을 막고 마음의 중심을 잡기 위해 경 공부가 필요하다고 강조하였다. 사람의 마음은 자연히 만물에 교감하게 되어 있는데, 그것을 못하도록 하는 것은 어려운 일인 것이다. 밝은 거울에 만물이 모두 비춰지는 것은 지극히 당연한 일로 그것을 비춰지지 않게할 수는 없는 것과 같다. 그러므로 정이는 외물에 마음을 빼앗기지 않도록 하려면 마음에 주인이 있어야 하는데 주인은 경(敬)이 있을 뿐이라는 것이다.[15] 곧 정이는 마음의 주인을 경으로하여 만물에 교감하더라도 잡념이 일어나지 않게 해야 한다는 것이다. 이러

11 『퇴계선생문집』 제7권 차자(箚子) '성학십도(聖學十圖)를 올리는 차자-도(圖)를 아울러 올리다', 심학도설(心學圖說).

12 퇴계선생문집 제7권 차자(箚子) '성학십도(聖學十圖)를 올리는 차자-도(圖)를 아울러 올리다', 대학경(大學經).

13 김충열, 『중국철학사』(서울:예문서원, 2003), 180쪽.

14 유학과 교재편찬위, 『유학사상』(서울:성균관대학교 출판부, 2000), 119쪽.

15 『근사록(近思錄)』 제4권 존양편(存養篇) 48.사람의 마음에는 인심과 도심이 있다.

한 정이의 경에 대하여 퇴계는 약에 비유하여 다음과 같이 설명하였다.

> "병을 치료하는 것으로 비유하면 경은 모든 병통의 약이고 하나의 병증에 대하여 하나의 약제를 쓰는 것과는 다르다. 병에 대한 별도의 처방이 필요한 것이 아니다."[16]

퇴계는 마음을 다스림에는 경이 필요하고 경은 마음의 주재이므로 온전히 마음을 수양할 수 있다고 본 것이다. 경의 수양을 통해 심의 본성에 근거한 인간의 도심을 존양하고 인욕으로 흐르기 쉬운 인심을 극복하여 순선을 확보함으로써 올바른 인간의 삶을 실현하고자 하였다.[17]곧 사람은 생각이 없을 수 없는 것이나, 다만 쓸데없는 생각은 버려야 하고, 그러기 위해서는 경만 한 것이 없으며, 경을 오로지 하면 마음은 곧 한결같고, 마음이 한결같으면 생각은 저절로 고요해질 것이라고 보았다. 마음이 물욕 때문에 흐려졌을 때 경을 유지하면 마음이 문득 맑게 깨어 있는 상태가 되는 것과 같다는 것이다.[18]

2.2 퇴계의 지경(持敬)

퇴계에게 있어서의 경은 마음의 주재자로서 심신 수양의 본체이니 마음에 병이 생기지 않으려면 경을 지키는 것이 중요하였다. 그는 경(敬)으로써 주재를 삼으면, 안팎이 모두 엄숙해져서, 잊어버리지도 않고 거짓 꾸미지도 않아, 마음이 저절로 보존된다고 하였다. 그러나 경으로써 주재를 삼지 않고 마음을 잡아 두고자 하면, 그것은 한마음을 가지고 다른 한마음을 잡는 것밖에 되지 않는 것이니, 밖에서 아무 일도 일어나지 않아도, 내면에서는 이미 마음이 두 갈래 세 갈래가 되어 어지럽게 된다는 것이다.[19]

16 『退溪全書』, 卷29, 「答金而精」

17 吳錫源, 『한국 도학파의 의리사상』(서울:儒敎文化硏究所, 2012), 309쪽.

18 『퇴계집』 언행록1 유편(類編) '지경(持敬)을 논함'.

19 『퇴계집』 언행록1 유편(類編) '지경(持敬)을 논함'.

그러므로 배우는 사람이 진실로 경을 견지하는 데 오로지하여 이(理)와 욕(欲)의 분별에 어둡지 않아야 되고, 더욱 이에 삼가서 미발 상태에서 존양(存養)하는 공부를 깊이 하고, 이발 상태에서는 성찰하는 습성을 익숙하게 하면 성학(聖學)과 심법을 모두 이에서 구할 수 있게 될 것이라고 하였다.[20]

마음을 오로지 하나로 하여 만 가지 변화를 살피는 것을 경을 지킨다고 하니, 움직일 때나 고요히 있을 때나 바르게 해야 하고, 잠깐이라도 틈이 생기면 사욕(私欲)이 만 갈래로 일어나 심란하게 하고 심기에 병통을 만든다.[21] 그래서 퇴계는 미발의 상태에서 성(性)을 유지하는 것에는 조금의 틈이라도 있어서는 안된다며 다음과 같이 말하였다.

> "경(敬)은 반드시 하나를 주장해야 한다. 처음에 한 개의 일이 있는데 또 한 개를 더하면 곧 둘이어서 두 개를 이루고, 본래 한 개가 있는데 또 두 개를 더하면 곧 셋이어서 세 개를 이룬다는 것이다. 잠깐 사이라는 것은 때를 가지고 말한 것이요, 털끝만큼이라도 어긋난다는 것은 일을 가지고 말한 것이다."[22]

이와 같이 조금의 흐트러짐도 없이 경에 거하려면 항상 사물 가운데 있으면서도 이 경과 사물이 서로 어긋나지 않게 하여야 한다. 말할 때도 경으로 해야 하고, 움직일 때도 경으로 해야 할 것이며, 앉아 있을 때도 경으로 해야 할 것이니 잠깐이라도 이 경에서 벗어나서는 안 된다는 것이다.[23] 그러나 억지로 마음을 잡으려 하면 도리어 병통이 생길 수 있으니[24] 이치에 따라야 한다고 하였다.

퇴계는 이러한 경의 실천으로 '경재잠도(敬齋箴圖)'에서 '의관(衣冠)을 바

---

20 퇴계선생문집 제7권 차자(箚子) '성학십도(聖學十圖)를 올리는 차자-도(圖)를 아울러 올리다', 심통성정도설(心統性情圖說).

21 『퇴계선생문집』 제7권 차자(箚子) '성학십도(聖學十圖)를 올리는 차자-도(圖)를 아울러 올리다', 경재잠(敬齋箴).

22 위와 같음.

23 『퇴계집』 언행록1 유편(類編) '지경(持敬)을 논함'.

24 위와 같음.

로하고 눈매를 존엄하게 하고 마음을 가라앉히고 상제(上帝)를 대하듯 하라. 발은 반드시 무겁게 놓고 손은 반드시 공손하게 하여 땅을 가려 밟되 개미집도 피하여 돌아가라"는 등의 구체적인 몸가짐과 행위의 원칙을 제시하고 있다.[25] 또한 '숙흥야매잠도(夙興夜寐箴圖)'에서는 아침에 일어나 저녁에 잠자리에 들 때까지 실천해야할 경의 자세를 다음과 같이 말하였다.

"닭이 울어 깨어나면 이것저것 생각이 차차 일어나게 되니, 어찌 그동안에 고요하게 마음을 정돈하지 않겠는가. 때로는 과거의 허물을 반성하고 때로는 새로 얻은 것을 생각해 내어 절차와 조리를 분명하게 알아 두라. 근본이 서게 되면 새벽에 일찍 일어나서 세수하고 빗질하고 의관을 차리고 단정히 앉아 몸을 추스른다. 이 마음을 다잡아 마치 떠오르는 해와 같이 밝게 하고, 엄숙하고 가지런하며 허명(虛明)하고 정일(靜一)하게 하라. …… 날이 저물면 피곤해져서 흐린 기운이 쉽게 타고 들어오니, 재계(齋戒)하고 정제하여 정신을 명랑하게 하라. 밤이 깊어 잠자리에 들면 손발을 가지런히 하고 사유(思惟)를 하지 말아서 심신(心神)을 잠들게 하라. 야기(夜氣)로써 길러 나갈 것이니, 정(貞)하면 원(元)에 돌아온다. 생각을 여기에 두고 또 여기에 두어 밤낮으로 꾸준히 계속하라."[26]

이와 같이 퇴계는 사람의 일상 생활속에서 늘 지켜야 하는 것이 경이며, 경을 통하여 마음을 수양함으로써 병 또한 다스려가고자 하였다. 퇴계에 있어서의 경은 성의 경지에 도달하기 위한 수양론적 방법의 요체인 것이다. 따라서 수양론적 방법을 통해 사람의 도덕성이 회복됨으로써 마음의 병이 치유될 수 있다는 것이다.[27] 마음의 병은 방심으로 마음이 흩어져서 생기는 것이니 흐트러진 마음을 수습하여 찾으면 병이 낫는 것이며, 바로 이 흐트러진 마음을 거

25 『퇴계선생문집』 제7권 차자(箚子) '성학십도(聖學十圖)를 올리는 차자-도(圖)를 아울러 올리다', 경재잠도(敬齋箴圖).

26 『퇴계선생문집』 제7권 차자(箚子) '성학십도(聖學十圖)를 올리는 차자-도(圖)를 아울러 올리다', 숙흥야매잠도(夙興夜寐箴圖).

27 이조원, 「퇴계사상체계에서의 敬과 禪에 관한 연구」(『韓國禪學』 제21호, 2008), 12-13쪽.

두는 방법이 경에 의한 수양이라고 할 수 있다.[28]

3
『활인심방』의 마음치유

3.1 활인심방의 구성

『활인심방(活人心方)』은 명나라의 『활인심(活人心)』을 퇴계가 필사하여 전해 온 서적이다. 『활인심』은 원래 상하(上下)의 두 권으로 되어 있으나 퇴계의 『활인심방』은 상권 필사본만 전해진다. 일반적으로 퇴계의 필사서인 『활인심방』으로 불리우는데 『동의보감』에서도 『활인심방』으로 인용된 구절이 있다.

『활인심』은 명(明)나라의 개국황제인 태조(太祖) 주원장(朱元璋)의 열여섯째 아들인 주권(朱權)이 편찬한 도교계통의 양생서(養生書)이다. 주권은 이름 외에도 현주도인(玄洲道人), 함허자(涵虛子), 구선(臞仙), 단구선생(丹丘先生) 등으로 불리며 1391년 영왕(寧王)으로 봉해져 영헌왕(寧獻王)으로도 불린다. 초년에는 정치적 활동도 하였으나 만년에 이르러 도교(道敎)에 심취하여 『활인심』을 편찬하게 되었다고 한다. 『활인심』은 도교의 이론이나 전문적인 수련방법을 기술한 것은 아니고 중국에서 전래되어 오던 보편적인 건강지식과 방법 등 심신 건강과 관련된 것으로 널리 알려진 것들을 모아 편찬한 것으로 판단된다.

『활인심』이 중국에서 언제 편찬되어 간행되었는지는 정확히 알려져 있지 않으나, 우리나라에서는 조선 세종 때 전순의(全循義), 노중례(盧重禮) 등이 공동 편찬한 의학 백과사전인 『의방유취(醫方類聚)』의 인용서목에 포함되어 있는 것으로 보아 세종대 이전에 전래된 것으로 추정된다. '활인심(活人心)'이

28 『퇴계집』 언행록1 유편(類編) '지경(持敬)을 논함'.

란 백병의 발생이 사람의 마음에 연유하기 때문에 전인으로서의 삶을 영위하며 장생의 경지에 이르도록 하려면 인심부터 고쳐야 한다는 뜻이다.[29] 그러한 면에서 『활인심』이 양심(養心)을 위주로 하는 양생서임에도 '심(心)과 경(敬)의 수양론' 을 제시한 퇴계의 입장과 상통하는 부분이 있듯이 당시 유학자들에게도 널리 알려졌던 것으로 보인다.

『활인심방』의 내용은 서문과 본문으로 나눠지는데 서문인 '활인심서(活人心序)'에는 양생은 병을 예방하는 것이고, 의학은 병을 치료하는 것에 중점을 두고 있다는 점과 마음의 중요성, 그리고 책을 쓰게 된 유래를 밝히고 있다. 다음 '활인심상(活人心上)'에서는 병의 종류와 병의 근원이 마음에 있다는 것을 강조하였고, 이어 마음을 다스려서 병을 예방하고, 치료하는 법으로 칠정을 중화하는 중화탕(中和湯), 기가 치밀어 오를 때 병을 다스리기 위해 참을 인(忍)자를 실천하기를 가르치는 화기환(和氣丸), 일상생활에서 적용할 수 있는 양생지법(養生之法), 치심(治心), 도인법(導引法), 여섯글자의 소리발성법의 거병연수육자결(去病延壽六字訣), 사계양생가(四季養生歌), 보양정신(保養精神), 보양음식(保養飮食) 등의 내용으로 구성되어 있다. 심적 양생을 도모하는 방법으로 중화탕, 화기환, 치심, 보양정신 등이 있고, 신체적 양생법으로 양생지법, 도인법, 거병연수육자결, 장부운동 등 오장건강법과 음식보양 등을 담아 심신을 치료하는 방법을 포함하고 있다. 활인심방이 심신양생방법을 나누어 둔 것은 몸과 마음을 단련함으로써 완전한 건강을 유지할 수 있다는 것에서 일 것이다. 마음의 건강이 몸의 건강을 유지하고, 몸의 건강도 건전한 마음을 유지하는 방편이 되므로 항상 힘쓰는 지침으로 삼았다.

3.2 『활인심방』의 치심(治心)

'활인(活人)' 의 의미는 사람의 목숨을 구하여 살린다는 뜻이다. 즉 활발하

29 이진수, 『한국의 양생사상 연구』(서울:한양대학교출판부, 1999), 282쪽.

게 바르게 건강하게 사는 사람을 지칭한다. '활인심방(活人心方)'은 사람의 마음을 소생하게 하여 생기가 발동하게 하는 방편이라는 뜻이라 할 수 있다. 『활인심방』에서 가장 많이 강조하는 건강의 방법론은 마음의 다스림(治心), 즉 마음의 치유이다. 『활인심방』은 서문에서 다음과 같이 시작하고 있다.

> "성인(聖人)은 아직 병이 나기 전에 다스리고 의사는 병이 든 후에 치료한다. 아직 병이 들기 전에 다스리는 것을 치심(治心)이라고 하거나 수양(修養)이라고 한다. 병이 이미 든 뒤에 치료하는 것을 약이(藥餌)라 하거나 폄설(砭焫)이라고 한다. 비록 다스리는 법에는 두 가지가 있지만 병의 근원은 하나니, 마음으로 말미암지 않고 생겨나는 병은 있을 수 없다."[30]

사람의 모든 병은 마음에서 기인하고 있는데, 의사들은 병의 근원은 살피지 않고 병의 증상에만 주목하여 약물이나 침구와 뜸으로 치료한다는 것이다. 그리하여 『활인심방』의 상권의 서문에 해당하는 '활인심상'에서는 "오늘날 의사는 오직 사람의 질병은 치료할 줄 아나 사람의 마음은 치료할 줄 모른다. 특히 병은 마음으로 말미암아 생기고 업은 마음으로 말미암아 만들어짐을 모르는 것이다"[31]라고 하였다. 옛 성인들은 병의 근원인 마음에 주목하여 마음을 다스려 병을 치유하거나 사전에 병을 예방할 수 있었다는 것이다. 또 '활인심서'에서 노자의 말을 인용하여 다음과 같이 언급하였다.

> "마음은 정신의 주가 되고 고요함이나 움직이는 것 모두 마음에 따르는 것이다. 마음은 화(禍)의 근본도 되고, 도(道)의 근본이기도 하다. 신(神)이 고요하면 심(心)이 넉넉하고 편안하게 모든 경맥의 운행이 순조롭고 건강하게 되며, 신이 움직이면 기혈이 어지럽게 흘러서 모든 병이 서로 쳐들어온다. 따라서 마음자리가 고요

30 퇴계 이황 편저, 이윤희 역해, 『활인심방(活人心方)-퇴계선생의 마음으로 하는 몸 공부』, 예문서원, 2006(이하 『活人心方』), 活人心序.

31 『活人心方』 活人心上.

하면 정서가 가라앉지만 마음이 움직이면 신이 피로해지는 것이고, 참된 것을 지키면 기를 통솔할 능력이 속으로 가득 차 있게 된다. 바깥 사물을 따르면 마음의 초점이 제자리를 벗어나서 옮겨가고, 마음의 초점이 제자리를 벗어나면 신도 달려 나가고 신이 달려 나가면 기가 흩어지는데, 기가 흩어지면 병이 생기고 병이 생기면 다치거나 죽는다."[32]

사람에게 병이 생기는 것은 그 기가 흩어지는 데서 비롯된다는 것이다. 곧 기가 흐트러지는 것은 마음이 바깥 사물에 미혹되어 중심을 잃고 흔들리는데 있으며, 이렇게 되면 정신이 어지럽혀지며 경맥의 운행이 순조롭지 못하여 결국 생명력의 원동력이 되는 기가 흩어지게 되는 것이다. 이런 측면에서 마음은 모든 심신 건강의 근본이며, 다치거나 죽게 되는 원인이기도 한 것이다.[33] 기가 흩어지게 되면 "일곱 가지의 감정과 여섯 가지의 욕심이 자기 내부에서 일어나고 음양 두 기운이 외부에서 침공해 오니 이를 일러 병은 마음에서 생겨 몸을 다치게 하여 해를 입힌다"[34]고 하는 것이다.

대개 마음이란 '마치 물이 오래도록 흔들리지 않으면 깨끗하고 맑아져서 그 밑바닥을 훤히 들여다 볼 수 있는 것'과 같고, 이와 같은 마음의 본체를 비어 있고 밝다고 하는 것이다. 그러므로 마음을 평안하고 고요하게 하면 원기를 굳건히 할 수 있고, 그러면 만병이 나지 않기 때문에 건강을 유지할 수 있게 되는 것이다.[35]

또한 세상에서 일어나는 모든 일이 헛된 환상이며 생과사가 한갓 꿈이라는 것을 알아야 한다. 이렇게 진리의 핵심을 깨닫는 순간 심성의 바탕이 저절로 맑고 깨끗해지며 질병은 저절로 나아 약이 입에 닿기도 전에 병은 이미 없어지게 된다. 바로 이것이 진인이 도로써 마음을 치유하여 병을 다스리는 큰 방법

32 『活人心方』 活人心序.

33 이연도, 「동양 수양론의 현대적 활용 가능성 모색」(『中國學報』 제59집, 2009), 415쪽.

34 『活人心方』 活人心上.

35 『活人心方』 治心.

이다.[36] 사람의 병은 마음에서 연유하는 것이니 마음을 치유하면 신체의 병을 예방할 수 있으며, 또한 병의 근원을 치유하여 심신을 강건하게 하는 것이다.

마음의 치유가 병의 치유로 이어지는 근거는 사람의 마음세계와 몸세계가 서로 연결되어서 하나의 유기적 전체를 일고 있다는 사실에 있다. 사람은 스스로 외부에서 침입해 오는 병원체에 대항하면서 내부의 음양질서를 조화시키는 자아조절 능력을 갖추고 있다. 그 자아조절 능력은 마음세계의 심신(心神)이 주장하고 몸세계의 정(精) · 기(氣) · 혈(血)이 지휘를 받아 장부의 기능과 활동을 조절함으로써 드러난다. 그런가 하면 역으로 장부의 건강에 대한 정보는 곧바로 심신에 영향을 준다.[37]

마음을 안정시키고 바르게 잡으면 병의 근원을 밝힐 수 있고, 마음속의 우(憂), 수(愁), 사(思), 려(慮)를 모두 깨끗이 이겨 낼 수 있으므로 병을 고치게 된다. 마음속에서 우러나는 모든 불평을 버리고, 평생토록 뉘우치고, 깨달으면서 악한 일, 남에게 해를 끼치는 일을 하지 않도록 사악한 마음을 몰아내어 하늘의 뜻을 따라 행동하게 되면, 마음이 자연히 평화롭게 되고, 세상만사를 모두 초탈하게 되는 것이다. 이것이 바로 진인이 가르치는 도이며, 사람들이 이대로 실천하기만 하면 마음을 다스리고 병을 고치는데 으뜸가는 법을 터득하는 것이다.

마음을 잘 다스려야 병이 낫는다는 것을 마음에 새기는 것은 도와 마찬가지로 사람들이 믿기도 쉽지 않고, 행하기 어려운 것이다. 몸이라는 것은 눈으로 보이는 것이고, 마음은 눈으로 볼 수 없어서 마음과 몸의 연관성을 찾을 수 없기 때문일 것이다. 그러나 마음은 몸과 연결되어 작용하며, 몸을 편안하게 하는 마음가짐은 실제적으로 몸을 편안하고 행복하게 만드는 것이다. 그러므로 마음을 고쳐 다스리며, 몸이 건강해지는 것을 믿어 행할 때 몸과 마음을 건강하고 삶은 윤택해질 것이다.

36 『活人心方』 活人心上.

37 『活人心方』 活人心序.

3.3 중화탕(中和湯)

사람의 마음은 허(虛) 곧 이(理)이며 또 영(靈) 곧 기(氣)이므로 이와 기의 집이 되는 것이다. 그 이는 즉 사덕(四德:원(元)・형(亨)・이(利)・정(貞))의 이면서 오상(五常:인(仁)・의(義)・예(禮)・지(智)・신(信))의 이치가 되고, 그 기는 즉 음양오행의 기로서 기질(氣質)인 것이다. 이렇게 사람의 마음에 갖춰진 사덕오상과 음양오행은 모두 하늘에 근본을 두고 있는 것이다. 그러나 이른바 오상은 순수히 선하고 악이 없으므로 그 발한 바 사단 역시 선하지 않을 수 없는 것이며, 기질은 본연(本然)의 성(性)이 아니므로, 그 발한 바 칠정(七情)은 역시 선한 방향으로 발현될 수 없는 것이다. 그러므로 성(性)・정(情)의 근본은 비록 하나이나 그 쓰임은 다를 수밖에 없다. 그러나 성(性)과 정(情)을 모두 갖추어 운용하는 것은 마음의 묘한 작용이 아님이 없으니 곧 마음이 주재가 되어 항상 그 성과 정을 통솔하는 것이다.[38]

퇴계는 '성학십도'의 '심통성정도설(心統性情圖說)'에서 '마음이 성을 통섭하지 못하면 미발(未發)의 중(中)을 이룰 수 없어서 성이 천착되기 쉽고, 마음이 정을 통섭하지 못하면 절도에 맞는 화(和)를 이룰 수 없어서 정이 방탕하기 쉽다'[39]고 하였다. 곧 중화는 마음이 성을 통섭하여 미발의 '중'을 이룬 상태이고, 또한 정을 통섭하여 절도에 맞는 '화'를 이룬 상태를 말하는 것이다. 그러므로 중화탕은 마음이 성・정을 통섭하게 하는 약제인 것이다.

이어 퇴계는 임은정씨(林隱程氏)의 말을 인용하여 "소위 '마음이 성(性)과 정(情)을 통섭한다'는 것은, 사람이 오행(五行)의 빼어남을 받아서 태어남에 그 빼어난 것에서 오성(五性)이 갖추어지고, 오성이 동(動)하는 데서 칠정이 나오는 것을 말한 것이니 대개 그 성・정을 통섭하는 것은 마음이다"[40]라고 하

38 『퇴계선생속집』 제8권 잡저(雜著) '천명도설(天命圖說)', 제5절 사람 마음에 대한 논의

39 『퇴계선생문집』 제7권 차자(箚子) '성학십도(聖學十圖)를 올리는 차자-도(圖)를 아울러 올리다', 심통성정도설(心統性情圖說).

40 위와 같음.

였다. 곧 '사단(四端)의 정은 이(理)가 발현함에 기(氣)가 따르니 자연히 순선(純善)하여 악이 없지만, 이가 발현하여 미처 이루어지지 못하고 기에 가리어진 뒤에는 불선(不善)으로 흘러간다. 또 칠정은 기가 발현함에 이가 타서 또한 불선함이 없지만, 기가 발현하여 절도에 맞지 못하므로 그 이를 멸하면 방탕하여 악이 된다'는 것이다.[41]

그러므로 사람은 마음으로 성 · 정을 통섭하여 순선을 유지해야 하는데, 칠정의 기가 이를 막아 악하게 되면 마음이 병드는 것이다. 이러한 병든 마음을 치유하는 데에 중화탕이 필요한 것이고 또한 중화탕으로 마음의 순선을 유지하여 병들지 않게 해야 하는 것이다.

그런 의미에서 퇴계는 본래 『活人心』의 제목이었던 '보화탕(保和湯)'을 고쳐 『활인심방』에서는 '중화탕'으로 썼다. 중용에 의하면 희로애락이 발하기 전의 상태를 중(中)이라 하고, 희로애락이 발한 다음에 그것을 조절하여 발하기 전의 상태와 다름없는 상태로 합쳐지는 모습을 화(和)라고 한다. 중은 천하의 근본이고, 화는 천하에 두루 통하는 도로써 '중화'를 이루면 온 세상이 제자리에 위치하고 만물이 자라난다고 한다. 이에서 중화탕이라고 한 것이다.[42]

또한 중화탕(中和湯)의 '중'은 마음의 중심을 이름이고, '화'는 고르고 치우침이 없음을 말하는 것이기도 한데, 이것은 인간의 성정(性情)이 한쪽으로 치우치지 않고, 불과급(不過及)이 없음을 말한다. 중화탕에 들어가는 서른 가지 재료는 살아갈 때의 마음가짐으로 꼭 필요한 덕목으로, 중화탕을 달여 먹는 것은 이를 항상 마음에 새기기 위한 방법인 것이다.

『활인심방』에서는 "이것을 복용하면 원기를 굳건히 보존하고 나쁜 기운이 침범하지 못하여 모든 병이 생기지 않고 오래도록 편안하게 살아갈 수 있어 조금도 근심할 바가 없다"고 하며 중화탕의 약제가 되는 다음의 30가지 마음

41 위와 같음.

42 이윤희역해, 『活人心方』(서울:예문서원, 2006), 79쪽.

[43]을 제시하였다.

思無邪 - 마음에 거짓을 없애라.
行好事 - 좋은 일을 실천하라.
莫欺心 - 자기 마음을 속이지 말라.
行方便 - 적절한 방법을 이용하라.
守本分 - 자기의 본분을 지켜라.
莫嫉妬 - 시기하고 샘내지 말라.
除狡詐 - 교활하고 간사한 꾀를 버려라.
務誠實 - 정성스럽고 참되도록 힘써라.
順天道 - 대자연의 도리에 순응하라.
知命限 - 생명에 한계가 있음을 알라.
淸心 - 마음을 맑게 하라.
寡慾 - 욕심을 적게 하라.
忍耐 - 참고 견디어라.
柔順 - 부드럽게 따라라.
謙和 - 겸손하고 화목하라.
知足 - 항상 족함을 알라.
廉謹 - 청렴하고 삼가라.
存仁 - 어진 마음을 보존하라.
節儉 - 절약하고 검소하라.
處中 - 치우치지 말고 중용을 취하라.
戒殺 - 생명을 중히 여겨라.
戒怒 - 분노하지 않도록 경계하라.
戒暴 - 폭력을 경계하라.
戒貪 - 탐욕을 경계하라.
愼篤 - 신중하고 신실하라.
知機 - 사물의 기미를 포착하라.
保愛 - 자기의 양심을 지키고 사랑하라.
恬退 - 물러날 때 미련 없이 물러나라.
守靜 - 번뇌를 쉬고 고요함을 지켜라.
陰騭 - 남모르게 도와주라.

이 중화탕의 복용방법은 "삼십가지의 약을 잘 씹어 잘게 만든 다음 심장(心臟)의 불 한근과 신장(腎臟)에서 나오는 물 두 대접을 써서 약한 불로 반이 되도록 연속해서 은근히 다려서 아무 때나 따뜻하게 복용한다"[44]는 것이다.

『황제내경(黃帝內經)』 「소문(素問)」에서 "심(心)은 여름의 기운을 주장하고 불에 응하며 신(腎)은 겨울의 기운을 주장하고 물에 응한다"고 하였다. 불은 타오르고 물은 흘러내리는데, 심은 위에 있고 신은 아래에 있으므로 몸 안에서 심화(心火)와 신수(腎水)가 서로 만나기는 쉬운 일이 아니다. 그러므로 심화를 신수 아래로 내려 중화탕을 끓이기 위해서는 단전호흡이 필요하

43 『活人心方』 中和湯.
44 『活人心方』 中和湯.

다.[45] 단전 수련을 통하여 위에 있는 '심화'를 아래에 있는 '신수'아래로 내려야 '중화탕'을 끓일 수 있는 것이고 곧, 마음으로 성정을 다스릴 수 있게 되는 것이다.

조선 숙종 때의 실학자인 홍만선은 『산림경제(山林經濟)』에서 도가(道家)인 광자원(鄺子元)의 이야기를 들어 심화와 신수에 대해 설명하고 있다. 곧 광자원이 한림(翰林)으로 있다가 외직으로 보임된 지 10여 년에 항상 실망만 하며 무료하게 지내다가 드디어 마음 병이 생겼는데, 병이 발작할 때마다 문득 꿈속처럼 혼몽하기도 하고 헛소리를 하기도 하였다. 이에 그의 병에 대하여 어떤 노승(老僧)이 말하기를,

> "상공의 병은 신수(腎水)와 심화(心火)가 서로 조화되지 않은 것이 원인이 된 것입니다. 무릇 야용(冶容 여색(女色))에 빠져서 색황(色荒 여색(女色)을 탐함)이 되는 것을 선가에서는 이를 '외감(外感)의 욕구'라 하고, 깊은 밤 잠 자리에서 야용을 그리워하여 혹 밤새껏 꿈을 꾸는 변화가 생기기도 하는데 선가에서는 이를 '내생(內生)의 욕구'라고 합니다. 이 두 가지 욕구에 얽매여 빠지게 되면 원정(元情)이 소모되는데, 만약 이를 떨쳐 버릴 수 있으면 신수(腎水)가 자연히 불어나서 위로 심화(心火)와 조화될 수 있을 것입니다. 그밖에 문자(文字)를 사색(思索)하느라 침식(寢食)까지 잊는 것을 선가에서는 '이장(理障)'이라 하고, 직업(職業)을 경륜하느라 수고로움도 마다하지 않는 것을 선가에서는 '사장(事障)'이라 하는데, 이러한 것은 비록 인욕(人欲)은 아니라 하더라도 성령(性靈)을 손상시키는 것이니, 만약 이를 제거할 수 있다면 심화(心火)가 위로 타오르지 않고 아래로 신수(腎水)와 조화될 것입니다. 그래서 '진사(塵事 세속의 일)와 서로 인연이 없으면 병근(病根)이 발붙일 데가 없다."[46]

고 하였다. 또 말하기를 "상공(相公)의 병은 번뇌에서 비롯된 것인데, 번뇌는 망상에서 생깁니다"고 하였다. 그러므로 '신수(腎水)와 심화(心火)가 서로

45 『活人心方』 活人心序.

46 『산림경제』 제1권 섭생(攝生), 심지(心志)를 기름.

조화되지 않으면 마음의 병이 생기는 것이고 이를 치료하기 위해서는 중화탕이 필요하다.

중화탕은 의원이 치료하지 못하는 모든 병을 전적으로 치료할 수 있어 복용하면 원기를 굳건히 보존하고, 나쁜 기운이 침범하지 못하여 모든 병이 생기지 않고 오래도록 편안하게 살아갈 수 있어 근심할 바가 없게 된다. 중화탕은 마음으로 만드는 약이므로 마음을 고요히 하여 탕을 만들어 마음으로 복용하면 청명한 마음을 이루고 몸이 마음과 일치할 수 있어서 질병과는 상관없이 살게 되는 것이다.

3.4 화기환(和氣丸)

후한의 〈양진열전〉에 언급 되어 있는 '화기치상 (和氣致祥)'은 음과 양이 서로 화합하면 그 기운이 서로 어우러져 상서를 낸다는 뜻으로 화합된 기운은 상서로움을 불러온다는 말이다. 우리나라의 고전에도 조금씩 틀리기는 하지만 '화합된 기운은 상서로움을 불러오고 어그러진 기운은 재앙을 불러온다' 말이 있다. '화기(和氣)'는 봄날의 기운과 같이 온화하고 화합하는 기운을 말한다.

『활인심방』에 "심(心)위에 칼날[刃]이 있는 것이 인(忍)이니 군자는 너그러이 받아들이는 마음으로써 덕을 이루고, 천(川) 밑에 불[火]이 있는 것이 재(災)이니 소인은 분노로써 몸을 망친다"[47]고 '화기환'의 서두에 언급하였다. 화기환은 인내함으로 화기의 상서로움을 가져와 재앙을 피하는 환약인 것이다. 화기환에 대해 『활인심방』에서는 '어른이나 아이들에게 기가 너무 적거나 많아서 생기게 되는 모든 병을 고칠 수 있다'고 하며

> "목구멍이 막히고, 가슴이 답답하고, 헛배가 부르고, 온몸에 마비가 오고, 입술을 깨물거나 이를 갈고, 몹시 화를 내어 눈을 부릅뜨고 주먹을 쥐거나, 얼굴을 붉히고

47 『活人心方』 和氣丸.

귓밥이 붉거나, 온몸에 불이 달아오르는 듯한 열이 나는 병 등의 의사가 치료하지 못하는 기(氣)를 모두 다스릴 수 있다."[48]

고 하였다. 그리고 복용법으로는 '매번 한 알씩 먹되 말하지 말고 침으로 삼켜 내린다'고 하여 화기환은 감정이 일 때 마다 말을 멈추고 침을 삼키며 복용하는 상비약이라고 할 수 있겠다. 다산은 목민심서에서 '벼슬에 임하는 자는 먼저 과격하게 성내는 것은 경계해야 한다'고 하며 '노즉수(怒則囚)' 석자를 가슴에 깊이 새겨두라고 하였다. 그리고 명나라의 청백리였던 정선(鄭瑄)의 "성났을 때의 말은 도무지 체면을 잊어버리기 때문에 성내고 난 뒤에 생각하면 자기의 비루한 속을 온통 남에게 드러내 보이고 만 셈이 된다"는 말을 인용하고 다산은 성내는 것은 참음은 '다른 사람은 화를 면해서 좋고, 나는 허물이 없게 되니 또한 좋은 일이 아니겠는가'라고 하였다.[49]

우리는 눈 · 귀 · 코 · 입 · 피부 등의 감각기관을 통하여 외부의 정보를 받아들인다. 감각을 통하여 들어온 정보로 인하여 희(喜) · 노(怒) · 애(哀) · 구(樂) · 애(愛) · 오(惡) · 욕(慾)의 칠정이 생긴다. 감정에 휩싸이게 되면 몸은 상하게 되는데, 너무 즐거워하는 것도 너무 슬퍼하는 것도 병이되는 것이다. 마음으로 화내고, 미워하면 몸은 감정에 휩싸여 목이 막히고 가슴이 답답하고, 헛배가 부르고, 온몸에 마비가 오고, 입술을 깨물거나 이를 갈고, 몹시 화를 내어 눈을 부릅뜨고 주먹을 쥐거나 얼굴을 붉히고, 귀가 불고 갑자기 불같이 달아오르는 병이 일어나게 된다. 그러므로 몸의 정 · 기 · 신을 유지하여 인의 도를 따를 때 덕을 이루어 병을 치유할 수 있다.

율곡은 『율곡전서(栗谷全書)』에서 '형제에게 착하지 못한 행실이 있다면 정성을 들여 충간(忠諫)하여 점차 이치를 깨달아 알아듣고 감동하게 해야 하

48 위와 같음.

49 『목민심서(牧民心書)』 목민심서 율기(律己) 6조, 제1조 칙궁(飭躬), 많이 말하지도 말고 갑자기 성내지도 말아야 한다.

고, 갑자기 노한 기색과 거슬리는 말을 해서 화기(和氣)를 잃어서는 안 된다'고 하였고,[50] 고산 윤선도는 상소에서 '화기(和氣)는 상서를 불러오고 괴기는 혼란을 불러오는 법이니 외구가 일어나는 것은 반드시 내치(內治)의 부족에서 기인한다'[51]라고 하였다.

명나라 사람 홍자성이 쓴 채근담에는 '절의를 표방하는 자는 반드시 절의 때문에 비방을 받고, 도학을 표방하는 자는 항상 도학 때문에 허물을 초래한다. 그러므로 군자는 나쁜 일에 가까이하지 않을 뿐만 아니라 좋은 이름도 세우지 아니하니, 오직 혼연한 화기(和氣)만이 몸을 보전하는 보배가 될 것이다'[52]고도 하였다.

송시열은 '임금을 향한 나의 보잘것없는 정성[螻蟻之誠]은 스스로 말 수 없어 정자(程子)와 주자(朱子)의 소차(疏箚) 중에서 오늘날에 절실한 것들을 대략 엮어 어제 봉투에 넣어 올렸으니, 성상께서 혹시 유의(留意)하신다면 재앙(災殃)을 막고 화기(和氣)를 부르기에 충분할 것입니다'[53]고 하여 국왕의 선정을 상소하였다.

퇴계는 '심기를 항상 화순(和順)한 경지에 있게 할 것이며, 거스르고 어지럽게 하여 분노와 원망을 일으키는 일이 없게 하는 것이 가장 요긴한 치료법'이라고 하였다. 따라서 군자는 경(敬)을 주로 삼고 이치를 밝혀서 분노를 누르고 욕심을 막아야 바른 마음을 가지고 건강한 심신을 유지할 수 있다고 보았다.[54]

곧 마음의 분노는 몸을 망치게 되므로 인내함으로써 봄날의 따스함과 같은 화기를 몸에 지녀 재앙을 막고 몸을 온전히 보전할 수 있어야 한다. 이와 같

50 『율곡전서(栗谷全書)』, 율곡선생전서 제27권, 격몽요결(擊蒙要訣) 제8장, 거가(居家).

51 『고산유고』 제2권, 소(疏), 을해년에 올리는 소〔乙亥疏〕.

52 홍자성, 도광순역주, 『채근담』(서울:문예출판사, 2004), 178-179쪽.

53 『송자대전(宋子大全)』 제44권 서(書), 이천득(李天得) 상진(尙眞) 에게 보냄, 을사년.

54 『퇴계선생문집』 제14권, 서(書), 「답남시보(答南時甫)」 별폭(別幅).

이『활인심방』은 마음을 다스리는 실천방법을 형상화시켜 구체적으로 제시해 줌으로써 병에 걸리지 않고 예방할 수 있는 수련법을 제시해 주고 있다.

4
맺음말

퇴계는 평생 지경을 학문의 요체로 삼고 수행 정진하였다. 경은 지극히 엄숙하고 공경하는 자세로 학문의 기본자세일뿐더러 매일의 삶에서 경계하고 지켜야할 규구이다. 그러므로 퇴계는 마음의 주재자로 경을 상정하고 경을 통하여 마음을 다스림으로써 온전히 마음을 수양할 수 있다고 보았다. 곧 퇴계에게 있어서 경은 심신 수양의 본체이니 마음에 병이 생기지 않으려면 경을 지키는 것이 중요하다고 본 것이다.

곧 퇴계는 만병의 근원은 마음이라고 인식하고 마음을 치유함으로써 병의 근원적인 문제를 해결하는 방향을 제시하며 그 방법으로 경을 통한 심신의 수양을 제시하였다. 마음의 치유를 위한 수양론은 마음 다스리기이고, 마음의 다스림은 몸의 치유로까지 이어진다고 본 것이다. 퇴계는 경을 지극히 엄숙하고 정제된 자세로서 마음이 미발인 상태에서는 존양의 도를 실천하는 것이며 기발의 상태에서는 성찰의 도를 실천함으로써 흐트러진 마음을 다시 모아 심기를 일전시켜 몸의 치유까지 이르게 한다고 하였다.

이러한 수양의 일단으로 제시하고 마음 치유의 방법으로 활용한 것이『활인심방』이라고 할 수 있다. 특히『활인심방』에서는 '중화탕'과 '화기환' 으로 마음의 수양을 약에 비유하여 마음을 다스림으로써 만병을 치료하는 방법고자 하였던 것이다. 이렇게『활인심방』은 마음을 다스리는 실천방법을 형상화시켜 구체적으로 제시해 줌으로써 병에 걸리지 않고 예방할 수 있는 수련법을 제시해 주고 있다.

참고문헌

권오봉. 1994.『퇴계선생 일기회성』. 서울:창지사.

이윤희역. 2006.『活人心方』. 서울:예문서원.

이진수. 1999.『한국의 양생사상 연구』. 서울:한양대학교출판부.

반광식(역). 1996.『뇌내혁명』. 서울:사람과 책.

吳錫源. 2012.『한국 도학파의 의리사상』. 서울:儒敎文化硏究所.

권봉숙. 2011.「『活人心方』의 健康增進 談論」.『退溪學論叢』 18, 79-97.

김민재. 2014.「명상의 관점에서 본 퇴계 '경(敬)' 사상의 교육적 시사점」『철학논집』 37, 327-358.

김부찬. 2011.「퇴계의 敬사상에 있어서 몸의 문제」.『儒學硏究』 25, 117-138.

김성일. 2014.「活人心方에서 찾아본 退溪의 건강교육과 사상」.『民族文化論叢』 56, 211-230.

김중한. 2000.「活人心方과 양생법」.『退溪學論叢』 6, 150-161.

성호준. 2010.「退溪의 心身觀과『活人心法』」.『退溪學論叢』 16, 75-93.

윤경희. 2002.「퇴계의 인간관과 심신수련법」.『보건과학논집』 28-1, 45-49.

이동기. 2014.「退溪의 人性敎育論(1)」.『退溪學論叢』 14, 217-239.

이연도. 2009.「동양 수양론의 현대적 활용 가능성 모색-『활인심(活人心)과 철학치료」.『中國學報』 59, 411-426.

이연도. 2010.「유가 공부론과 명상-퇴계『활인심방(活人心方)』을 응용한 수양치료 모형-」.『한국철학논집』 28, 363-386.

이조원. 2008.「퇴계사상체계에서의 敬과 禪에 관한 연구」.『韓國禪學』 21, 11-45.

이진수. 1992.「退溪哲學의 養生思想에 관한 硏究」.『도교문화연구』, 81-142.

이희대. 1980.「퇴계의 수적(手蹟)『활인심방(活人心方)』」.『퇴계학보』 28-1, 96-97.

임식·주동진. 2015.「退溪의『活人心方』에 대한 人文學的 養生 試論」.『民族文化論叢』 59, 447-476.

조성환·장지영. 2016.「퇴계학에서 마음과 생명의 만남-『심경부주』와『활인심방』을 중심으로-」.『退溪學論集』 18, 93-117

주동진·김한철. 2013.「『活人心方』에서 살펴본 퇴계의 건강론」.『退溪學論集』 13, 251-273.

차건수·김정완. 2000.「退溪의 철학 사상과 活人心方에 나타난 건강의 의미」.『한국체육학회지』39-4, 69-77.

최봉근. 2005.「퇴계철학을 통해 본『活人心方』의 질병과 양생의 의미」.『동양철학연구』44, 89-118.

최봉근. 2005.「『活人心方』과 퇴계철학, 그 의학과 철학의 만남」.『陽明學』15, 165-197.

제2부

역사 속의 치유

01

한국현대사의 트라우마와 역사치유

01

한국현대사의 트라우마와 역사치유

엄찬호

1
머리말

최근의 역사연구는 기억과 역사를 분리시켜 보고자하는 경향이 지배적이지만, 기억과 역사가 엄연히 다르다 하더라도 기억과 역사의 출발은 동일선상에 놓여 있는 것이고, 따라서 역사는 여전히 기억을 기반으로 하고 있을 수밖에 없다. 역사는 시간의 흐름에 따라 소실되는 기억의 한계에 대한 인식에서 출발하였으므로 근본적으로 기억에 뿌리를 두고, 기억을 토대로 하고 있다.

서구 역사의 아버지 헤로도토스는 사람들이 했던 일에 대한 기억이 없어지는 것을 막고 그들이 받아야할 당연한 영광의 보상을 소실시키지 않기 위해 '역사'를 쓴다고 말했다. 그는 페르시아전쟁을 인과적으로 설명하기 위해서가 아니라 누가 전쟁의 책임이 있는가를 밝힘으로써 후대 사람들에게 역사의 교훈을 전할 목적으로 '역사'를 썼다. 투키디데스 또한 변하지 않는 인간성으로 말미암아 미래에도 역사가 반복할 것이기 때문에 인간은 그런 역사의 순환으로부터 교훈을 얻을 수 있다는 믿음으로 〈펠로폰네소스 전쟁사〉를 썼다. 키케로는 '참으로 역사란 시대의 증인이요, 진리의 등불이요, 기억의 생명이자, 고대의 전달자이다'라고 하여 역사가 기억에 기반하고 있음을 말하였다.[1]

---

1 김기봉, 메타역사로서 역사비평(역사와 현실 40, 2001), 238~239쪽.

한편 20세기 들어 역사가들은 과거에 대한 인식이란 현재와 분리될 수 없고 불가피하게 결부된다고 생각하였다. 이탈리아의 크로체는 '모든 역사는 현대사이다'라고 말해 당시 사실을 중시하던 사학자들을 매우 놀라게 했다. 또한 '역사란 무엇인가?'에 대해 카아는 '역사란 역사가와 그가 접하는 사실 사이에 이루어지는 계속적인 상호관계의 과정이요, 현재와 과거 사이에 이루어지는 끊임없는 대화이다'라고 하였다.

이와 같이 역사는 과거의 기억을 바탕으로 지나간 사건이나 일 가운데 오늘 우리가 되새겨볼 만한 것들을 들추어내어 앞뒤 관계를 연결하여 설명하고, 때로는 모호한 것들을 규명하며, 거기에 나름대로 그럴듯한 가치를 덧붙여서 이야기하고 글로 표현하기도 한다. 따라서 역사는 현재의 문제를 해결하기 위하여 과거의 일을 돌아보고 분석하여 정리하는 과정을 거치는데, 이는 정신분석학이나 심리학에서 정신질환자를 치료하기위하여 행하는 일련의 절차와도 일맥상통한다고 볼 수 있다.

더구나 최근 미시사에 대한 관심이 고조되면서 긴즈부르그는 이른바 '실마리 찾기'라는 독특한 방법을 제시하고, 역사가의 해석과정은 의사의 진단에 가깝다고도 하였다. 마치 의사가 사소한 임상적 징후에 대한 진단을 통하여 파악하기 어려운 환자의 병을 간파하는 것처럼, 역사학은 겉으로는 의미가 없는 것처럼 보이는 조그마한 실마리를 통하여 그 뒤에 놓인 역사적 실재를 분별해야 한다는 것이다.[2] 그런데 역사가가 해석의 대상으로 삼는 것은 객관적 역사라 할 수 있는 과거의 사실이고, 이 사실은 단순한 사실이 아니라 '인간의 사상과 행동에 관한 사실'인 것이다.

곧 역사학의 대상은 성질상 인간이므로 역사학은 역사의 전개과정에서 자행되었던 수많은 억압과 폭력에 의해 생성되어진 역사적 정신질환이라 할 수 있는 '외상 후 스트레스성 장애(post-trauma stress disorder)'의 치유에 일조할 수 있을 것으로 생각한다. 우리나라는 근현대사를 지나오면서 외세의 침략

2 조한욱, 문화로보면 역사가 달라진다(서울:책세상, 2000), 90쪽.

에 따른 정신적인 충격, 제국주의 침략, 한국전쟁, 독재정권하의 민주화 투쟁과 이념논쟁 등 여러번에 걸친 역사적 외상을 겪었고, 아직 많은 사람들이 알게 모르게 외상에 시달리고 있다. 이에 한국정부에서는 과거사에 대한 진실규명작업의 일환으로 이들의 역사적 외상에 대한 치유를 목적으로 하고 있다.

이러한 역사학의 치유적 논리를 규명하고자 본고에서는 첫째로 역사가 실재적으로 인간의 삶에 미칠 수 있는 영향은 어떠한 것이 있는가를 살펴보고 아울러 치유의 문제를 논의해 보고자 한다. 둘째는 역사의 치유의 대상이 될 수 있는 역사적 외상의 형성과 개인 및 국가나 민족, 사회단체에 미치고 있는 영향은 무엇이 있는지 살펴보고자 한다. 셋째로 역사는 구체적으로 어떠한 방법을 통하여 트라우마(trauma)를 치유하는데 도움을 줄 수 있을 것인가를 기존의 인문학의 치료 방법들을 통하여 살펴보고자 한다.

2
역사의 치유의미

2.1 역사의 효용성

역사는 지나간 많은 과거의 사실들 가운데서 일정한 의도나 목적을 가지고, 그리고 나름대로 통용되는 객관적이고 과학적인 판단 기준을 가지고 취사선택해서 다른 많은 사람들에게 유용한 지식을 만들어내는 학문이라고 할 수 있다. 따라서 직업적인 회의주의를 내재하고 있는 역사는 기억력을 바탕으로 과거에서 원인을 추적하여 역사의 표면을 떠다니는 인물이나 사건의 이면으로 파고 들어가 숨겨진 동기를 찾으려고 한다. 모든 일에 기원과 선례 및 반복하는 유형의 중요성을 강조하고, 단일한 현상에 대해 다원적인 설명을 추구하며, 증거를 중요시한다.[3]

---

3 조한욱, 역사학과 프로이트(인문학연구 제5집, 1998), 115쪽.

인간은 지상의 수많은 생명체 가운데서 유일하게 이와 같은 역사를 갖고 있다. 그래서 과거가 있고, 오늘이 있으며 미래가 있어서 이것들 사이에는 유기적이고 긴밀한 관계가 형성되어 있다. 인간은 스스로 지나온 혼돈스러운 경험들에 대한 기억을 정리하고 체계화하여 그들로 하여금 한 집단 혹은 한 생물학적 종으로서의 인간됨을 깨닫기 원한다. 이에 인간에 의해 만들어진 역사는 공간적 축에서는 개인으로서의 삶의 의미를 한 사회의 맥락에서 찾게 해주고, 한 사회의 존재를 문명의 맥락에서 의미 부여를 해주며, 시간적 축에서는 현재를 과거와 연결하고 또한 미래에 투사함으로써 그 의미의 틀을 마련해 준다. 문학작품이 실존적 차원에서의 인간의 삶의 표현이자 거울이라면, 기록된 역사는 집단적 차원에서 본 인간의 삶의 기록이며 거울인 것이다.[4]

그러므로 과거와 현재는 서로 떨어져 있는 것이 아니라, 시간의 흐름속에서 앞과 뒤의 자리를 갖는 것일 뿐 본질적으로는 하나로 통일되어 있다. 과거가 원인이 되어 현재가 있는 것이므로, 과거 없이는 현재도 존재하지 않는다. 역사가 과거를 다루는 학문이면서도 현실과 밀접하게 관련되어 있는 이유가 여기에 있다.[5] 역사를 흔히 '과거와 현재의 대화'라고 한다든가, 역사는 '정치의 거울'이라고 한다든가, '모든 역사는 현대사'라고 하는 따위의 말들이 모두 표현은 조금씩 다르지만, 역사의 현실적 유용성과 역사의식의 현실성을 지적한 것이라 할 수 있다.

니체는 '과거를 수태하고 미래를 생산하는 것이 바로 현재이다'라고 하며 '역사란 과거의 인간행위와 그 궤적에 대한 물음에서 출발하지만, 현재의 문제의식이나 시각을 통해 미래적 삶의 지평에서 다시 그 물음을 제기할 때 비로서 의미있는 역사로 되살아날 수 있다'고 하였다.[6]

역사적 시간은 변화가 그 본질이나 역사적 변화의 특성은 연속성에 있다. 만

4 박이문, 『통합의 인문학』, (서울:知와사랑, 2009), 35~36쪽.
5 한국사특강편찬위원회, 한국사특강(서울:서울대학교출판부, 1993), 1~2쪽.
6 김정현, 「니체의 역사치료학」(『범한철학』제35집, 범한철학회, 2004), 162쪽.

일 이 연속성이 부정되고 역사가 끊어진 토막실뭉치와 같이 된다면 역사적 고찰은 전혀 무의미하다. '인간의 마음은 미래에 있고 발은 과거를 딛는다'라는 말이 있듯이 과거는 현재를 규정하고 있기 때문에 역사의 의미가 있는 것이다.

역사를 '왜 배우는가'에 대하여 역사학자들은 '교훈을 얻기 위해서, 문제 해결의 실마리를 찾기 위해서, 현재에 대한 판단의 기준이 되기 때문에'라고 하고 있다. 역사가 객관성을 추구하면서도 객관성일 수 없고 역사가의 주관적인 가치 판단 기준에 따라 해석되고 정리되고 있지만, 판단의 기준은 역시 지난간 과거일 수 밖에 없다. 현재의 시간속에 놓인 조건들은 과거에 기반하여 형성되어진 것이므로 미래를 향한 기준 설정에서 과거사가 참고되어질 수 밖에 없다. 따라서 역사는 과거의 텍스트에서 인간적 폭력과 죄악, 불의를 역사의 법정에 끄집어 내어 단죄함으로써 비판적으로 역사를 읽고 과거를 현재의 삶에 대한 반성으로 삼아야 한다. 역사적 지식은 미래를 조형해 나가는 현재에 도움이 될 때 가치가 있는 것으로, 적극적으로 삶을 조형하는 관심 속에서만이 역사학은 그 진정한 의미를 획득하는 것이다. 곧 비판적 해석없이 과거와의 살아있는 교류는 불가능하다.[7]

인문치료는 현대인의 정서적 · 정신적 문제를 치유의 대상으로 하고 있다. 육체적인 문제는 감각에 의해서 판단될 수 있겠지만, 정서적 · 정신적 문제는 감각으로 판단될 수 없기에 정신분석학이나 심리치료에서는 꿈이나 무의식 저편에 있는 과거의 기억을 되살려 내는 것이다. 인간의 삶의 치유의 문제에 있어서도 역사는 중요한 의미가 있는 것이다.

또한 역사는 과거에 인류가 쌓아온 수많은 경험들을 우리에게 알려줌으로써, 우리의 앎에 대한 욕구를 무한정으로 충족시켜 주는 효용성이 있는데, 그와 더불어 역사를 통해 현재의 삶의 질을 높여 준다는 교훈성이 역사공부의 보다 일차적인 효용성이라 할 수 있다.

7 김정현, 앞의 논문, 177~178쪽.

'역사는 인생의 교사다'라는 격언이 있으며, 또 '역사는 단지 박식하게 할 뿐 아니라 현명하게도 한다'는 말도 있다. 역사는 그 자체가 인간을 감동하게 하는 힘을 갖고 있다. 그러므로 역사는 인간계발의 산 실물교육인 것이다. 월시는 역사는 '한 시대를 다른 한 시대와 비교하고 대조함으로써 자신의 시대의 특징을 자각케 한다'고 말했고, 또 랑글로아 · 세뇨보는 '역사는 사회형태의 다양성을 가르쳐주고 역사적 변화에 대한 인간의 병적 공포심을 치유해 준다'고 했다.

곧 역사는 시간의 선후 관계를 규명하고 반성을 요구하는 학문으로, 지난 경험에서 우리는 오늘을 살아가는 교훈을 얻을 수 있는데, 그 교훈은 역사를 통하여 우리가 찾는 것이며, 그리고 그 찾는 능력만큼 자신들에게 합당한 교훈, 또 필요한 교훈을 얻게 된다. 만일 교훈을 제대로 얻어내지 못한다면 역사는 무의미해지고 또한 그 사회나 국가는 극단적인 경우 역사가 없는 사회, 국가가 될 수도 있다. 말하자면 당면과제의 해결, 그것을 위해 지난 역사의 경험이 이용되고, 그 지난 역사경험을 이용하는 데에 바로 역사의 효용성, 역사의 교훈을 찾을 수 있다는 것이다.

김부식도 〈삼국사기〉의 서문에서 임금의 선함과 악함, 신하들의 충성됨과 사악함, 국가의 평화로움과 위태로움 그리고 백성들의 순종과 반란 등을 잘 드러내어 후세사람들에게 경종을 울릴 수 있는 교훈을 가르치기 위해 〈삼국사기〉를 쓴다고 밝히고 있다.[8]

지난 경험에서 우리는 오늘을 살아가는 교훈을 얻을 수 있는 것이다. 그렇다고 그 교훈이 처음부터 주어진 것은 아니다. 역사를 통해서 우리가 찾는 것이며, 그리고 그 찾는 능력만큼 자신들에게 합당한 교훈, 또 필요한 교훈을 얻게 될 것이다.

다음으로 역사의 효용성에서 주목할 만한 주장은 역사가 문제 해결의 실마

---

8 김기봉, 메타역사로서 역사비평(역사와 현실 40, 2001), 240쪽.

리를 가지고 있다는 점이다. 인간의 삶은 목전에 놓여있는 문제를 해결하는 과정이라고도 할 수 있다. 경제적인 문제, 사회적인 문제, 또는 관계의 문제 등 그러므로 지금 당면하고 있는 문제가 있다면 그 문제를 풀기 위하여 지난 일을 되돌아보고, 앞날을 계획하고 혹은 설계하기 위해서 현재의 위치를 짚어보게 된다. 현재의 위치는 바로 어제까지의 과거가 설명해주는 것이므로 당면한 과제를 해결하기 위해서 지난 역사의 경험을 이용하는 것이 역사의 효용성이라고 할 것이다.

우리나라는 현실적으로 민족의 통일이라는 큰 과제를 안고 있다. 민족의 분단으로 인한 고통은 정치 · 경제 · 문화 등 우리의 생활체계 구석구석에 스며들어 있으며, 한국전쟁과 이산가족, 재외동포들의 이데올로기적 대립, 분단과 전쟁비용, 군사외교적 경쟁과 극단적 수호를 위해 소모해야 하는 비용은 천문학적이다. 이러한 분단의 고통들은 하루아침에 극복되는 것이 아니라 장기적이고 복합적인 처방과 방법을 요한다. 한반도에서의 분단구조는 국민국가의 형성과정에서 상호 적대에 근거한 '분단의 트라우마'를 내재화하고 있는 '적대적 공생'에 기반하고 있기 때문에 분단의 상처와 적대를 실질적으로 극복하는 데에는 구체적인 처방이 필요한 것이다.[9] 역사는 이와 같은 현실의 문제를 극복하는데 있어 구체적인 단서를 제공하여 효과적으로 문제에 접근할 수 있도록 도와준다.

2.2 역사와 치유

일찍이 프로이트는 정신분석학이 의학과 결합하기 보다는 인문학과 결합하게 될 때 더 큰 기여를 하게 될 것이라고 예언 한 바 있다. 일례로 역사의 평가나 해석의 문제는 정신분석뿐만 아니라 정신치료의 영역과 많이 닮아 있기도 하다. 과거와 현재, 기억과 망각, 객관적 사실과 사실에 대한 해석으로서의 의

9 김성민, 통일을 위한 인문학의 역할, 소통, 치유, 통합의 통일인문학(서울:선인, 2009), 24쪽.

미 등의 문제는 역사연구의 영역이나 정신분석의 연구에서 유사하게 제기될 수 있는 문제이기 때문이다.[10]

니체에 따르면 역사학은 치료의 기술에 대한, 즉 치료의 방법론에 관한 이론이 아니라, 치료법 자체에 대한 이론이라고 하였다. 역사학은 다양한 문화와 상이한 정신적 풍토를 연구함으로써, 지구의 각 지방이 어떤 퇴화 현상과 질병을 야기하고 있는지, 어떤 생리적 결함이나 문제를 담고 있는지를 연구함으로써 인간이 진정 건강하게 호흡할 수 있는 조건을 찾아내고, 그러한 문제를 치유하는 '의학적 지리학(medicinische Geographie)'의 성격을 가져야 한다는 것이다.[11]

앞에서 역사의 효용성 문제를 논하며 역사는 문제해결의 단서를 제공한다는 논의를 하였다. 곧 역사는 인간 건강의 문제에 있어서 건강하고 건강하지 못한 상태의 원인과 결과를 파악하게 해주고, 그에 따른 치유의 방향성을 제공해줄 수 있다는 것이다. 역사를 통한 치유는 현재 경험하는 문제의 근본원인을 과거의 시간에서 찾고 당시에 발생했던 원인을 제거함으로써 개인을 변화시키거나 치유하고자 하는 것이다.

이러한 치료 방법은 이미 심리치료 기법의 하나인 시간선 치료에서 논의된 바 있는데, 시간선치료는 치료의 단계에서 무의식속에서 문제점을 찾아내지만 역사의 치유는 의식의 기억속에서 문제를 찾아 낸다는 점이다.

시간선 치료는 문자 그대로 시간선을 활용하여 변화 및 치료 작업을 하는 독특한 이론이며 기법이다. 시간선은 원래 과거-현재-미래를 연결하는 선을 의미하는 것으로 사람의 현재는 과거의 산물이고 미래는 현재의 산물이므로 과거-현재-미래를 하나의 연결된 선으로 그려 볼 수 있다는 것이다. 이에 인간의 모든 삶은 시간선 차원에서 이루어진다고 할 수 있고, 따라서 시간선 치료 또한 인간의 모든 삶의 문제를 다루는 데 유용한 기법이라고 할 수 있다. 물론 시간선은

10 김정현, 앞의 논문, 164쪽.

11 니체 저, 김미기 역, 인간적인 너무나 인간적인 II(서울:책세상, 2002), 340~341쪽.

인간의 무의식 차원에서 형성되며 기능한다. 그렇기에 시간선 치료기법은 의식적인 차원보다는 무의식적인 차원에서 적용된다. 우리가 지금 특정한 어떤 문제를 경험하고 있다면 그 문제의 뿌리는 과거에 있기에 시간선 작업을 통해 그 과거의 뿌리에 해당하는 경험을 취급함으로써 문제를 해결할 수 있다는 것이 시간선 치료의 전제다. 그런데 시간선 치료에서는 현재 문제의 근원을 찾아 과거의 초기 경험을 확인하는 과정에서 무의식적인 차원의 작업이 이루어 진다. 시간선 치료에서는 기본적으로 인간의 대부분의 문제를 부정적 정서와 제한적 신념의 결과로 보고 그러한 문제들은 결과적으로 과거의 특정한 원인에서 출발한다고 믿는다. 그래서 시간선치료는 특히 과거의 중요한 생활사건에서 경험했던 분노, 슬픔, 불안, 죄책감과 같은 부정적인 정서와 '나는 실패할 것이다', '나는 병으로 일찍 죽을 것이다'와 같은 제한적 신념 때문에 생긴 현재의 문제를 해결하거나 치료할 뿐만 아니라 보다 성공적인 삶과 자기개발을 도모하고자 한다. 따라서 시간선 치료의 목표는 크게 두 가지로 구분될 수 있다. 하나는 부정적인 내부 프로그램을 삭제하는 것이고, 다른 하나는 긍정적인 내부 프로그램을 설정하는 것이다. 결과적으로 시간선 치료는 내담자가 갖고 있는 부정적 내부 프로그램을 삭제하고 대신 긍정적 내부 프로그램을 설정함으로써 새로운 미래를 창조하고자 하는 미래지향적인 특성을 갖는다고 하겠다.[12]

이에 반하여 역사 치유의 특징은 의식속에서 이루어지며 스스로 극복해 감으로써 문제의 실마리를 보다 확실하고 완전하게 풀어 버릴수 있다는 점이다. 정신분석학이나 심리치료는 내면의 무의식적인 부분에서 문제를 찾고자 함으로 본인이 알지 못하던 문제에서 문제가 발견되어 치료를 받게 되고 이것은 내담자의 상황에 따라서는 동의할 수도 있고, 동의하지 않을 수도 있는 문제여서 치유의 한계가 있는 반면에 역사치유는 내담자의 본인의 의식속에 남아있던 문제를 폭로함으로써 스스로가 묶고있던 끈을 풀어놓아 스스로를 해방시

12 설기문, 『시간선치료』(서울:학지사, 2007), 39쪽.

켜 문제를 탈출하는 의미를 갖고 있다.

치료 중심의 정신분석학은 환자의 병리적 증상의 구체적 해소와 정상성의 회복에 초점을 둔다. 이 때 '치료(Therapy)'라는 말은 인간의 정신을 물질화한 표현으로서, 정신현상마저도 물리현상과 마찬가지로 다루며, 그 연구 방법에 있어서도 자연과학주의적 가설을 전제로 하고 있다. 그렇지만 대부분의 사람은 신경쇠약증, 자기도취증, 경계성 인격장애의 요소를 조금씩 지니고 있다. 정신적 문제는 대부분 자기분열이나 아니면 자신과 타인(세계)간의 불일치 혹은 괴리감을 느낄 때 생겨난다. 이러한 문제는 결국 자신과 자신, 그리고 자신과 타인간의 분열을 해소해 나갈 때 자연스럽게 사라지게 된다.

그러므로 역사는 과거의 문제를 분석하여 마음의 문제에 시달리는 사람들에게 치유의 길을 제시해 주는 것이다. 특히 역사의 상처는 과거의 특정한 정치적 · 경제적 · 문화적인 사건으로 인하여 충격이 주어짐으로써 발생하는 것으로 충격으로 인한 억울함을 풀어주는 것이 치유이다. 따라서 역사치유에서는 무엇이 마음을 억압하는지를 찾아내는 것이 중요하며, 왜 억압되어 왔는지를 알아내어 스스로 그 억압의 주체로부터 자유함을 찾는 것이 치유에 이르는 길이 될 것이다.

인간만이 과거라는 짐을 짊어지고 살아간다. 그것은 인간의 삶이 단순히 동물처럼 정해진 본능에 따라 살아가지 않고, 삶의 의미를 구성하며 역사적으로 살아가기 때문이다. 그러나 의미있게 역사적으로 살아간다는 것은 인간이 문화적으로 역사적으로 살아간다는 것을 의미하는 동시에 인간에게는 엄청난 삶의 무게이기도 하다. 왜냐하면 이 과거라는 짐이 인간의 삶을 향상시키기도 하지만 또 때로는 인간을 질식시키고 억압하기도 하기 때문이다.[13] 이에서 트라우마가 발생하며 트라우마 곧 외상은 역사가 치유의 문제로 접근할 수 있는 대표적인 인간의 문제이다. 역사는 과거사실 기록의 해석과 분석이나

13 김정현, 앞의 논문, 164쪽.

사건 체험자의 구술을 통하여 사회구조의 문제나 개인의 트라우마를 치유할 수 있을 것이다.

또한 역사문제에서 니체가 중요한 척도로 삼고 있는 것은 삶의 건강성이다. 즉 역사란 삶의 건강성을 회복하고 유지하는 삶의 건강이론과 연관되어 설명될 수 있다는 것이다. 한 인간, 한 민족, 한 문화의 조형력은 "자기 안에서 독자적으로 성장하여 과거의 것이나 이질적인 것을 개조하거나 동화시키고, 상처를 치유하고, 잃어버린 것을 보상하고, 이지러진 형식을 자기 안에서 보충해 가는 힘"에 달려 있기에, 건강한 역사를 유지하기 위해서는 역사적 감각의 한계 규정과 균형적 유지가 반드시 필요하게 된다.[14]

이러한 연유로 하여 마르크 블로흐는 '비록 역사에 다른 효용은 있을 수 없다는 판단이 내려진다 해도 역사가 위안을 주는 것이라는 사실만은 수긍할 수 있을 것이다'고 하였다.[15] 그렇지만 인간은 누구나 자기 마음에 드는 곳에서 위안을 찾기 때문에 모든 인간에게 치유가 이루어진다고는 할 수 없지만, 역사는 트라우마나 한과 같은 마음의 문제를 갖고 있는 상당수의 사람에게 치유의 작용을 할 수 있을 것이다.

3
역사의 치유대상

3.1 한국현대사와 트라우마

역사는 과거와 현재 나아가 미래의 연장선상에서 문제를 파악함으로써 치유의 단서를 규명하여 치유의 길로 인도할뿐더러 미래의 문제를 예방하는 의미도 가지고 있다. 또 역사는 개인의 문제뿐 만이 아니라 사회구조적인 문

14 김정현, 위의 논문, 179~180쪽.

15 마르크 블로흐 著 · 정남기 옮김, 『역사를 위한 변명』(서울:한길사, 1979), 26쪽.

제를 돌아봄으로써 인간의 세계를 복합적으로 이해하여 치유의 문제를 보다 구체적이고 다양하게 접근할 수 있는 분야이기도 하다.

인간은 태어나 살아가면서 다양한 주변의 조건에 의해 정신적·사회적 균형성이 상실되면서 마음의 병을 갖게 된다. 세계보건기구에서도 인간의 건강에 대해 신체적 건강뿐만 아니라 정신적 사회적 안녕이 이루어진 상태라고 정의하고 있듯이 마음의 건강은 현대사회에서 중요한 사회 이슈화되어 가고 있다. 이러한 마음의 병은 일상적인 생활속에서 균형이 깨어짐으로 인해 발생하기도 하지만 트라우마와 같이 극한 고통이나 급격한 변화, 정신적인 충격에 의해 발생하기도 한다.

특히 역사적 외상은 역사의 전개에 따라 국가간의 전쟁이나 침략에 의한 지배, 인종주의, 이념 갈등 등에 의해 발생하며, 직접적인 고통을 당한 개인들에게 심각한 영향을 미칠뿐더러 국가나 민족 사회단체에도 치명적인 해악을 끼치고 오랫동안 지배적인 사상이 되어 발전을 저해한다.

그리고 역사적 외상은 특정한 역사적 시점에서 발생한 실제사건과 구체적 시공간 속에서 일정한 사회적 위치를 점유하고 있는 개인과 집단들이 경험한 상실을 가리킨다. 여기서의 상실이란 잃어버린 대상을 구체적으로 적시할 수 있는 '구체적 없음'을 말한다. 따라서 역사적 외상에서 주목하는 담론은 외상적 사건의 '역사성' 뿐 아니라 그 사건에 연루된 주체들의 '사회적 위치'와 상실된 대상의 '구체성'에 민감하다. 역사적 외상의 고유성은 모든 시대, 모든 인간에게 적용되는 구조적 외상으로의 매몰을 막아주고 역사적 이해와 정치적, 윤리적 판단에 대해 구체적 문제를 제기하는 변별적 특수성을 갖고 있다는 점이다. 프로이트는 일찍이 외상적 사건을 겪은 개인이나 사회가 그 충격에서 쉽사리 벗어나지 못한 채 반복의 회로에 빠져든다는 점을 지적되었고, 최근 들어서는 이런 심리적 성향이 '외상후 스트레스성 장애'의

특성으로 지적된다.[16]

이러한 트라우마를 우리나라에서는 한(恨)으로 표현하기도 하는데, 한과 관계된 용어와 개념에는 여러 가지가 있다. 회한(悔恨)·통한(痛恨)·정한(情恨)·원한(怨恨) 등등이다. 개념적으로 한과 관련된 정서는 크게 두가지로 나뉘어지는 것 같다. 첫째, 소극적 한은 외부 대상보다 자기에게 향한 감정으로 마음의 상처·뉘우침·소원·불평·눈물·비애·허무·한숨·탄식 등으로, 이는 결국 부정적인 체념으로 적응되거나, 정한으로 남게 되거나, 주어진 상황 안에서 슬픔 또는 긍정적으로 화해와 사랑의 실천으로 승화 표현될 수도 있다. 둘째, 적극적 한은 원(怨)·원한(怨恨) 또는 원(寃)이라고도 하는 바, 자신보다 타인에게 향한 것으로 원한과 증오·저주·복수·권토중래 등 부정적인 결과를 낳기도 하나 한편으로는 변혁(개혁 또는 혁명)을 일으키며 해방과 정의실현으로 나아가게 될 수도 있다. 이와 같이 사랑·화해·정의·해방의 뜻에서 한은 슬픔이자 힘이며 절망이지만 희망으로 나아가는 관문이기도 한 것이다.[17] 한은 역사적 외상과 상당부분 의미상 상통하는데 그 원인으로 제시하고 있는 것이 사회적인 원인들로서 결국 자신의 잘못이 없이(잘못이 없다고 생각하거나) 당한 과거의 아픈 경험들이다. 예를 들어 돈 떼임, 사업실패, 배신당함, 부당한 재판이나 누명 등 사회적 부조리와 불공평성, 먼 과거 일제 때의 억압, 수탈 그리고 사랑하는 사람과의 이별과 죽음, 또는 한국전쟁시 겪었던 고통, 재산 상실이나 가족의 이산, 죽음과 이별 등등이 포함된다.

곧 트라우마는 외상적 기억을 말하는 것으로써 어떤 이유로 인해서 충격을 받았거나 충격적인 경험을 했던 일에 대한 기억을 의미한다. 트라우마란 스스로 감당할 수 없을 정도의 강한 심적인 충격 경험을 의미하는데, 이것은

16 이명호, 역사적 외상의 재현(불가능성):홀로코스트 담론에 대한 비판적 읽기(비평과 이론 제10권1호, 2005), 144~146쪽.

17 민성길, 한의 정신병리학(서울:코리아 아미고, 1998), 45~46쪽.

시간이 지나더라도 잘 망각되지 않을 뿐만 아니라 무의식적인 차원에서 심각할 정도로 인지과정, 정서반응, 행동 등에 영향을 미치게 된다. 프로이트의 정신분석에서는 사람이 어떤 체험을 망각할 수 없을 때 그는 병들게 되며, 반면 그러한 체험을 더 이상 기억하지 않게 될 때 건강하게 된다고 본다.

프로이트는 보호방패를 뚫을 만큼 강력한 외부로부터의 자극을 외상적이라고 하였다. 곧 충동의 증가와 에너지의 범람으로 자아의 정체성을 위협하는 위기적 상황에 대해서 '보호방패'라는 강력한 메타포를 써왔으나 외부적 공격으로부터의 마지막 저지선인 자아의 방어 · 방패가 뚫려 그것에 균열이 생기면 그 균열의 틈 사이로 감당할 수 없는 많은 양의 외부적 자극이 내부로 투입되어 정신계에 대규모의 교란 사태가 벌어지고 '쾌락원칙'이 잠정적으로 중단되는 비상 상황이 연출되는데 이 상태가 정신적 외상, 트라우마라는 것이다.[18]

외상을 가리키는 영어 단어 '트라우마(trauma)'의 그리스어 어원은 '상처'(wound)라는 뜻으로 정신분석학이 차용하기 이전 원래 외상은 외부적 충격으로 피부조직에 일어난 손상과 그 손상이 유기체 전체에 미치는 영향을 설명하기 위해 의학에서 사용되었다. 신체조직에 생긴 상처를 가리키기 위해 사용되다가 심리에 적용되었지만, 정신분석학적 외상개념은 애초 의미의 흔적을 간직하고 있는 것이다. 그것은 심리에 난 '상처'이자 심리적 보호막에 뚫린 '구멍'을 말한다. 프로이트에게 심리적 충격을 가져오는 힘은 '자극'(stimulus)으로 개념화된다. 인간은 '짧은 시간 안에 정상적인 방법으로 대처하거나 처리할 수 없는 강력한 자극의 증가를 심리에 가져오는 경험을 하게되는데, 이 경험은 에너지 작동방식에 지속적인 혼란을 야기시킨다'고 한다. 여기서 말하는 심적 에너지의 혼란이란 자극의 균형상태를 유지하려는 '항상성의 원칙'(the principle of constancy)의 작동불능 상태를 의미한

18 박찬부, 트라우마와 정신분석(비평과 이론 제15권1호, 2010), 31쪽.

다. 후일 프로이트는 항상성의 원칙이 쾌락원칙과 밀접하게 연결되어 있음을 인정하게 되면서, 심리적 평형을 무너뜨리는 불쾌한 자극에 대해 쾌락원칙을 넘어선 어떤 힘으로 정리하고 있다. 불쾌한 자극의 엄청난 유입으로 외상이 발생하면 심리장치는 중단된 쾌락원칙을 다시 가동하기 위해 쾌락원칙을 넘어서는 심적 작업을 수행하게 되는데, 주체에게 고통스럽고 불쾌한 사건으로 되풀이해서 돌아가게 함으로써 외상적 충격을 제어하려는 심적 작업을 가리켜 프로이트는 '반복충동'(repetition compulsion)이라고 불렀다.

한편 라캉은 외상을 상상적, 상징적 방어막을 뚫고 나오는 '실재의 복귀'(the Return of the Real)로 표현하고 있다. 이를 통해 그는 내적 충동의 분출이라는 프로이트의 해석을 발전시켜 외상을 특정 문화가 부여하는 상징적 정체성을 붕괴시키고 상징적 우주에 파열을 일으키는 파국과 연결시켰다.[19]

이러한 트라우마, 그 중에서도 역사적 외상은 역사학을 통하여 치유의 과정을 경험할 필요가 있다. 물론 역사학이 외상으로 인하여 정신질환을 앓고 있는 환자들에게 병적 증상을 치료할 수는 없을 것이다. 그러나 역사를 통하여 과거사가 재정리되고 진실이 규명됨으로 인하여 외상 후 마음의 병을 앓아오던 이들에게 한을 풀어주고 마음의 위로를 주어 역사적 외상을 치유하는 길을 제공할 수는 있을 것이다. 또 역사적 외상을 경험한 다수의 사람들은 특히 이념문제로 인하여 국가나 지역사회 이웃들로부터 지속적인 질시의 대상이 되거나 감시의 대상이 되어 가슴에 묻힌 한을 드러내거나 발설하는 것조차도 용납되지 않은 부분도 있고, 스스로가 마음의 병을 병이라고 인식하지 않아 치유의 과정을 애써 외면한 사람들도 있다. 이들에게 역사는 그들의 삶을 드러낼 수 있는 기회를 제공할 것이고 그것을 계기로 마음을 치유할 수 있는 길로 나아가게 될 것이다.

우리의 근현대사에는 역사적 외상이 상대적으로 만연해 있다고 해도 과언

19 이명호, 앞의 논문, 126~127쪽.

이 아닐 것이다. 그 한 부분을 과거사 청산이라는 역사작업을 통하여 확인할 수 있는데, 단정 수립직후 활동하였던 '반민족행위자처벌특별위원회'에서부터 2010년 활동을 마감한 '진실 · 화해를 위한 과거사 정리위원회'의 활동이 그것이다.

2005년 '진실 · 화해를 위한 과거사정리 기본법'이 마련되면서 활동을 시작한 진실화해위원회는 "항일독립운동, 반민주적 또는 반인권적 행위에 의한 인권유린과 폭력 · 학살 · 의문사 사건 등을 조사하여 왜곡되거나 은폐된 진실을 밝혀냄으로써 민족의 정통성을 확립하고 과거와의 화해를 통해 미래로 나아가기 위한 국민통합에 기여함을 목적"으로 설치되었다. 진실화해위원회의 진실규명 대상은 ①일제 강점기 또는 그 직전의 항일독립운동, ②일제 강점기 이후 이 법 시행일까지 우리나라의 주권을 지키고 국력을 신장시키는 등의 해외동포사, ③1945년 8월 15일부터 한국전쟁 전후의 시기에 불법적으로 이루어진 민간인 집단 희생사건, ④1945년 8월 15일부터 권위주의 통치시까지 헌정질서 파괴행위 등 위법 또는 현저히 부당한 공권력의 행사로 인하여 발생한 사망 · 상해 · 실종사건, 그 밖에 중대한 인권침해사건과 조작의혹사건, ⑤1945년 8월 15일부터 권위주의 통치시까지 대한민국의 정통성을 부정하거나 대한민국을 적대시하는 세력에 의한 테러 · 인권유린과 폭력 · 학살 · 의문사, ⑥역사적으로 중요한 사건으로서 진실 · 화해를위한과거사정리위원회가 이 법의 목적 달성을 위하여 진실규명이 필요하다고 인정한 사건 등으로 한국현대사의 전개에 있어 대표적인 역사적 외상을 발생시킨 사건들을 대상으로 하여 활동하였다.[20]

역사의 치유는 개인과 국가사회의 치유로 나누어 볼 수 있다. 국가사회의 치유는 진실화해위원회의 활동과 같이 거시적인 체제내에서 조사활동을 벌이고 진실을 규명함으로써 일정한 성과를 거둘 수 있을 것이나 개인의 치유는 별

20 진실 · 화해를위한과거사정리위원회, 진실화해위원회 종합보고서 제1부 위원회의 연혁과 활동, 2010, 22쪽.

도로 진행되어야 할 것이다. 역사적 외상을 입은 개인들은 아직 공권력에 대한 신뢰가 충분히 형성되어 있지 않아 상처를 드러내지 않는 경우도 있고, 트라우마에 희생당한 이들에 대한 신뢰의 배반 내지 애도로 치유를 꺼리는 경우도 있다. 나아가 트라우마를 겪은 사람들 가운데는 무의식적인 내면 작용으로 인한 정신질환을 나타내지 않는 사람들도 있다. 이들은 겉으로 드러나는 정신질환이 없기 때문에 가슴에 한이 되어도 그것을 병으로 여기지도 않고 해결하려고 애쓰지도 않으며 세월이 약이라고 지내고 있다. 그러나 이들도 한을 감추고 있다는 점에서는 -그것이 스스로의 선택이던지, 아니면 트라우마 주체의 압력에 의해서던지- 동의하며 그 한 또는 억울함을 한번은 풀고 싶다는 욕망을 가지고 있다. 따라서 역사학은 이들을 대상으로 신중하게 접근하여 그들의 신뢰를 얻어냄으로써 치유의 길로 나아가게 해야 할 것이다.

3.2 개인의 트라우마

트라우마를 겪은 사람들은 과거를 못 벗어나거나 과거에 사로잡혀 상처받은 장면을 충동적이고 수행적으로 반복하는 과정을 겪거나, 또 과거가 끊임없이 되돌아와 미래가 막히고 우울한 쳇바퀴 속을 벗어나지 못하는 운명적 과정에 놓여 있게 되는데, 이를 반사적 행동화라고 한다. 반사적 행동화는 시간의 경계가 파괴되어 과거의 상처받은 상황 속에 다시 놓이는 것과 같다.[21] 역사는 이러한 상황에 놓여있는 사람들에게 치명적인 트라우마의 반복을 피하거나 완화할 수 있도록 도와주는 것이다.

진실화해위원회의 활동을 통해서 밝혀진 바와 같이 한국현대사에서도 한국전쟁과 이후의 남북대립관계속에서의 이념 갈등, 그리고 권위주의 통치시기의 폭력적인 공권력에 의해 외상을 겪은 사람들을 수없이 많이 발생케 하였다. 다음 글은 한국전쟁 중 좌익으로 몰려 집단학살당한 가족의 증언이다.

---

21 도미니카 라카프라 지음, 육영수 엮음, 치유의 역사학으로(서울:푸른역사, 2008), 154쪽.

아버지가 그 집으로 뛰어 갈 때 저와 어머니도 따라 갔었는데 아버지가 총에 맞아 그 집 사립문 앞에서 쓰러진 것을 목격하였지요. 그 때 저는 탄피에서 화약이 모락모락 올라오는 것이 신기해서 탄피를 주었는데, 어머니가 버리라고 해서 버렸던 기억이 납니다. 어머니가 죽은 아버지를 끌어안고 울고 있는데, 동네 사람들이 시신 찾는다고 그 집에 들어왔어요. 잠겨 있던 방문을 열었더니 거기에 많은 사람들이 죽어 있었고, 삼촌도 문턱 쪽에서 목에 총을 맞고 피범벅이 되어 있던 상태로 죽어 있는 것을 보았습니다.[22]

이 사건은 한국전쟁 당시인 1950년 7월 1일 횡성군 횡성면 곡교리에서 피해자들이 국민보도연맹[23]에 가입했다는 사실로 인하여 경찰에게 총살당했던 사건이다. 이 사건에서 아버지와 삼촌의 죽음을 직접 목격한 증언자는 '빨갱이'의 가족이라는 비난속에 애써 기억을 외면하고 고통의 참으며 지내왔다고 한다.

또 한국전쟁이후 행방불명된 아버지로 인하여 공권력에 의해 인권을 침해당했던 김진희씨는 다음과 같이 증언하고 있다.

한국전쟁 당시 행방불명된 부친 김신규가 북한 간첩으로 남파되어 신청인과 접촉하였을 가능성이 있다는 서울시경 옥인동 대공분실 수사고나들에 의해 연행되었고, 신청인의 모친 유옥희 역시 같은 시기 강화도 양도면 건평리 자택에서 연행되었다. 신청인은 위 서울시경 보안수사1대에서 수일간 구금되어 조사벋는 동안, 얼굴에 물붓기 및 전기고문 등의 가혹행위를 당하면서 남파간첩과의 접선 및 교육, 국가기밀 전달 등의 간첩행위 관련 진술을 강요받은 후, 수차례에 걸쳐 진술서를 작성한 뒤 별다른 혐의가 없자 조사받은 내용을 절대 발설하지 않겠다는 서약서를 작성, 제출한 후 감금된 지 일부일 만에 석방되엇다고 한다.[24]

---

22 진실・화해를위한과거사정리위원회, 조종식 진술조서(2007.5. 2), 2009년 하반기 조사보고서 제5권, 2010, 806쪽.

23 국민보도연맹(國民保導聯盟)은 1949년 6월에 좌익계 인물들을 전향시켜 별도로 관리하려는 목적에서 조직되었던 대한민국의 단체로, 흔히 보도연맹이라고 부른다. 1950년 한국 전쟁이 발발하자 보도연맹원들은 전국에서 조직적으로 학살되어, 보도연맹 사건으로 확대되었다.

24 진실・화해를위한과거사정리위원회, 2009년 하반기 조사보고서 제8권, 2010, 140쪽.

그는 그 후 서울시경 보안수사1대에서 조사를 받았다는 이유만으로 주변인들로부터 간첩이라는 오명을 얻어 생활기반이 붕괴되는 등 경제적인 어려움을 당하였고, 고문후유증 등의 피해로 정신질환 장애를 앓는 등 육체적 고통을 겪어왔다고 한다.

이와 같이 직 · 간접적으로 외상을 당한 증언자들은 한국현대사의 희생자로 국가나 사회로부터 심지어 이웃들에게 까지도 어느 한 곳에서도 위로를 받거나 정당한 대우를 받지 못하고 고통속에 지내오고 있는 것이다. 역사는 이렇게 역사적 외상을 당한 이들의 진상을 규명하고 사안에 따라 보상과 명예회복이 이루어지도록 도와야 할 것이며, 나아가 이들이 겪고 있는 마음의 상처를 치유할 수 있는 길을 제시하여야 할 것이다.

3.3 국가 · 민족 · 사회의 트라우마

프로이트의 정신분석학은 개인의 무의식에 기반하여 환자의 묻혀버린 생각과 감정을 복원하도록 도와줌으로써 치유를 이루는 학문이다. 그렇지만 지나간 과거의 일들을 분석하여 현상적인 문제를 해결할 수 있다는 점에서 보면 개인의 문제뿐만 아니라 국가나 민족 · 사회단체 등에도 적용될 수 있으며, 역사적 외상에 해당되는 분야에서는 당연히 정신분석학 개념인 전이나, 반사적 행동화, 성찰적 극복하기 등으로 이해할 수 있다.[25] 지금도 여전히 역사적 사건으로 인하여 국가나 민족간의 대립은 상존하며 지역간의 갈등도 곳곳에 내재되어 있다. 이러한 국가나 민족, 지역간의 문제를 해결하기 위해서는 역사를 통한 분석과 진실규명, 발전적인 미래의 제시가 이루어짐으로써 치유의 길로 나아가게 될 것이다.

건강은 사회적 · 정신적 안녕의 상태를 말하는 것이므로 국가사회의 안녕은 곧 개인의 건강에도 영향을 미치게 되어있다. 따라서 국가간의 영토분쟁이나

25 도미니카 라카프라 지음, 육영수 엮음, 앞의 책, 217쪽.

이념대립으로 인한 갈등, 지역간의 지역이기주의에 기반한 문제 등이 상존할 때는 거기에 속한 구성원들의 건강한 생활에 영향을 미치게 됨으로 우선적으로 역사적 문제해결의 치유가 이루어져야 할 것이다.

최근 일어나는 중국의 동북공정이나 그 일환으로 나타난 고구려사 왜곡 및 간도 문제, 그리고 일본의 역사교과서 왜곡 등이 우리의 외부에서 일어나는 역사문제라고 한다면, 일제청산, 6·25를 전후한 좌우이념 및 그 행적의 평가, 권위주의 시대에 일어난 여러 사건들의 평가 등 과거사 정리문제는 국내의 역사문제로 우리의 근현대사에는 이와같은 어두운 역사의 문제가 많이 드리워져 있다.

특히 우리나라는 분단구조와 국민국가의 형성과정이 상호 적대에 근거한 '분단의 트라우마'를 내재화하고 있는 '적대적 공생'에 기반하고 있기 때문에 분단의 상처와 적대를 실질적으로 극복하는 구체적인 실천방식을 담아내는 치유의 통일담론이 필요하다. 곧 통일의 문제는 추상적 당위성이 아니라 분단의 고통에서 비롯된 치유의 문제이고, 앞으로의 건강한 사회 건설을 위한 예방의 문제이다. 분단의 고통은 정치, 경제, 문화 등 우리 생활세계의 구석구석에 스며들어 있다. 한국전쟁과 이산가족, 재외동포들의 이데올로기적 대립, 분단과 전쟁비용, 군사외교적 경쟁과 극단적 체제 수호를 위해 소모해야 하는 비용은 천문학적이다.

그러나 이러한 분단의 고통들은 하루아침에 극복되는 것이 아니라 장기적이고 복합적인 처방과 방법을 요구한다. 분단의 고통을 고통으로 실감하지 못하는 불감증을 극복하기 위해, 분단 극복과 통일의 필요성을 사회구성원이 모두 참여하고 체험하는 일상의 일로 만드는 인문적 대중교육도 필요하다. 뿐만 아니라 분단 상황 속에서 발생한 정서적 상처, 국가주의와 같은 이념적 적대, 타자를 배제하는 삶의 방식을 고통이나 병증의 차원에서 인식하고 이를 치유하려는 노력도 요구된다. 분단고통의 불감증에 대한 각성은 물론, 분단의 상처와 적대를 극복할 수 있는 다양한 방법론을 적극 활용함으로써 분단의 고통과 병증을

치유할 수 있는 새로운 통일담론이 필요한 것이다.[26]

이와 같이 역사는 과거와 현재 나아가 미래의 연장선상에서 문제를 파악함으로써 치유의 단서를 규명하여 치유의 길로 인도할뿐더러 미래의 문제를 예방하는 의미도 가지고 있다. 또 역사는 개인의 문제뿐 만이 아니라 사회구조적인 문제를 돌아봄으로써 인간의 세계를 복합적으로 이해하여 치유의 문제를 보다 구체적이고 다양하게 접근할 수 있는 분야이기도 하다.

4
역사로 치유하기

트라우마 치유는 이러한 비정상적이고 불안전한 외상적 경험을 역사화하고 서사화하여 궁극적으로 자신의 경험으로 소유하는 일이며 야만이 폭력으로 찢겨진 상징막을 기워 온전한 재현체계를 복원하는 일이다. 외상경험을 역사화, 외연화 한다는 것은 타자와 연관된 관계 속에 주체의 경험을 위치시키고 비로서 자신의 것으로 인정, 소유하는 것이다. 외상적 경험으로 말미암아 주관적 환상과 강박관념에 사로잡혀 고립되었던 주체는 이와 같은 타자와의 관계 속에서 다시금 사회적 주체로서의 자신의 존재를 재확인하고 거듭나게 된다.[27]

역사에 의한 외상의 치유에 대해 라카프라는 정신분석학적 전이 개념으로 '성찰적 극복하기'를 들고 있다. 성찰적 극복하기는 역사적 외상자가 과거의 사건과 정면으로 대면하여 트라우마의 기억을 객관화함으로써 자신을 그 굴레에서 해방시키는 상태를 말한다. 성찰적 극복하기의 전이 단계에 이른 역사가는 트라우마의 희생자를 미래지향적으로 이끌어 기억의 건강한 복귀를 주

26 김성민, 「통일을 위한 인문학의 역할」, (『소통, 치유, 통합의 통일인문학』, 서울:선인, 2009), 24쪽.
27 박찬부, 트라우마와 정신분석(비평과 이론 제15권1호, 2010), 41쪽.

도한다.[28] 성찰적 극복하기를 통해서 한 개인은 트라우마의 생존자라는 부채감과 피해 의식에서 벗어나 역사적 증언자와 역사 변혁의 주도자라는 긍정적인 정체성을 획득함으로써 미래 지향적인 역사의 집을 건축하는 데 중요한 하나의 벽돌을 보탠다. 마찬가지로 성찰적 극복하기 단계에 도달한 집단이나 국가도 과거 청산의 채무자 신분에서 벗어나 미래 국가를 건설할 수 있는 국가적 정체성과 동질감을 회복한다.[29]

성찰적 극복하기는 비판적 역사에 의한 새로운 미래창조와 연결되어 있다. 역사의 치유는 과거사에 대한 비판적 성찰을 통하여 교훈을 얻고 문제 해결의 실마리를 규명하여 역사에 대한 능동적 개입으로 상처를 치유하며 역사의 새로운 지평을 열어가는 것이다. 이를 위해 진실화해위원회와 같은 과거사정리 활동이 필요한 것이며, 개인적 외상의 치유를 위해서는 비판적 역사읽기나 역사쓰기, 구술사 등의 작업이 필요하다.

비판적 역사읽기는 역사적 외상과 관련되어진 책을 읽음으로써 마음의 상처를 치유하거나 도움이 된다는 뜻으로 정신분석학적 이론에 의하면 개인의 욕구가 좌절 되었을 때 타인의 행동, 특히 자기보다 우월하거나 존경하는 사람 또는 매력적인 사람 등과 같은 행동을 하여 자아를 보호하려는 경향이 있으므로 책을 읽은 후 일어나는 동일시, 전이, 카타르시스를 통하여 치유를 얻게 된다는 것이다.[30] 역사텍스트는 집단경험을 전달함으로써 독자에게 정체성, 일치감, 그리고, 도덕적 체계를 심어주고자 한다. 이러한 텍스트에 담겨 있는 과거 지식, 집단기억에 대해 동의하게 되면 트라우마 경험자는 본인의 경험과 동일시 느낌을 갖게 되고, 카타르시스가 일어나며 치유의 단계로 나아가게 된다.[31]

28 육영수, 기억, 트라우마, 정신분석학:도미니크 라카프라와 홀로코스트(치유의 역사학으로, 책세상, 2008) 393쪽.

29 육영수, 위의 글, 395쪽.

30 김태희, 독서치료 프로그램이 초등학교 학생들의 자아존중감과 학교적응에 미치는 영향(가톨릭대학교 교육대학원 교육학석사 학위논문, 2010), 11쪽.

31 김한종, 이영효, 비판적 역사 읽기와 역사 쓰기(역사교육 81, 2002), 3쪽.

역사쓰기는 역사적 외상에 기반한 생각이나 감정을 어떠한 형식이나 체제에 구애받지 않고 자유롭게 서술하는 것으로 가장 신뢰할 만한 효과적인 자기치유이자 변화의 방법 중 하나이다.[32] 특히 심리적 외상을 글로쓰는 작업은 혼란스러운 감정을 명료화시켜주고 외상 경험에 압도되지 않도록 하며, 자신의 경험을 보다 객관적으로 인식할 수 있도록 해주어 외상경험이 있는 사람에게 심리적 안정감을 높여주고 외상경험을 보다 효과적으로 처리할 수 있도록 돕는다고 한다.[33]

그러나 트라우마는 자아를 해체하고 존재에 구멍을 만드는 하나의 파괴적인 경험이어서, 그것은 통제하기 어렵고 결코 완전히 해결되지는 않으며 지속적으로 영향을 끼치므로 과거를 현재와 미래에 연결시키는 과거와의 대화적 교류나, 재현과 글쓰기 모두 특별히 어려운 문제들을 보여준다. 따라서 역사가는 감정이입을 통하여 트라우마에 대한 행동과 경험을 가능한한 이해하고, 트라우마 경험자가 그 상흔이나 기억에 직접 대면할 수 있도록 도와주어야 한다. 이러한 작업을 통하여 완전한 트라우마의 치유가 일어나지는 않을 지라도 정서와 재현이 분리되는 반사적 행동화를 극복하는데 도움을 줄 수 있을 것이다.[34]

또 최근에는 새로운 문화사에 대한 관심이 높아지면서 기존의 문헌자료의 한계를 극복하는 차원에서 구술자료의 채록과 연구가 다양하게 이루어지고 있다. 우리나라와 같이 현대사속에 굴곡진 역사가 전개되며 권위주의 통치구조에 의해 문헌자료가 왜곡되어 역사의 실체를 규명하기 어려운 경우에는 구술자료의 중요성이 더해진다. 아울러 구술자료는 이야기치료의 일환[35]으로서

---

32 강은주, 글쓰기치료에 관한 이론적 고찰(총신대논총 25, 2005), 283쪽.

33 장현아, 권정혜, 외상극복을 위한 인터넷매개 글쓰기 치료: 단일사례보고(연차학술발표대회논문집, 한국심리학회, 2009), 284쪽.

34 도미니크 라카프라 지음, 육영수 엮음, 앞의 책, 178~180쪽.

35 이야기 치료는 우리 삶의 부정적이고 불완전한 이야기들 속에 가려져 있는 대안적 이야기들을 상담의 과정을 통해 더 뚜렷이 나타내고, 그 이야기들에 의해 삶을 다시 음미해 보고, 그 이야기에 의해 긍정적인 삶을 살아가도록 하는 것이다.(주상영, 쓰기와 말하기를 통한 이야기치료 연구-고등학생들의 자기 서사에 나타난 생(生)의 문제점과 그 해결을 중심으로-, 영남대학교 교육대학원 석사학위논문, 2009, 12쪽)

구술자들의 마음속에 있는 상처를 치유하는 치유기제로서 작용할 수도 있다. 프로이트의 안나치료에서 안나가 스스로 겪은 사건들에 대하여 말함으로써 증세를 해소할 수 있었던 바와 같이 트라우마를 겪고있는 이들에게 구술은 치유의 작용을 나타낼 것이다.[36]

역사적 외상을 드러내는 작업의 현실적 의미는 과거에 조직적으로 자행되었던 반인도적 범죄 피해자들의 정신적 외상과 그로 인해 초래된 마음속 상흔의 극복에서 찾아볼 수 있다. 치유를 위해서는 그 경험과 직접적으로 대면하여 그것을 객관화하는 작업, 곧 구술작업이 필요하다. 구술은 심리기제의 억압 때문에 '수동적 망각'상태에 머물러 있던 과거 경험을 명료한 의식의 수준까지 끌어올린다. 바로 이 객관화에 의한 '적극적 망각'을 통해 피해자들은 극한 경험에서 비롯된 정신적 고통에서 벗어날 수 있다. 그러나 개인적 기억이라고 해서 개인적 결단만으로 이루어지지는 않는다. 고백과 증언에 동참했던 모든 피해자들의 일치된 주장은 누군가 이해해줄 수 있을 것만 같은 사람이 필요했다는 점이다. 개인의 역사적 외상 치유에 정신분석가라는 후원자가 필요한 것처럼, 역사의 비극 때문에 겪게된 고통의 치유를 위해서도 기억 작업을 돕는 집단적 노력과 사회적 여건이 마련되어야 한다. 바로 여기에 집단적 기억에 관한 사회적 논의의 필요성이 있다.[37]

역사를 통한 치유는 이와 같이 기존의 심리학적 치료의 기법들을 활용하여 비판적 역사읽기, 역사쓰기, 구술사의 방법을 활용함으로써 역사적 외상을 치유하는데 보다 효과적으로 적용될 수 있을 것이다. 치유의 과정은 각각의 치료법을 독자적으로 쓸 수도 있겠으나 순서적으로 적용할 수도 있을 것이다. 우선은 여러 가지 억압적인 조건들로 인하여 드러내 놓기를 꺼리는 대상자들로 하여금 역사적 외상 관련 역사서를 읽게 해줌으로써 논의를 공론화시키는

---

36 김호연, 엄찬호, 구술사(oral history)를 활용한 인문치료의 모색-기억, 트라우마, 그리고 역사치료-, 인문과학연구 24, 2010, 374쪽.

37 최호근, 집단기억과 역사(역사교육 85, 2003), 180~181쪽.

효과를 얻어 그들의 내면속에 숨겨져 있는 이야기를 끌어낼 수 있을 것이다. 선정된 치유서를 한꺼번에 또는 몇 차례에 나누어 집중하며 통독하게끔 하고, 읽으면서 떠오르는 생각과 느낌에 주목하게 하여, 마음으로부터의 공감을 이루고 몰입하게 한다.

다음으로 드러내놓을 이야기를 직접 이야기 하기에 앞서 글 쓰기로 정리해 보는 것이다. 처음 치유서를 손에 들었을 때의 느낌을 적고, '나'에게 와 닿는 메시지의 강도나 읽는 과정에서 '나'의 내면에 일어나는 생각과 감정의 파장을 적는다. 그리고 다 읽고 났을 때 정리되는 생각을 적은 후, '나' 자신에 대한 새로운 이해, 주변 사람들에 대한 새로운 해석을 적도록 한다.

마지막으로 직접 이야기로 표현하는 절차를 가진다. 준비해온 '글쓰기'를 바탕으로 구체적인 사실을 예로 들며 남김없이 모두 이야기함으로써 스스로 억압하고 있던 외상을 드러내어 치유의 길로 나아가게 될 것이다.[38]

5
맺음말

역사는 지나간 많은 과거의 사실들 가운데서 일정한 의도나 목적을 가지고, 그리고 나름대로 통용되는 객관적이고 과학적인 판단 기준을 가지고 취사선택해서 다른 많은 사람들에게 유용한 지식을 만들어내는 학문이라고 할 수 있다. 그러므로 과거와 현재는 서로 떨어져 있는 것이 아니라, 시간의 흐름속에서 앞과 뒤의 자리를 갖는 것일 뿐 본질적으로는 하나로 통일되어 있다. 과거가 원인이 되어 현재가 있는 것이므로, 과거 없이는 현재도 존재하지 않는다.

---

38 실제적으로 구술조사를 통하여 경험해 보면 역사적 외상을 갖고 있는 구술자들은 구술을 함으로써 속이 후련해진다는 고백을 하고, 왜 이제야 이런 이야기를 털어놓을 수 있는 기회를 주느냐는 한탄을 한다. 그것은 곧 이제까지 가슴속 깊이 숨겨두고 혼자 가슴앓이 해 오던 문제들을 내어놓음으로써 본인의 삶을 짓누르던 문제가 부분적이나마 해소되었음을 의미하는 것이다.

따라서 역사는 과거의 문제를 분석하여 역사적 외상에 시달리는 사람들에게 치유의 길을 제시해 주는 것이다. 역사에서의 치유는 과거의 특정한 정치적 · 경제적 · 문화적인 사건으로 인하여 충격이 주어짐으로써 발생한 상처에 대해 충격으로 인한 억울함을 풀어주는 것이 치유이다. 따라서 역사치유에서는 무엇이 마음을 억압하는지를 찾아내는 것이 중요하며, 왜 억압되어 왔는지를 알아내어 스스로 그 억압의 주체로부터 자유함을 찾는 것이 치유에 이르는 길이 될 것이다.

역사 치유의 대상으로 대표적인 증상은 트라우마 곧 역사적 외상이 될 것이다. 역사적 외상은 역사의 전개에 따라 국가간의 전쟁이나 침략에 의한 지배, 인종주의, 이념 갈등 등에 의해 발생하며, 직접적인 고통을 당한 개인들에게 심각한 영향을 미칠뿐더러 국가나 민족 사회단체에도 치명적인 해악을 끼치고 오랫동안 지배적인 사상이 되어 발전을 저해한다. 특히 우리의 근현대사는 일제의 강점과 한국전쟁, 권위주의 정부의 인권 유린 등 역사적 외상이 광범위하게 형성되어 있다. 이러한 과거사를 정리하고 민족통일의 새로운 역사를 창조하기 위해서는 과거사에 대한 비판적 분석과 이해를 통한 치유의 과정이 필요하다.

역사적 치유를 이루어가는 과정은 국가주도에 의한 진실화해위원회와 같은 활동이 주를 이루었으나 개별 희생자들에 대한 트라우마의 치유는 가져오지 못하였다. 그러므로 비판적 역사읽기나 역사쓰기, 구술사를 통한 역사 조명 등의 과정을 통하여 과거의 역사속에서 깊은 상처를 입은 희생자들의 마음의 병을 치유하는 것이 필요하다.

참고문헌

강원대학교 인문과학연구소 엮음.『인문치료』. 춘천:강원대 출판부. 2009.

강은주.「글쓰기치료에 관한 이론적 고찰」.『총신대논총』25. 2005.

김기봉.「메타역사로서 역사비평」.『역사와 현실』40. 2001.

김성민.『통일을 위한 인문학의 역할. 소통, 치유, 통합의 통일인문학』. 서울:선인. 2009.

김정현.「니체의 역사 치료학」.『범한철학』35. 2004.

김태희.「독서치료 프로그램이 초등학교 학생들의 자아존중감과 학교적응에 미치는 영향」. 가톨릭대학교 교육대학원 교육학석사 학위논문. 2010.

김한종. 이영효.「비판적 역사 읽기와 역사 쓰기.『역사교육』2002.

김현식.『역사란무엇인가』. 서울: 휴머니스트. 2006.

김호연. 엄찬호.「구술사(oral history)를 활용한 인문치료의 모색-기억, 트라우마, 그리고 역사치료-」.『인문과학연구』24. 2010.

니체. 이진우 옮김.『비극의 탄생·반시대적 고찰』. 서울: 책세상. 2005.

니체. 김미기 옮김.『비극의 탄생·반시대적 고찰』. 서울: 책세상. 2002.

당대비평.『기억과 역사의 투쟁』. 서울:삼인. 2002.

도미니크 라카프라 지음. 육영수 엮음.『치유의 역사학으로』. 서울: 푸른역사. 2008.

마르크 블로흐 著·정남기 옮김.『역사를 위한 변명』. 서울:한길사. 1979.

민성길.『한의 정신병리학』. 서울:코리아 아미고. 1998.

박이문.『통합의 인문학』, 서울:知와사랑. 2009.

박찬부.「트라우마와 정신분석」.『비평과 이론』제15권1호, 2010.

서경식.『고통과 기억의 연대는 가능한가?』. 서울:철수와 영희. 2009.

설기문.『시간선치료』. 서울:학지사. 2007

안병직.「한국사회에서의 '기억'과 '역사'」.『역사학보』193. 역사학회. 2007.

안병직.「동아시아의 역사 갈등과 한국사회의 집단기억」.『역사학보』197. 역사학회. 2008.

엄찬호.「인문학의 치유적 의미에 대하여」.『인문과학연구』25. 2010.

유재춘.「인문치료학에서 역사학의 역할-역사의 효능과 인식 갈등의 치유 문제를 중심으로」.『인문과학연구』26. 2010.

육영수.「기억, 트라우마, 정신분석학 : 도미니크 라카프라와 홀로코스트」.『치유의 역사학으로』. 푸른역사. 2008.

윤택림·함한희 공저.『새로운 역사 쓰기를 위한 구술사 연구방법론』. 서울:아르케. 2006.

이명호.「역사적 외상의 재현(불가능성):홀로코스트 담론에 대한 비판적 읽기」.『비평과 이론』제10권1호. 2005.

이민용.「인문치료와 이야기치료-천일야화를 중심으로-」.『뷔히너와 현대문학』32. 2009.

장현아. 권정혜.「외상극복을 위한 인터넷매개 글쓰기 치료: 단일사례보고」.『연차학술발표대회논문집』. 한국심리학회. 2009.

전진성.『역사가 기억을 말하다』. 서울:휴머니스트. 2005.

전진성 외 엮음.『기억과 전쟁』. 서울:휴머니스트. 2009.

조한욱.『문화로보면 역사가 달라진다』. 서울:책세상. 2000.

조한욱.「역사학과 프로이트」.『문학연구』제5집, 1998.

주상영.「쓰기와 말하기를 통한 이야기치료 연구-고등학생들의 자기 서사에 나타난 생(生)의 문제점과 그 해결을 중심으로-」, 영남대학교 교육대학원 석사학위논문. 2009.

진실·화해를위한과거사정리위원회.『진실화해위원회 종합보고서 제1부 위원회의 연혁과 활동』. 2010.

최호근.「집단기억과 역사」.『역사교육』85. 2003.

최희봉.「인문학, 인문학 실천, 그리고 인문치료」.『인문과학연구』25. 2010.

키스 젠킨스 著·최용찬 옮김.『누구를 위한 역사인가』. 서울:혜안. 1999.

E.H.카. 김택현 옮김.『역사란 무엇인가』. 서울: 까치. 1997.

02

과거사 청산과 역사의 치유

02

과거사 청산과 역사의 치유

엄찬호

1 머리말

한국사회는 전근대에서 근대로 이행되는 시기였던 지난 20세기에 참으로 혹독한 시련을 겪으며 지나 왔다. 일제 강점으로 인한 민족분단, 동족상잔의 전쟁까지 치렀으며, 또 잇따른 독재정권의 야만적인 폭압을 상대해야 했다. 파행적으로 전개된 역사과정에서 많은 부정적 유산들이 형성·축적되었고, 학살과 탄압, 인권유린의 실상들은 은폐된 채 또 다른 희생과 억압을 야기해 왔다. 희생자들과 피해자들은 명예를 훼손당하고 보상받을 권리를 박탈당해 왔다. 반면 일제식민지배와 남한의 독재정권에 협력했거나 그러한 통치를 수행한 사람들, 또 그러한 통치를 위해 만들어진 제도와 수단들은 역사가 바뀌어도 극복되지 않고 한국사회의 민주적 발전을 방해하는 장애물로 작용해 왔다.

곧 권력자와 기득권층은 야만과 불의를 비호하고 사실을 은폐, 왜곡하면서 폭력과 불법행위에 대해 필요한 처벌이나 정당한 응징도, 올바른 평가도 불가능하게 만들어 버렸다. 그들은 기득권을 놓치지 않기 위해 매번 개혁적인 일에 딴지를 걸면서 올바른 사회발전을 방해하여 왔다. 그들의 기득권이라는 것은 정상적인 사회에서 얻어진 것도 아니며, 또 정상적인 사회에서는 유지될 수도 없기 때문이다. 오늘날 이러한 부정적 요인을 안은 채로는 정상적인 사회발전을 성취해내기 어렵다.

따라서 과거청산이란 이런 모순을 바로 잡으려는 노력으로 과거 권위주의 정권에 의해 조직적, 의도적, 체계적으로 행해진 중대한 인권침해나 국가폭력에 대한 진상규명, 가해 책임자 처벌, 피해자의 명예회복과 피해배상, 관련된 억압기구의 해체와 민주화, 재발 방지를 위한 법적 제도적 장치를 마련하기 위한 것이다. 이와 같이 과거청산은 구시대의 이념적, 행태적, 제도적 유제를 청산함으로써 민주화 이행기의 정의와 사회통합 실현, 민주주의의 공고화·안정화와 함께 바람직한 미래 창조를 추구한다.[1]

이러한 과거사를 청산하고자 하는 것은 제국주의 침략과 전쟁, 그리고 독재 권력에 의해서 자행되어진 폭력과 살상에 대해 진실을 규명하고, 책임소재와 책임자를 밝힘으로써 근본적인 폭력의 원인 제거하여 그러한 범죄가 재발하지 않게하기 위함이다. 나아가 범죄의 반복 혹은 복수의 악순환을 막고서 사회적 화해와 통합을 이루어가기 위함이다. 그러므로 과거청산의 의의는 인간 사회의 전쟁과 같은 야만 상태에서 나타날 수 있는 가해자와 피해자 간의 보복적 갈등을 막고, 또 피해자가 상처를 안고 살아가지 않도록 그들을 당당한 사회적 주체로 복귀시키고 나아가 '사회관계'를 복원하는데 있다. 진상규명, 처벌과 명예회복, 사과, 구제와 포상, 각종 화해조치 등으로 이어지는 과거청산의 일련의 과정은 국가, 정부, 정치공동체의 도덕성을 수립하는데 필요하며, 국민 교육적인 차원에서도 대단히 중요하다.[2]

과거사청산은 대략 세 분야로 진행되어 왔다. 우선은 일제강점하의 친일행위와 일제의 강제동원에 관련된 일을 규명하는 분야로, 매국행위와 식민지 지배에 대한 협력행위 그리고 일제의 침략전쟁에 협력·선동한 행위에 대한 진실을 밝히고 그 죄의 역사적 책임을 물음으로써 공동체가 가져야할 최소한의 사회적 규범을 세우는 일이다. 다음으로는 해방 후 미·소 군정으로 인한 분

1 허상수, 「과거청산의 위기와 과거사정리 관련 위원회의 미래지향적 가치」, (『민주법학』 제39호, 2009), 128-129쪽.

2 전현수, 「민주화 이후의 과거청산」, (『한국행정학회 Conference 자료』 2009년 8월, 2009), 267쪽.

단과 이어진 한국전쟁 중 이념대립으로 인하여 희생된 양민과 주민간의 대립과 불신으로 형성된 갈등의 실상을 규명하고 피해에 대한 보상과 화해를 주선하는 일이다. 또 하나는 권위주의정권하에서 일어난 인권침해에 관한 일을 규명하는 분야로, 국가권력에 의해 부당하게 저질러진 불법행위의 피해에 대한 보상, 명예회복 등을 통해 피해자의 한을 풀고 가해자의 책임을 추궁하며, 나아가 진실을 밝히고 가해자와 피해자를 화해시키는 일이다.

지난 2010년에 포괄적 과거청산기구인 '진실·화해를위한과거사정리위원회'를 비롯하여 많은 과거청산 관련 기구들의 활동이 종결되었다. 민주화 이행 과정에서 특별법과 이에 근거한 국가기구가 주도하는 과거청산 작업이 2010년을 기점으로 한 단계를 마친 것이다. 그동안 과거청산운동의 전개과정에서 우리사회에는 찬반양론이 존재했고 과거청산 작업의 성과에 대해서도 여러 이견이 있었다.

물론 현재까지 진행된 과거청산 작업은 여전히 많은 문제점과 한계를 갖고 있다. 특히 트라우마에 대한 치유의 부분에서는 진실규명과 기념물의 설치 등으로 일부 명예를 회복하거나 경제적인 지원으로 물질적인 배상이 이루어지기는 했지만, 근본적인 문제에서는 가해자나 피해자, 또 국가나 사회난제에 이르기 까지 전반적으로 이제 시작 단계라 할 수 있을 것이다.

이에 본고에서는 해방이후 친일세력의 처리문제를 시작으로 '진실·화해를위한과거사정리위원회'의 활동이 성립하기까지 과거사청산 작업과 과거사청산을 위해 성립된 법률들이 어떤 목적을 가지고 진행되어 왔는지를 살펴보고, 그에 따라 추진된 과거사청산의 결과를 정리해 보고자 한다. 그리고 지금까지 추진된 과거사청산의 성과와 한계점을 되짚어 보고, 일제강점하 행해진 핍박, 한국전쟁과 그 전후의 이념대립 과정에서 행해진 수많은 집단학살, 독재정권이 자행한 국가 폭력과 수많은 인명살상, 인권유린 행위 등으로 인해 만들어진 상처 곧 트라우마를 치유하는 것이 과거사 청산의 진정한 목적이 되어야 한다는 관점에서 조명하여 보고자 한다.

2

일제 잔재의 청산과 치유

1945년 8월 한국은 일제의 강점으로부터 해방되자 해방의 기쁨과 함께 일제 지배의 유산을 정리하는 문제를 논의하기 시작하였다. 일제강점하에서 당시 많은 한국인들은 일제의 통치에 자의든지, 타의든지 협력하였고, 이들 부일협력자들을 처리하는 문제는 해방직후 한국사회의 커다란 정치·사회적 과제로 떠올랐다. 그런데 민족해방이 우리민족 스스로의 힘에 의해 해방된 것이 아니라 제2차 세계대전에서 연합국의 승리로 말미암아 이루어짐에 따라 해방된 공간은 온전히 우리민족의 공간으로 돌아오지 못하였다. 곧 미·소군정의 지배하에 놓이게 됨에 따라 완전한 해방을 이루지 못한 한국은 부일협력자들의 처리문제도 쉽게 처리할 수 없었다. 특히 3.8선 이남의 남한을 점령한 미군정은 통치의 편의와 필요 때문에 일제하에서 복무하던 관리, 경찰, 군인의 상당수를 군정업무에 참여시켜 청산되어야할 세력들이 지배자로 복귀함으로써 일제 잔재의 청산은 요원한 문제로 남게 되었다.

그 후 3년간의 군정 통치가 끝나고 진정한 독립정부가 수립되면서 부일협력자들의 청산문제도 새로운 계기를 맞게 되었다. 정부수립 직후, 제헌국회는 헌법 101조에 의거해 부일 반민족행위자를 처벌할 〈반민족행위자 처벌 특별법〉을 통과시켰고, 이를 수행할 기구로 반민족행위자특별조사위원회(이하'반민특위')를 구성하였다. 반민특위는 1949년 1월부터 부일 협의자들을 체포하기 시작하며 본격적인 활동에 돌입하였으나, 부일협력자 청산 작업은 새로운 정부 하에서도 어려움을 겪었다. 대다수의 부일협력자들이 이승만 정부의 비호아래 미군정에 이어 새로 수립된 대한민국 정부에서도 요직을 맡게 됨에 따라 일제 잔재의 청산 작업은 난관에 봉착할 수밖에 없었다. 더구나 이승만 대통령이 국가 기반 건설의 필요성 등을 이유로 반민특위 활동에 대해 부정적인 태도를 보임으로 그로 인해 1949년 7월 6일, 원래 2년인 반민특위의 공소시효를 1949년 8월 31일까지 6개월로 단축하는 특별법 개정안이 국회 본회의에서 통과되었다.

결국 반민특위는 별다른 결실을 내지 못한 채 1951년 1월 공식적으로 해체되었고, 반민특위 특별재판소에서 재판이 종결된 사건은 38건에 불과했다. 이 중에서 실제 형을 받은 사람은 12명뿐이었고, 이들도 한국전쟁 전에 대부분 풀려나왔다. 이로써 부일협력자 청산 작업은 이후 오랫동안 미완의 과제로 남아 있었다.[3]

이러한 일제 잔재의 청산문제는 마침내 2003년 참여정부를 표방하며 출범한 노무현 정부에서 소기의 결실을 보게 되었다. 노무현 정부는 과거사정리를 적극적으로 추진하여 2003년 11월 제16대 국회는 여야합의 아래 국회 내에 과거사 진상규명에 관한 특별위원회(이하'과거사특위')를 구성하고 법률안을 마련하기 위해 노력하였다. 노무현 정부의 과거사정리는 대체로 일제 잔재 청산을 위한 일련의 작업과 한국전쟁 전후 민간인 학살 및 군사독재정권기 인권침해에 대한 포괄적 과거사정리 작업 등으로 나눌 수 있다.

그 일환으로 일제하 강제동원의 피해 상황을 체계적으로 진상규명하기 위해 2004년 2월 13일 〈일세강점하 강제동원피해 진상규명 등에 관한 특별법〉이 국회에서 통과되었다. 이에 따라 '일제강점하강제동원피해진상규명위원회'가 2004년 11월 10일 출범하였고, 이 위원회는 만주사변 이후 일제에 강제동원 되었던 군인 · 군무원 · 노무자 · 위안부의 실상에 대한 진상조사 및 조사결과보고서 작성, 유해 발굴 및 수습, 희생자 및 유족의 심사 결정, 사료관 및 위령 공간 조성 등의 과업을 수행하였다.

다음으로는 해방 직후부터 문제되었던 부일협력자 진상규명 문제가 2004년 3월 2일 〈일제강점하 친일반민족행위 진상규명에 관한 특별법〉으로 국회를 통과하였고, 2004년 12월 29일 〈일제강점하 반민족행위 진상규명에 관한

3 『진실화해위원회 종합보고서』 I , 진실 · 화해를위한과거사정리위원회, 2010, 1-2쪽.

특별법〉으로 개정되어 제17대 국회에서 통과되었다. 이에 따라 '친일반민족행위진상규명위원회'가 2005년 5월 31일에 출범하여 4년 간 진상규명활동을 펼쳤고, 2009년 11월 30일 1,006명에 대한 친일반민족행위를 확정한 「친일반민족행위진상규명보고서」를 발간한 후 해산하였다.

또 2007년 12월 10일에는 〈태평양전쟁 전후 국외 강제동원희생자 등 지원에 관한 법률〉이 제정되었고, 이듬해인 2008년 6월 18일 태평양전쟁전후국외강제동원희생자지원위원회가 발족되어 활동하였다. 이 위원회에서는 일제하 1938년 4월 1일부터 1945년 8월 15일 사이에 일제에 의하여 군인 · 군무원 또는 노무자 등으로 국외로 강제동원되어 그 기간 중 내지 국내로 돌아오는 과정에서 사망하거나 행방불명된 사람에 대한 조사와 진상규명이 있었다.

그 후 '일제강점하강제동원피해진상규명위원회'는 '태평양전쟁전후국외강제동원희생자지원위원회'와 함께 2010년 3월 22일 '대일항쟁기강제동원피해조사및국외강제동원희생자등지원위원회'로 통합되었다.

한편 일제 잔재의 청산을 위한 노력은 부일협력자들의 재산 환수로도 이어졌다. 2005년 12월 8일 여야 합의로 〈친일반민족행위자 재산의 국가귀속에 관한 특별법〉이 국회를 통과하였고, 이에 따라 '친일반민족행위자재산조사위원회'가 2006년 8월 18일 출범하여 2010년 7월 12일까지 활동하였다. '친일반민족행위자재산조사위원회'는 4년간 친일반민족행위자 168명의 토지 82,359필지(11,139,645㎡)에 대해 국고귀속 결정을 내렸고, 특별법 시행 후 제3자에게 매각된 친일재산 116필지(1,927,758㎡)에 대해서는 친일재산 확인 결정을 내렸다.[4]

그리고 〈일제하 일본군위안부 피해자에 대한 생활안정지원 및 기념사업 등에 관한 법률〉이 1998년 시행되었다가 2008년 전문 개정되어 일제하 일본군위안부 피해자의 명예 회복과 인권 증진을 위하여 진상 규명이 진행되었고,

---

4 『진실화해위원회 종합보고서』 I , 9-11쪽.

일본군위안부 피해자를 적극적으로 찾아내어 일본군위안부 피해자가 안정적인 생활을 유지할 수 있도록 필요한 조치를 마련하였다.

이와 같이 일제강점하 자행되었던 일제의 잔재를 청산하기 위한 일련의 법률이 제정되었고, 그에 따른 각 위원회가 출범하여 피해자 조사와 진상규명, 보상과 기념사업 등의 활동을 하였다. 일제 잔재의 청산을 위해 제정된 법률들의 그 목적을 살펴보면 다음과 같다.

표 1 일제 잔재 청산 관련 법률 제정 목적

법률명	입법목적
일제강점하 반민족행위 진상규명에 관한 특별법	일본제국주의의 국권침탈이 시작된 러 · 일전쟁 개전시부터 1945년 8월 15일까지 일본제국주의를 위하여 행한 친일반민족행위의 진상을 규명하여 역사의 진실과 민족의 정통성을 확인하고 사회정의 구현에 이바지함.
일제강점하 강제동원피해 진상규명 등에 관한 특별법	대일항쟁기 강제동원 피해의 진상을 규명하여 역사의 진실을 밝히고 나아가 1965년에 체결된 「대한민국과 일본국 간의 재산 및 청구권에 관한 문제의 해결과 경제협력에 관한 협정」과 관련하여 국가가 태평양전쟁 전후 국외강제동원 희생자와 그 유족 등에게 인도적 차원에서 위로금 등을 지원함으로써 이들의 고통을 치유하고 국민화합에 기여함.
태평양전쟁 전후 국외 강제동원희생자 등 지원에 관한 법률	1965년에 체결된 '대한민국과 일본간의 재산 및 청구권에 관한 문제 해결과 경제협력에 관한 협정'과 관련하여 국가가 태평양전쟁 전후 국외 강제동원희생자와 그 유족 등에게 인도적 차원에서 위로금 등을 지원함으로써 이들의 고통을 치유하고 국민화합에 기여함.
친일반민족행위자 재산의 국가귀속에 관한 특별법	일본 제국주의의 식민통치에 협력하고 우리 민족을 탄압한 반민족행위자가 그 당시 친일반민족행위로 축재한 재산을 국가에 귀속시키고 선의의 제3자를 보호하여 거래의 안전을 도모함으로써 정의를 구현하고 민족의 정기를 바로 세우며 일본제국주의에 저항한 3. 1운동의 헌법이념을 구현함.
일제하 일본군위안부 피해자에 대한 생활안정지원 및 기념사업 등에 관한 법률	일제에 의하여 강제로 동원되어 위안부로서의 생활을 강요당한 피해자를 보호 · 지원하고, 일본군위안부 피해자의 명예 회복과 진상 규명을 위한 기념사업을 수행함으로써 이들의 생활 안정과 복지 증진을 꾀하고 국민의 올바른 역사관 정립과 인권 증진에 이바지함.

이들 법률에 의하면 일제 잔재 청산의 문제는 크게 진상을 규명하여 역사의 진실과 민족정기를 바로세우는 일과 기념사업과 보상을 통한 희생자 내지 피해자들과 그 유가족들의 명예를 회복하고 고통을 치유하는 것을 목적으

로 하고 있음을 알 수 있다. 곧 과거사 청산의 중요한 목적중의 하나는 고통의 치유로 역사의 상흔으로 인한 트라우마의 치유가 이루어져야 함을 명시하고 있는 것이다. 그러나 지금까지의 일제하 잔재 청산 작업은 진상규명과 일부 기념사업 그리고 약간의 경제적 보상이 이루어지는데 그치고 있다. 피해자들의 고통의 문제를 해결하기 위한 치유의 작업은 거의 이루어지고 있지 않은 것이다. 다음 피해자의 모습을 통해서도 치유의 문제가 무엇보다도 중요함을 알 수 있다.

> '그녀는 20대 초반의 나이에 남편이 강제징용을 당하여 일제 탄광으로 끌려갔다. 그 후 남편은 소식이 끊어졌고 해방이 되어도 돌아오지 않았다. 바람결에 들리는 소문으로 탄광에서 죽었다는 말을 들었을 뿐이다. 그녀는 아무 생각도 없이 외동딸을 키우면서 안해 본 장사가 없을 정도로 고난의 삶을 살았다. 그런데 최근 그녀를 깨우치는 소리가 들렸다. 참여정부가 들어선 후 과거사를 청산한다는 말을 들은 것이다. …… 그녀는 돈보다도 한을 풀 수 있겠다는 생각이 들었다. …… 그녀는 목메 소리로 김종필의 사죄를 요구했고 분을 이기지 못해 연약한 발로 대문을 걷어찼다.'[5]

그동안 피해 유가족들은 정치적 소외와 사회적 차별, 경제적 궁핍, 문화적 황폐를 맛보며 떳떳한 국민으로 살아오지 못하였다. 이들은 '일국내 식민지 백성', 사실상의 불가촉 천민과 같은 설움과 한의 눈물을 가지고 살아왔던 것이다. 이제 나라가 앞장을 서서 그 아픔을 씻어주고 국민의 일원으로 재탄생하여 사회통합에 응할 수 있는 기회를 만들어 주어야 한다.[6]

이들의 고통에 대한 치유는 경제적인 보상보다도 오랜 시간 가슴깊이 응어리져 있는 한을 푸는 것이다. 그것은 그들의 지난한 삶의 이야기들을 들어주

5 이이화, 「과거사 청산은 어떻게 해야 하나」, (『내일을 여는 역사』19, 2005), 16쪽.

6 한인섭 편, 『재심, 시효, 인권: 국가 기관의 인권침해에 대한 법적 구제방안』, (서울:경인문화사, 2007), 17쪽.

고 가해자의 사과와 그에 따른 용서와 화해의 길로 나아갈 때 이루어 질 수 있을 것이다. 그러나 일제하의 문제에 대해서는 여전히 일본의 사과가 이루어지지 않고 있고, 따라서 용서와 화해의 길로 나아갈 수 없는 상태에서 한국정부에서도 적절한 대응책과 적극적인 치유의 프로그램을 제시하고 있지 못하여 일제하 잔재에 대한 청산은 아직까지 이루어지지 못하고 있는 것이다.

3
민간인 희생에 대한 치유

다음 과거사의 청산과 역사의 치유문제에서 주목되는 부분은 이념대립에 따른 단독정부수립으로부터 한국전쟁을 치르기까지의 민간인 학살에 대한 부분이다. 단정수립과정에서 발발한 제주 4 · 3사건[7]과 여순사건 등을 진압하는 과정에서 많은 민간인들이 희생되었고, 1950년 한국전쟁이 시작되어서는 더 많은 민간인 들이 희생되었다.

이와 같은 민간인 희생사 문제가 전쟁 후 이승만정부하에서는 반공이데올로기로 인하여 대두되지 못하였지만, 4 · 19혁명으로 보다 민주적인 분위기가 조성되자 과거사 정리를 촉구하는 시민들의 요구가 분출하였다. 4 · 19 직후 과거사 문제로 제일 먼저 등장한 것이 한국전쟁 전후 발생한 민간인희생사건으로 1960년 5월 11일 거창사건[8]에 관련되어 주민들의 원성을 받아오던 박영보가 주민들에 의해 살해당하는 사건이 발생하였다. 이 사건을 계기로 지방신문들이 중심이 되어 한국전쟁기 민간인 희생사건의 진상을 폭로하는 기

7 제주 4.3의 경우 1949년 말 현재 미국자료는 제주도에서 1만 5천에서 2만명이 사망했다고 기록했고, 한국정부의 통계는 27,719명이 사망했다고 되어있다.

8 거창사건은 한국전쟁 때인 1951년 2월 거창군 신원면에서 700명이 넘는 주민들이 국군에 의해 학살당한 사건으로, 당시 면장이었던 박영보는 4 · 19 이후 주민들로부터 이 사건에 대한 책임을 추궁 받다가 살해되었다.

사를 잇달아 내보냈고, 국회도 특별조사반을 구성하여 진상조사에 착수하기에 이르렀다.

이러한 분위기 속에서 한국전쟁 전후 발생한 민간인희생사건 피해자 유족들은 '피학살자유족회'를 만들어 가해자 처벌과 진상규명, 피해자 보상을 요구하였다. 그리고 제주도에서도 '4·3사건진상규명동지회'가 발족되어 4·3사건의 진상규명을 촉구하였다. 그러나 4·19혁명으로 성립된 장면정부는 과거사문제에 소극적이었고, 이어진 5·16군사쿠데타로 성립한 박정희정부는 오히려 '피학살자유족회'등 민간차원에서 벌어지고 있던 과거사정리 운동을 탄압하여 과거사정리시도는 중단되었다.

그 후 오랫동안 이어진 군사정부아래에서 중단되어 있던 민간인 희생에 대한 청산 작업은 1987년 6월 민주항쟁 이후 민주화의 진전과 함께 유족들과 제주도민, 그리고 사회운동단체가 힘을 모아 제주4·3사건에 대한 진상규명운동을 전개하면서 다시 시작되었다. 그 결과 김영삼정부 들어 1996년 1월 〈거창사건 등 관련자의 명예회복에 관한 특별조치법〉이 제정되면서 정부차원의 본격적인 과거사 청산작업이 다시 시작되었다. 이 특별법에 의해 '거창사건등관련자명예회복심의위원회'가 발족하게 되었고, 사망자와 유족의 명예회복에 관한 사항 및 묘지단장, 위령제례 및 위령탑 건립에 관한 사항을 시행하게 되었다.

이어 김대중정부 들어서는 2000년 1월 〈제주4·3사건 진상규명 및 희생자 명예회복에 관한특별법〉이 제정되었고, 같은 해 8월 28일 제주4·3사건의 진상을 규명하고 이 법에 의한 희생자 및 유족의 심사·결정 및 명예회복에 관한 사항을 심의·의결하기 위해 '제주4·3사건진상규명및희생자명예회복위원회'가 출범하였다.[9]

그리고 2004년 3월 〈노근리사건희생자 심사 및 명예회복에 관한 특별법〉이 제정되었고, '노근리사건희생자심사및명예회복위원회'가 구성되어 희생

9 『진실화해위원회 종합보고서』Ⅰ, 3쪽.

자 및 그 유족의 심사 · 결정에 관한 사항, 희생자 및 그 유족의 명예회복에 관한 사항, 위령탑건립 등 위령사업에 관한 사항, 노근리사건 희생자심사보고서 작성에 관한 사항, 가족관계등록부의 작성에 관한 사항, 그 밖에 희생자심사와 명예회복을 위하여 필요하다고 인정하는 사항 등을 심의 결정하였다.

이러한 한국전쟁 전후 민간인 학살문제 청산을 위해 제정된 법령의 입법목적은 다음과 같다.

표 2 민간인 학살 문제 청산 관련 법률 제정 목적

법률명	입법목적
제주4 · 3사건 진상규명 및 희생자 명예 회복에 관한 특별법	제주4 · 3사건의 진상을 규명하고 이 사건과 관련된 희생자와 그 유족들의 명예를 회복시켜줌으로써 인권신장과 민주발전 및 국민화합에 이바지함
거창사건 등 관련자의 명예회복에 관한 특별 조치법	거창사건등과 관련하여 사망한 자와 그 유족들에게 가해진 불명예에 대하여 명예를 회복시켜줌으로써 국민화합과 민주발전에 이바지함
노근리사건 희생자 심사 및 명예회복에 관한 특별법	노근리사건의 희생자 및 그 유족들의 명예를 회복시켜 줌으로써 인권신장과 국민화합에 이바지함을

한국전쟁 전후에 일어난 민간인 희생은 그 피해자 수가 100여만 명에 이를 정도로 대규모적이고 조직적인 학살로 4월혁명 뒤에 진상규명에 나섰던 '전국피학살자유족회'는 유족들의 신고를 바탕으로 학살 희생자가 114만명에 이른다는 청원을 제기한 바도 있다. 이에 따라 한국전쟁 전후에 발생한 학살을 직 · 간접적으로 경험한 유족에게 이 사실은 다시 떠올리고 싶지 않은 망각의 대상이었다. 유족들은 경찰의 감시를 받거나 사상이 의심스럽다며 주위 사람들에게 따돌림 당했고, 연좌제에 묶여 공무원이 되기도 어려웠다. 그들은 분명 피해자였음에도 주위의 감시와 이로 인한 두려움 속에서, 과거 사실에 대해 침묵해야만 했다.[10]

그러나 〈표 2〉의 입법목적에서도 볼 수 있듯이 이들에 대한 치유의 문제는 전혀 언급되어있지 않고 희생자와 유족들의 명예를 회복시켜줌으로써 민주발전 및 국민화합을 이루기 위한 것만을 강조하고 있다. 신촌초등학교 교사로

10 김득중, 「한국전쟁 전후의 민간인 학살」, (『내일을 여는 역사』 18, 2004), 38-40쪽.

재직하다가 4·3 당시 무장대 활동을 했던 김대진의 딸은 어머니가 총살당했던 기억을 다음과 같이 증언하고 있다.

> "조천리 동양극장 있었던 그 앞밭에 잡아다가 한 번에도 안죽였어. 젊으니까 한 번 총 쏘면 이 밭에서 저 밭까지 막 굴러가고, 그러면 또 하번 쏩고 막 잔인하게 어머니를 죽였던 모양이라. 그때 시신 가져온 동네 사람들도 막 뭐한 사람이나 아니면 어머니 시신도 안봐줄 정도로 그 손톱이 다 떼어져서, 하도 심하게 땅을 긁어서 손톱이 다 빠졌던 거라. 손 본 어른 말이 흙으로 몬(전부) 난장판이 됐었다고 해. 그런 어머니만 생각해도 너무 그냥 가슴아프고, 우리 살아온 것도 살아온 거지만, 어머니가 스물여섯이라는 나이에 그렇게 당한 걸 생각하면 막 가슴이 정말 너무 아파"[11]

이미 오랜 시간이 지났지만 이들은 여전히 가슴깊이 고통을 간직한 채 생을 마감하고 있다. 더 늦기 전에 이들 희생자들 및 그 유가족에게는 명예회복과 보상이 있어야 하고, 마음의 치유를 이루기위한 용서와 화해 나아가 회복을 가져다주는 작업이 절실하게 필요하다. 과거사 청산은 이들 민간인 희생자들의 마음의 고통을 치유하여 씻어주고, 원망과 갈등의 대상들 간에 화해와 화합이 이루어질 때 비로서 정리되었다고 할 수 있을 것이다.

4
국가폭력 역사의 청산과 치유

과거사청산은 지난 한 세기에 걸친 민중의 응어리를 풀어내 국민적 화해와 화합을 이룩하고, 이제는 진실이 살아 숨쉬는 정의롭고 투명한 사회를 만들어내 새로운 역사를 시작하자는 다짐인 것이다. 역사적 진실을 규명하여 명예를

11 김낭규 증언, 김명주 정리, 『그늘속의 4·3-死·삶과 기억-』, (서울:선인, 2009), 82쪽.

회복시켜주고 오랫동안 쌓인 원한과 갈등과 분열을 봉합하고 화해와 통합을 이룩해 미래 사회를 열어가야 한다는 것이다. 그러나 과거사 청산 작업에 대하여 많은 사람들이 부정적인 견해를 드러내었고, 지속적인 반대로 과거사 청산이 제대로 이루어지지 못하게 하고 있다.

권위주의 시대의 유제를 청산하는 일은 결코 퇴행적 일이거나 단순히 과거 회귀적 작업이 아니다. 과거청산은 구시대의 이념적, 행태적, 제도적 유제를 청산함으로써 민주화 이행기 정의와 사회통합 실현, 민주주의의 공고화, 안정화와 함께 바람직한 미래 창조를 위한 회피할 수 없는 작업이다.[12]

특히 일제로부터 해방되어 자주독립국가를 수립하고 민주주의를 실현해가는 과정에서 권위주의 정부에 의해 가해진 국가폭력은 한국의 정상적인 발전을 저해하였고, 국민들 간의 반목과 질시를 형성시켜 신뢰있는 국가사회를 이루지 못하게 하였다. 이에 대한 국민들의 민주화 열망은 뜨거웠고, 1987년 6월 민주항쟁이 폭발하면서 한국사회는 권위주의로부터 민주주의로 이행되는 중요한 전환점을 맞았다. 이후 민주화가 진척되면서 국회는 5·18민주화운동에 대한 진실을 밝히기 위해 1988년 6월부터 1989년 2월까지 총 17차례의 청문회를 열었고, 전두환 전 대통령을 포함해 67명의 증인들을 소환하여 진실을 규명하고자 하였다. 이로 인해 국회 청문회에서 5·18민주화운동의 진상이 상당부분 드러나 국민들에게 알려지는 성과는 거두기는 하였으나, 그 후 〈광주민주화운동 관련자 보상 등에 관한 법률〉을 제정하는 과정에서는 여야합의가 이루어지지 못하고 1990년 8월 민주자유당에 의해 법률 제정이 통과되었다. 그러므로 이런 과정을 통해 5·18민주화운동 관련자들은 명예회복과 경제적인 보상을 받게 되었으나 사건의 완전한 진상규명과 책임자 처벌에는 이르지 못하였다.

이어 김영삼 정부가 출범하자 민주화운동 세력은 정부출범 초기인 1993년 6월부터 5·18 책임자 처벌을 위한 특별법 제정을 위해 서명운동을 벌였고, 김

12 허상수, 「과거청산의 위기와 과거사정리 관련 위원회의 미래지향적 가치」, (『민주법학』 제39호, 2009), 128쪽.

영삼 대통령의 5 · 18특별법의 제정 지시를 이끌어 내어 1995년 12월 21일 국회는 〈5 · 18민주화운동등에관한특별법〉을 통과시켰다.

김대중정부 들어서는 1999년 12월 〈의문사진상규명에 관한특별법〉이 제정되고, 2000년 10월 '의문사진상규명위원회'가 공식적으로 출범하여 민주화운동과 관련한 의문의 죽음으로서 그 사인이 밝혀지지 아니하고 위법한 공권력의 직 · 간접적인 행사로 인하여 사망하였다고 의심할 만한 상당한 사유가 있는 죽음에 대해 조사를 진행하였다. 또 2000년 1월에는 〈민주화운동 관련자명예회복 및 보상 등에 관한법률〉의 제정으로 민주화운동과 관련하여 희생된 자와 그 유족 곧 사망하거나 행방불명된 자, 상이를 입은 자, 질병을 앓거나 그 후유증으로 사망한 것으로 인정되는 자, 유죄판결 · 해직 또는 학사징계를 받은 자에 대한 조사가 이루어졌다. 그리고 2001년 7월에는 〈민주화운동기념사업회법〉이, 2002년 1월에는 〈5.18광주민주유공자 예우에 관한법률〉이 제정되어 진상규명 작업에 이은 희생자 예우와 기념사업이 진행되었다.

그리고 노무현정부 들어 과거 군대 내에서 발생한 사망사건에 대한 진상규명을 위해 〈군의문사 진상규명 등에 관한 특별법〉이 2005년 6월 29일 국회를 통과하였고, 이에 따라 '군의문사진상규명위원회'가 2006년 1월 1일에 출범하여 2009년 12월 31일까지 활동하면서 접수된 진정사건 600건 가운데 246건에 대해 진상규명 결정을 내렸다.

이외에 국정원, 경찰청, 국방부는 별도의 자체 과거사정리 노력을 기울였다. 국정원은 민간인 10명과 국정원 직원 5명 등 15명으로 구성된 국정원 '과거사사건진상규명을통한발전위원회'를 출범시켜 2004년 11월 2일부터 2007년 10월 31일까지 박정희 정권기 중앙정보부와 전두환 정권기 안기부가 개입된 것으로 의혹이 제기되고 있는 사건에 대해 자체적으로 진상규명을 하고 조사결과를 발표하였다. 또 경찰청은 경찰청 과거사진상규명위원회를 구성해 제1기(2004년 11월~2005년 12월)와 제2기(2006년 4월~2007년 11월) 활동 기간 동안, 한국전쟁기 '나주부대'사건, '서울대 깃발'사건, '강기훈 유서대필'사건 등 경찰이 개입된 사건에 대한 자체 진상규명 작업을 진행하였다. 국방부도 '국방부과거사진상규명위원회'를 만들어 2005년 5월 5일부터 2007년 12월

3일까지 5·18민주화운동을 비롯한 신군부의 집권과정, 강제징집, 녹화사건, 삼청교육대 등에 대해 자체 진상규명작업을 펼쳤다.[13]

이와 같이 국가폭력 관련 권위주의시대 유제 청산을 위한 법률의 입법 목적을 정리하면 다음의 표와 같다.

표 3 국가폭력 유제 청산 관련 법률 제정 목적

법률명	입법목적
5·18민주화운동 등에 관한 특별법	1979년 12월 12일과 1980년 5월 18일을 전후하여 발생한 헌정질서 파괴범죄행위에 대한 공소시효 정지 등에 관한 사항 등을 규정함으로써 국가기강을 바로잡고 민주화를 정착시키며 민족정기를 함양함.
5·18민주화운동 관련자 보상 등에 관한 법률	1980년 5월 18일을 전후한 5·18민주화운동과 관련하여 사망하거나 행방불명된 자 또는 상이를 입은 자(이하 "관련자"라 한다)와 그 유족에 대하여 국가가 명예를 회복시켜 주고 그에 따라 관련자와 그 유족에게 실질적인 보상을 함으로써 생활안정과 복지향상을 도모하며 나아가 국민화합과 민주발전에 이바지함.
5·18 민주유공자예우에 관한 법률	5·18민주화운동과 관련하여 희생하거나 공헌한 자와 그 유족 또는 가족에게 국가가 합당한 예우(禮遇)를 함으로써 민주주의의 숭고한 가치를 널리 알려 민주사회의 발전에 이바지함.
민주화운동 기념사업회법	민주화운동을 기념하고 그 정신을 계승하기 위한 사업을 수행함으로써 민주주의의 발전에 이바지함.
의문사 진상규명에 관한 특별법	민주화운동과 관련하여 의문의 죽음을 당한 사건에 대한 진상을 규명함으로써 국민화합과 민주발전에 이바지함.
군의문사 진상규명 등에 관한 특별법	군에서 발생한 사망사고 중 의문이 제기된 사건에 대한 진상을 명확히 규명하는데 필요한 사항을 규정함으로써 그 관련자의 피해와 명예를 회복하고 군에 대한 국민의 신뢰회복과 인권증진에 이바지함.
민주화운동관련자 명예회복 및 보상 등에 관한 법률	민주화운동과 관련하여 희생된 자와 그 유족에 대하여 국가가 명예회복 및 보상을 행함으로써 이들의 생활안정과 복지향상을 도모하고, 민주주의의 발전과 국민화합에 기여함.
삼청교육피해자의 명예회복 및 보상에 관한 법률	삼청교육과 관련하여 피해를 입은 자 또는 유족에 대하여 명예회복에 필요한 조치와 실질적인 보상을 함으로써 이들의 생활안정을 도모하고 인권신장과 국민화합에 이바지함.

13 『진실화해위원회 종합보고서』 I , 4-13쪽.

이들 법률은 그 입법 목적에서 '진상규명을 통해 피해와 명예를 회복하고, 인권증진, 국민의 신뢰회복, 민족정기 선양, 고통 치유, 국민화합, 국가기강 확립, 민주화 정착, 유족에게 실질적인 보상을 함으로써 생활안정과 복지향상 도모, 과거와의 화해를 통해 미래로 나아가기 위한 국민통합, 사회정의 구현, 압제에 저항한 운동의 헌법 이념 구현, 인도적 차원에서 위로금 등을 지원함으로써 이들의 고통을 치유함에 이바지함'을 목적으로 표명하였다. 이러한 목적아래 과거사 청산이 진행되는 것은 무엇보다도 피해회복 조치와 화해사업의 시행이 정치안정과 국민통합을 실현하는 지름길이기 때문이다. 올바른 과거청산 작업은 국가와 국민 사이의 불편했던 관계 개선과 신뢰 회복, 그리고 안정감을 주게 될 것이다.[14]

그러나 무엇보다도 과거청산 문제에서 주목되는 것은 트라우마의 치유문제이다. 곧 지금까지 다양한 방면에서 앞에서 살펴본 바와 같이 과거사에 대한 진상규명과 신뢰회복에 기반한 국민화합, 민족정기 함양을 위한 사업 등이 진행되어 왔지만, 이러한 사업을 통해서 희생자들의 상처가 치유될까 의문이며, 트라우마가 치유되지 않은 과거사 청산 문제가 제대로 된 과거사 청산문제인가 하는 점이다.

5·18 광주민주화운동을 예로 보더라도 지금까지의 조사결과를 보면 당시 희생자중 보상이 이루어지고 국가유공자로 처우개선이 되었음에도 30%이상이 여전히 외상후 스트레스장애 곧 트라우마를 겪고 있다는 점이다. 또 트라우마는 물론 국가폭력에 의한 정신적·육체적 상처로 개별적이고 심리적인 고통이지만, 그 상처를 치유하지 못한 결과 사회생활에 있어서도 여러 가지 어려움에 놓여있는 것으로 알려져 있기 때문이다.[15] 과거사 청산에서 트라우마의 치유가 청산의 중심이 되어야 하는 이유이다.

---

14 군의문사 유가족 연대, 「2008년 10월 호소문 보도자료」, 2008, 149-150쪽.

15 최정기, 「과거청산에서의 기억 전쟁과 이행기 정의의 난점들 - 광주민주화운동 관련 보상과 피해자의 트라우마를 중심으로」, (『지역사회연구』 제14권 제2호, 2006), 15-16쪽.

트라우마의 치유는 희생자들의 가슴 속 깊이 응어리져 있는 한을 풀어내는 것으로서 우선은 폭력의 당사자인 국가의 사과가 있어야 할 것이고, 그에 따른 용서와 화해의 장이 있어야 할 것이다. 지금까지 국가는 진상을 규명하여 희생자들의 명예를 회복시켜 주고 그들에게 씌워져 있던 이념의 굴레를 벗겨주었으며, 희생을 기리기 위한 기념물을 조성하거나 기념의식을 행하여 화해의 신호를 건네기도 하였다. 그러나 이것은 어디까지나 가해자의 입장에서 행해진 것이지 희생자의 입장에서 이루어진 것은 아니었다. 국가폭력에 희생되어진 그들의 소리에 좀 더 귀를 기울이고 그들이 용서할 수 있는 계기를 만들어 진정한 용서와 화해의 길로 나아가야 과거사 청산은 온전히 이루어질 수 있을 것이다. 그러기 위해 과거사 청산 위원회들은 구술증언이라는 접근방법을 통하여 희생자들이 강압과 위협에 눌려 오랜 세월 가슴 깊이 묻어두고 차마 입 밖으로 꺼낼 수 없었던 말들을 드러내게 하였고, 이것은 지금까지 가해자들에 의해 꾸며져 있던 기록의 허구성을 드러내게 하는 방법이 되었다.[16]

구술증언은 희생자와 가해자에게 진실을 말하거나 고백하게 하여 진실을 규명하고 과거청산 작업을 실현시키는 일반적인 조사방법임과 동시에 과거 트라우마를 치유하는 회복력이 있다는 것도 일반적으로 지적되어 왔다. 희생자들은 구술증언에서 단순히 과거사만이 아니라 자신의 과거에 대한 트라우마나 가족의 상실에 따른 상처와 고통을 묘사하기도 한다. 학살 현장을 목격한 피해자들은 '너무 놀라서 지금도 생각하면 속이 떨리고 가슴이 막히거나, 심장병에 걸려 가슴이 뛰고 죽을 것 같으며 너무 원통하다'[17]고 이야기하고 있다. 희생자들은 증언과 이야기하기, 말하기를 통해 자신의 상실과 고통을 인정받는 동시에, 자신의 트라우마를 다른 사람과 공유하고 사회화하는 과정

16 전우용, 「역사인식과 과거사문제」, (『역사비평』 69, 2004), 31-32쪽.

17 특히 사건 당시 남동생이 죽어가던 모습을 지켜본 김분임은 "지금도 어떤 날이면 가슴이 너무 아파요. 동생이 하던 말이 귓가에 들리기도 하고요"라고 이야기 하였다.(진실화해위원회, 2008.12.30., [영암군 민간인 희생사건(1) 진실규명결정서](참고인 김남례 진술조서(2008.2.27.)

을 거쳐 자신들의 고통을 치유하는데 어느 정도 도움도 되고 있는 것이다.[18]

물론 희생자들이 증언에서 자신의 경험과 고통을 모두 이야기하는 것은 아니며, 수치스럽거나 떠올리기조차 싫은 사건에 대해서는 침묵하기도 하였다. 이들은 마음속에 고통을 안고 살아가면서도 드러내는 방법을 찾지 못하여 트라우마에서 벗어나지 못하고 있는 것이다. 이와 같이 스스로 고통을 덜어낼 수도 없을 만큼 큰 고통을 안고 살아가는 희생자들을 위해서는 국가가 적극적으로 나서 치유프로그램을 가동시켜 고통을 치유할 수 있는 길을 제시해야 할 것이다.

5
진화위의 과거사 청산과 결과

2004년 8.15 경축사에서 노무현 대통령이 포괄적 과거사 청산의 필요성을 언급한 이후 17대 국회 개원으로 과거사법 문제가 본격적으로 논의되어 각 정당별로 기본법 제정안이 제출되었고, 2004년 12월 31일 〈진실화해기본법〉수정안을 마련, 많은 논란 끝에 여야는 타협안을 마련하였다. 그 결과 기본법안은 과거사 정리 방식을 '진상규명에 바탕을 둔 진정한 화해를 통해 국민화합과 통합을 달성'하는 것으로 정하고, 이를 수행할 기구로 독립위원회 성격의 '진실과화해를위한과거사정리위원회'를 두기로 하였다. 진실규명의 범위는 한나라당의 의견을 반영하여 "항일독립운동, 해외동포사, 한국전쟁 전후의 민간인 집단희생사건, 위법한 공권력에 의한 피해사건 및 기타 조작의혹사건, 대한민국의 정통성을 부정하는 세력에 의한 테러, 인권유린, 폭력사건"으로 하였다.

이후로도 진통과 우여곡절을 거듭한 끝에 2005년 5월 3일 〈진실 · 화해를

18 김무용, 「과거청산 작업에서 진실말하기와 대항 내러티브 주체의 형성」, (『한국사연구』 153, 2011), 202-203쪽.

위한 과거사정리 기본법〉이 여 · 야 합의로 국회를 통과했다. 위원회는 사전 조사 및 준비기간을 거쳐 2006년 4월 25일 제15차 회의에서 385건의 조사개시 결정을 내림으로써 본격적으로 조사 활동을 시작하였다.

이러한 법률에 따라 과거사 청산은 진행되었고, 2010년 위원회의 종합보고서[19]로 일단락되었다. 과거사 청산의 결과를 위원회의 종합보고서를 중심으로 살펴보면 위원회는 2005년 12월 기본법 시행 이후 5년여 동안의 활동을 통해 지난 한 세기동안 은폐되었던 사건들의 진실을 규명하였다. 진실규명과 함께 피해자와 유족들의 명예를 회복하고, 국가의 사과, 위령사업, 재심, 역사기록 등재 등 다양한 권고를 통해 정부가 화해를 위한 일련의 조치를 취하도록 촉구하였다.

진실규명의 건에서는 항일독립운동 사건 20건에 대한 진실을 규명하였으며, 3 · 1운동, 청년운동, 노농운동 등의 대중운동과 신간회운동, 사회주의운동, 아나키즘 운동과 관련된 것이 다수였다. 해외동포사와 관련하여서도 총 3건을 진실규명 하였다. 반탁 운동가들의 소련유형 사건, 직권으로 조사한 파독광부 · 간호사의 한국경제 발전에 대한 기여 건과 태권도의 국제적 보급을 통한 국위 선양의 건에 대해 진실을 밝혀냈다.

한국전쟁시기 민간인 집단희생 사건으로는 한국전쟁 전후 발생한 국민보도연맹사건, 부역혐의 사건, 군경토벌사건, 여순사건, 미군 폭격 사건, 그리고 인민군 및 좌익 등에 의한 피해 사실의 진상을 규명하였다. 위원회의 규명 내용은 주로 희생규모, 피해자 및 희생자 확인, 피해 및 희생경위, 가해주체, 지휘계통, 유족의 피해 등이다. 한국전쟁 전후 민간인 집단희생 사건 조사결과 가장 큰 성과는 무엇보다도 한국전쟁 중 많은 민간인이 군경에 의해 적법절차 없이 전국적으로 희생되었다는 주장이 사실로 밝혀졌다는 것이다.

인권침해 사건은 기본법 상 1945년 8월 15일부터 권위주의 통치 시기까지 헌정질서 파괴행위 등 위법 또는 현저히 부당한 공권력의 행사로 인하여 발생한 사망 · 상해 · 실종사건, 그 밖의 중대한 인권침해 사건과 조작의혹사건을

19 진실 · 화해를위한과거사정리위원회, 『진실화해위원회 종합보고서』 I - IV, 2010.

대상으로 하였다. 인권침해 조사활동은 지난 50여 년 간 국가 권력에 의해 자행된 위법 또는 부당한 인권침해로 말미암아 정신적 · 육체적 상처를 받고 살아오던 당사자 및 관련자들의 억울함에 대한 호소를 국가가 수용하여 사건을 조사함으로써 피해자들의 인권옹호와 함께 왜곡되거나 은폐된 진실을 밝혀내 잘못된 과거사를 정리해 내는 중요한 계기가 되었다.

민간인 집단희생 사건 및 인권침해 사건의 진실규명 성과는 국가가 피해자에게 사과를 하고 피해자를 위령하며, 재심을 권고하는 등의 피해자 명예회복의 노력으로 이어졌다. 한국전쟁 전후 시기 민간인 집단희생 사건의 경우에 1950년 8월 군 · 경에 의하여 870여 명의 민간인이 집단 희생된 '울산보도연맹사건'에 대하여 2008년 1월 24일 추도식에 대통령이 직접 참석하여 사과하였고, 나주 동박굴재 사건, 고양 금정굴 사건, 고양 부역혐의 사건 등 경찰 관련 사건은 유족회에서 주관하는 위령제 행사에 관할 경찰서장이 참석하여 사과하였으며, 함평 11사단 사건, 제주 예비검속 사건(섯알오름) 등 국방부 등 군 관련 사건은 국방부 기획조정관 및 관할지역 부대장이 참석하여 사과하였다.

과거에 법원에서 유죄 확정판결을 받은 사건으로서 위원회에서 진실을 규명하여 재심을 권고한 사건은 2010년 7월까지 모두 42건이고, 이 중 총 18건이 재심 결과 무죄판결이 이루어졌다.

위원회는 최종적으로 종합보고서를 작성 보고하고 진실규명이 내려진 사건에 대하여 피해자와 희생자의 명예회복을 위한 국가의 조치, 당사자 간의 화해를 위한 조치, 재발방지를 위한 국가의 조치, 법령 · 제도 · 정책 · 관행의 시정과 개폐에 관한 사항, 역사의식 함양을 위한 교육 · 홍보 등에 대한 권고사항을 개별 사건별 결정서에 담아 국가(권고사항 처리기획단)에 통보하였다. 사건 유형별로 항일독립운동 1건, 해외동포사 2건, 민간인집단희생 7,099건, 적대세력관련 1,331건, 인권침해 258건 등으로 2010년 6월 30일자로 총 8,691건에 대해 권고를 하였다.

그리고 정책 권고사항으로 '한국전쟁 전후 민간인 집단희생사건에 대한

배 · 보상 특별법 제정 건의', '한국전쟁 전후 민간인 집단희생 유해발굴과 안장을 위한 건의', '과거사 연구재단 설립을 위한 건의'를 권고 하고 다음의 조치사항을 권고하였다.

표 4 위원회의 종합권고 조치사항

조치항목	권고내용
피해자의 명예회복과 구제를 위한 조치	- 국가는 잘못 알려진 진실규명 사건의 진실을 널리 알리는 등 피해자의 명예회복을 위하여 노력할 필요가 있다. - 국가는 6 · 25전쟁 전후 민간인 희생 사건의 피해자 및 인권침해 사건의 피해자와 그 가족 중에서 후유증으로 고통 받는 사람들에게 의료 · 상담 치료 등을 지원할 필요가 있다. - 국가는 한국전쟁 전후 미군 관련 사건의 피해자에 대한 적절한 피해구제 방안을 마련하고 이를 위하여 미국 측과 그 방안을 논의하는 등 외교적 노력을 할 필요가 있다. - 국가는 '재일동포 등 간첩조작 사건'의 피해자들이 부당하게 일본 내에서 겪고 있는 불이익과 고통을 해소하기 위하여 외교적 노력을 기울일 필요가 있다.
재발 방지를 위한 국가의 조치	- 국가는 6 · 25전쟁 전후 민간인 희생사건 조사 과정에서 드러난 집단학살의 재발방지를 위해 가해자 처벌 등 제도적 장치를 보완할 필요가 있다.
법령, 제도, 정책, 관행의 시정 및 개폐	- 국가는 오 · 남용의 우려가 있는 국가보안법의 적용에 신중을 기할 필요가 있다. - 국가는 비록 비상사태에 처한 경우라 할지라도 예비검속, 주거 제한, 재산동결 등의 기본권 제한이 최소화될 수 있도록 하는 제도적 방안을 마련할 필요가 있다. - 국가 안보 등에 관한 비밀문서에 대해 국가 안보에 영향을 미치지 않는 범위 내에서 일정 기간이 경과되면 공개하는 등의 조치가 필요하고, 이를 위해 공공의 이익과 국민의 알 권리가 조화될 수 있는 범위내에서 정보공개법이 보완될 필요가 있다. - 국가는 위원회의 진실규명 결과에 따라 유가족이 희생자에 대한 가족관계등록부의 작성과 정정을 용이하게 할 수 있도록「가족관계의 등록 등에 관한 법률」을 개정하여 과태료의 면제 등 지원방안을 마련하여야 한다. - 국가는 '사인확인제도'(검시제도)의 신뢰성을 제고하는 방안을 마련할 필요가 있다.
진실규명사건의 가해자에 대한 법적 · 정치적 화해 조치에 관한 사항	- 국가는 가해자의 참회와 피해자 · 유족의 용서를 통한 화해가 이루어질 수 있도록 제도적 장치를 마련하는 등 적극 지원에 나서야 한다.

조치항목	권고내용
국민화해와 민주발전을 위한 조치	- 국가는 과거 공권력의 위법 · 부당한 행사 사실에 대하여 피해자와 유가족 등에게 사과할 필요가 있다. - 국가는 적절한 장소를 확보하여 위원회가 발굴한 민간인 집단 희생사건 희생자들의 유해를 안장하고 이곳에 한국전쟁 전후의 모든 민간인 희생자를 위한 단일 화해 · 위령시설을 건립할 필요가 있다. - 국가는 군경사건 희생자와 적대사건 희생자 모두를 위령하는 지역합동위령제를 지원함으로써 국민적 화해와 통합에 노력할 필요가 있다.
역사의식의 함양을 위한 교육 · 홍보에 관하여 국가가 하여야 할 조치	- 국가는 생명존중, 평화와 인권을 중시하는 사회적 풍토를 조성하기 위해 적극적인 교육과 홍보를 실시하고, 아울러 전쟁의 참상 등을 내용으로 하는 평화안보교육을 실시할 필요가 있다.
그 밖에 국가가 하여야 할 필요한 조치	- 국가는 미신청 피해자들을 위한 대책을 마련하고, 미조사 사건을 위한 학술연구 활동 등을 지원할 필요가 있다. - 국가는 조사결과 진실이 규명되지 않았거나, 미처 신청하지 못한 미군관련 사건 피해자들을 위하여 미국이나 관련 국가의 관련 자료를 확보하는 노력을 할 필요가 있다.

이와 같이 위원회의 활동을 비롯한 과거사청산은 일련의 성과를 이루어 내었지만, 여전히 몇 가지의 과제를 안고 있다. 우선은 한시적 시간으로 인한 충분한 조사가 이루어지지 못하여 총체적인 과거사 청산이 이루어지지 못하였다는 점이고, 또 화해 사업이 충분한 성과를 거두지 못했다는 점이다. 다음은 권고사항의 효율성 문제로 권고이행을 집행할 수 있는 법적 제도적 장치가 미흡하기 때문에 실효성에서 의심이 가는 점이다. 그러나 무엇보다도 중요한 문제는 피해자에 대한 명예회복 및 보상을 위한 하나의 방안으로써 생존한 피해자나, 피해자의 유가족들이 입은 정신적 상처에 대한 치유의 방안이 마련되어 있지 않다는 점이다.

위원회는 진실규명을 신청한 사건의 피해자와 가족 등을 대상으로 조사의 신뢰성 제고와 치료 및 재활 측면의 화해 방안 모색을 위해 심리적 피해현황을 조사한 바 있는데, 전남대학교 산학협력단 주관으로 2006년 12월 ~ 2007년 6월까지 실시하였으며, 집단희생 관련 대상자는 민간인 집단희생사건 관련자 중 406명, 적대세력에 의한 희생사건 관련자 중 24명을 대상으로 하였었다. 그 조사보고서에 따르면, 사건 관련 직접 경험자들이 '외상 후 스트레스장애'를 겪고 있는 비율은 한국전쟁전후 민간인 집단 희생사건에서 38.9%, 권위주의 시대 고문·가혹행위와 의문사 사건에서 48.8%로 나타났다. 또한 2세대 가족들이 겪는 외상 후 스트레스장애는 인권침해 피해자 사례에서 26.7%, 집단희생 피해자 사례에서 19.5%, 인민군 등 적대세력 또는 항일독립운동 과정에서의 피해 사건에서 10.5%로 나타났으며, 인권침해사건 당사자와 가족의 외상 후 스트레스장애 증상이 가장 심각한 것으로 드러났다.[20]

따라서 이에 대한 국가차원의 지원이 마련되어져야 하나, 현재까지 이루어지지 못하고 있어 과거사의 청산은 지금부터 시작이라고 해도 과언이 아닐 것이다. 특히 역사적 트라우마는 역사의 전개에 따라 국가간의 전쟁이나 침략에 의한 지배, 인종주의, 이념 갈등 등에 의해 발생하며, 직접적인 고통을 당한 개인들에게 심각한 영향을 미칠뿐더러 국가나 민족 사회단체에도 치명적인 해악을 끼치고 오랫동안 지배적인 사상이 되어 발전을 저해한다. 곧 역사적 트라우마는 개인에게는 삶의 어두운 상처와 고통의 흔적이 각인되어 지워지지 않을 때에 과거가 현재의 삶에 지대한 영향을 미쳐 현재의 삶에 커다란 장애를 일으키고, 국가나 민족, 공동체에게도 과거의 상흔이나 역사적인 흔적이 정리되지 않을 때는 건전한 현재도, 창의적인 미래도 있을 수 없다. 또 나아가 개인이나 국가, 민족이 과거의 평가에 발목이 잡혀 현재나 미래를 잃어버릴 때는 건강한 모습 전체를 잃어버리게 될 수도 있다.[21]

이를 위해 한국근현대사를 지나오면서 자행되어온 전쟁시 불법적 집단학살사건이나, 권위주의 통치시기의 각종사건에 대한 진실규명 차원의 조사활동이 진행되었지만, 위원회의 목적 중의 하나인 과거와의 화해를 통한

20 『진실화해위원회 종합보고서』 I, 130-131쪽.

21 김정현, 니체의 역사치료학(『범한철학』제35집, 범한철학회, 2004), 159쪽.

역사의 치유가 이루어졌다고는 볼 수 없다. 이에 위원회는 피해자의 명예 회복과 구제를 위한 조치로 국가에 다음과 같은 권고 사항을 제시하였다.

> "인권침해 당한 피해자들이 비록 재심 등을 통하여 무죄 판결을 받을지라도 가혹행위 등으로 인한 후유증이 계속 남아 있을 가능성이 있다. 따라서 이처럼 집단 희생이나 인권침해 등을 경험한 피해자와 그 가족들이 입게 되는 정신적·육체적 고통과 후유증에 대한 치료를 위해 의료 지원이나 상담 지원이 필요하다. …… 따라서 민간인 희생 사건의 피해자 및 인권침해 사건의 피해자와 그 가족 중 후유증으로 고통 받은 사람들에게도 조속한 의료·상담치료 등을 지원할 필요가 있다."[22]

위원회의 활동을 통하여 확인된 역사적 외상은 이제 비로서 치유가 시작된 것이다. 그렇지만 위원회의 조사활동은 경제적 · 시간적 제약으로 인하여 트라우마를 겪은 모든 사람들을 대상으로 진행되지는 못하였다. 위원회의 활동을 계기로 역사적 외상을 경험했던 모든 사람들이 떳떳하게 진상을 밝히고 마음에 안고 있는 상처를 치유할 수 있는 길로 나아가야 할 것이다.

이와 같이 우리나라는 현대사를 지나오며 전쟁과 과거 권위주의 정권에 의해 조직적, 의도적, 체계적으로 행해진 중대한 인권침해나 국가폭력이 개인과 국가 · 사회에 트라우마로 작용하여 씻을 수 없는 상처로 남아있다. 과거사 청산은 이와 같은 상처가 치유되어져야 완전한 청산이 이루어졌다고 할 수 있을 것이나 현재의 정부나 제도적 장치로는 한계가 있기 때문에 트라우마를 치유할 수 있는 별도의 제도적 장치를 마련하여 지속적인 치유의 노력이 있어야 할 것이다.

22 『진실화해위원회 종합보고서』 I , 215-216쪽.

6
맺음말

해방 직후부터 '반민족행위특별조사위원회'를 시작된 과거사 청산 노력은 '진실·화해를위한과거사정리위원회'의 성립으로 포괄적인 과거사 청산 작업이 이루어져 일련의 성과를 이루기도 하고 한계점을 노출하기도 하였다. 그러나 과거사청산은 일시적으로 이루어질 것도 아니고 우리나라에 국한되어진 것도 아니다. 따라서 건강한 국가·사회를 유지하기 위해서는 항시 지나간 과거의 청산해야할 역사를 올바로 규명하여 정리하도록 노력해야 할 것이고 미래의 사회에 대한 예방교육도 철저히 이루어져야 할 것이다.

이러한 과거사를 청산하는 작업의 중요한 일부분이 트라우마에 대한 치유이고, 치유는 이제부터 시작인 것이다. 역사의 치유는 정확한 진술을 바탕으로 고통을 받는 부분이 어디인가를 파악하여 억울함과 한을 풀어주어야 하는 것이다. 억울함을 풀어주는 것은 역사적 진실을 찾아 사실관계를 바르게 정리함으로써 사회로부터의 질시를 해결해주는 것이고 국가로부터 당할지도 모른다는 부당대우에 대한 염려를 줄여주는 것이다. 곧 트라우마를 갖게한 주체를 규명하여 사과와 용서를 통한 화해의 길로 나아갈 때 진정한 치유가 이루어졌다고 할 것이다.

용서는 가해자가 아니라 피해자의 몫이지만 가해자가 진실을 고백할 때 피해자의 용서도 가능하다. 그러나 대부분의 나라에서 역사는 피해자와 무관하게 가해자가 거꾸로 용서를 구하는 것을 보여주었다. 피해자의 용서는 가해자의 사죄와 같이 갈 때 진정한 화해에 다달을 수 있다. 어쩌면 피해자는 용서를 바라는 것이 아니라 진실을 밝히기를 바랄 것이다. 진실이 감추어진 속에서 용서를 구하는 것은 진실된 용서를 바라는 것이 아닐 것이다. 피해자들은 잘잘못의 문제가 아니라 억울하게 희생된 것에 대하여 국가와 사회가 알아주기를 원하며, 진정한 피해자가 잘못없이 희생된 것이라면 그것에 대한 정당한 보상이 이루어져야 한다는 것이다. 억울한 희생에 대한 명예회복을 통하여 상처를 치유하고 진정한 마음으로 용서함으로써 다시 화합의 길로 갈수 있을 것이며, 새로운 시대의 사회통합을 이루어 갈 수 있을 것이다.

또한 오랫동안 내면의 고통으로 고착화된 트라우마를 치유의 프로그램을 통한 완전한 치유의 단계로 나아갈 수 있도록 제도적 장치를 마련하여 그들의 상처를 온전히 치유해야 과거사 청산은 완성될 것이다. 과거사청산의 궁극적 목적은 역사의 정의를 세우고 화해의 길로 나아가 발전적 미래를 만드는 것이기 때문이다.

참고문헌

곽건흥, 「일제강점기 '강제동원·강제노동' 문제 청산의 현재적 과제」, 『기억과 전망』 4, 2003.

김동춘, 「20세기 국가폭력과 과거청산」, 『인권과 평화』 2-1, 2001.

_____, 「한국 과거청산의 기본방향」, 『과거청산 포럼자료집』, 2004-9, 2004.

_____, 「해방 60년, 지연된 정의와 한국의 과거청산」, 『시민과 세계』 8, 2006.

김득중, 「한국전쟁 전후의 민간인 학살」, 『내일을 여는 역사』 18, 2004.

김무용, 「진실화해위원회, 과거청산운동의 제도화와 국민통합주의 노선」, 『4.3과 역사』 6, 2006.

_____, 「한국 과거청산의 제도화와 국민통합 노선의 전망–한국전쟁 전후 민간인집단학살 문제를 중심으로–」, 『한국민족운동사연구』 53, 2007.

_____, 「과거청산 작업에서 진실말하기와 대항 내러티브 주체의 형성」, 『한국사연구』 153, 2011.

김민철, 「과거청산 관련법의 현황과 과제」, 『과거청산 포럼자료집』, Vol.2005 No.2, 2005.

_____, 「한국의 '과거청산' 운동」, 『과거청산 포럼자료집』, Vol.2005 No.6, 2005.

김영범, 「한국전쟁 전후의 민간인 학살, 어떻게 청산할 것인가」, 『기억과 전망』 4, 2003.

김영수, 「이명박 정부의 과거사정리정책, 민주주의의 이행과정인가 퇴행과정인가?」, 『과거청신 포럼자료집』, Vol.2008 No.2, 2008.

김희수, 「과거청산과 재심 문제」, 『과거청산 포럼자료집』, Vol.2007 No.5, 2007.

박한용, 「과거사 청산의 역사적 의의와 필요성」, 『과거청산 포럼자료집』, Vol.2006 No.3, 2006.

서승, 「'동아시아 역사·인권·평화선언'을 위해」, 『역사비평』 93호, 2010.

서중석, 「한국사회의 과거청산–역사적 상황과 의미」 『기억과 전망』 4, 2003.

안김정애, 「국가기관의 민주화와 과거사청산」, 『역사비평』 93호, 2010.

안병욱, 「한국 과거청산의 현황과 과제」, 『역사비평 93호』, 2010.

_____, 「과거청산, 왜 해야 되나?」, 『내일을 여는 역사』 18, 2004.

_____, 「현대 한국의 과거청산」, 『과거청산 포럼자료집』, Vol.2004 No.9, 2004.

이병주, 「민주화운동명예회복과 과거청산」, 『과거청산 포럼자료집』, Vol.2008 No.2, 2008.

이이화, 「과거사 청산은 어떻게 해야 하나」, 『내일을 여는 역사』 19, 2005.

이재승, 「과거청산과 인권」, 『민주법학』 24, 2003.

이준식, 「국가기구에 의한 친일청산의 역사적 의미」, 『역사비평』 93, 2010.

임현진, 「다시 보는 과거사 정리-프랑스와 남아공이 주는 교훈」, 『역사비평』 83, 2008.

장완익, 「기존 과거청산입법의 문제점」, 『과거청산 포럼자료집』, Vol.2004 No.9, 2004.

_____, 「과거청산 관련 각 국가기구의 현황과 과제」, 『과거청산 포럼자료집』, Vol.2006 No.3, 2006.

전우용, 「역사인식과 과거사문제」, 『역사비평』 69, 2004.

전현수, 「민주화 이후의 과거청산」, 『한국행정학회 Conference 자료』 2009.

정근식, 「과거 청산의 역사사회학을 위하여」, 『사회와 역사』, Vol.61, 2002.

정병준, 「한국의 과거사 유산과 진상규명작업의 역사적 의미」, 『민주주의와 인권』 5-2, 2005.

정현백, 「글로벌 시각에서 본 과거청산의 의미」, 『역사비평』 93호, 2010.

정호기, 「한국 과거청산의 성과와 전망-과거청산 관련 국가기구의 활동을 중심으로-」, 『역사비평』 69, 2004.

_____, 「한국의 과거청산 작업의 한계와 성과」, 『과거청산 포럼자료집』 Vol.2004 No.9, 2004.

최정기, 「과거청산에서의 기억 전쟁과 이행기 정의의 난점들-광주민주화운동 관련 보상과 피해자의 트라우마를 중심으로」, 『지역사회연구』 제14권 제2호, 2006.

한성훈, 「과거청산과 민주주의 실현-진실화해위원회의 활동과 권고사항의 이행기 정의를 중심으로」, 『역사비평』 93호, 2010.

허상수, 과거청산의 위기와 과거사정리 관련 위원회의 미래지향적 가치, 『민주법학』 제39호, 2009.

홍석률, 「지속적인 과거청산을 위하여」, 『역사비평』 93호, 2010.

03

한국전쟁 전후 민간인 학살에 대한 분노와 치유

03

한국전쟁 전후 민간인 학살에 대한 분노와 치유

엄찬호

1 머리말

한국의 근대사는 내적 모순을 극복하지도 못한 상황에서 제국주의 세력의 침략에 직면하여 외적 모순까지 겹치는 갈등 구조의 연속이었다. 결국 일제강점하에 놓이게 되면서 계급갈등과 민족갈등, 이념갈등 까지 형성되어 매우 복잡한 상황에서 현대사를 맞게 되었다. 일제는 그들의 지배정책을 관철시키기 위하여 온갖 폭력을 가하여 우리민족을 탄압하였고, 이는 한국현대사 속에 점철된 국가폭력의 시작이었다.

해방된 공간속에서 좌우의 이념대립과 갈등으로 통일정부를 수립하지 못한 한국은 전쟁을 맞게 되었고, 전쟁은 우리민족에게 씻을 수 없는 깊은 상처를 남겼다. 특히 한국전쟁기간 군경과 적대세력, 미군에 의해 저질러진 대량의 민간인 학살은 통한의 아픔을 가져왔으며, 한국현대사에서 해결해야할 최대의 과제로 자리매김하게 된다.

한국전쟁 전후 자행되어진 민간인 학살은 단정수립과정에서 발발한 제주 4.3항쟁과 여순사건 등에서 많은 민간인 희생자들을 내었고, 1950년 한국전쟁이 시작되어서는 더 많은 민간인들이 희생되었다. 첫째는 개전 직후인 7월 초순을 전후하여 전국적으로 벌어진 국민보도연맹원 · 형무소 수감자에 대한 예방학살로 이는 북한측에 도움이 될 것이라는 추정에 근거해 이승만 정부가 조직적으로 자행한 명백한 국가범죄였다. 둘째는 북한군 점령기부터 철수과정까지 인민군 · 빨치산 · 지방좌익세력 · 보련원 유가족 등에 의한 보복 및 예방학살이었다. 셋째는 인천상륙작전 이후 한국 군 · 경의 수복과정에서 교전행위 및 부역(혐의)자 처형과정에서 일어난 민간인 학살이었다. 넷째는 9.28수복 이후 1953년 정전협정의 체결시까지 이루어진 한국 군 · 경 합동 토벌과정에서 한국군 · 경, 우익청년단체에 의해 자행된 민간인학살이다. 또한 1951년 1.4후퇴를 전후한 시기 서울 · 경기 지역에서 점령주체가 몇 차례 바뀌면서 대규모 민간학살이 진행되었다. 한편 1951년 중반 전선이 교착상태에 접어든 이후에는 빨치산 · 인민군 잔류병에 대한 토벌작전이 본격적으로 전개되어 거창양민학살사건 · 함평양민학살사건 등 대규모의 민간인 학살이 이 시기에 집중되었다.[1]

이와 같이 한국전쟁 전후 군경이나 적대세력 또는 미군에 의해 희생당한 민간인 숫자는 100만 여명에 달하는 것으로 알려져 있다. 4.19직후에 활동한 전국유족회의 조사결과로는 피학살자 수가 114만명이라고 주장한 바도 있다. 이는 국제법과 인도주의의 측면에서도, 그리고 국민주권의 대한민국 헌법정신에 비추어서도 결코 용인될 수 없는 반인도적 전쟁범죄이자 국가폭력이었다. 곧 한국전쟁 전후의 학살은 해방 이후의 국민국가 수립과정에서 벌어진 정치폭력으로 전쟁 당사자들인 국가가 사실상 학살을 주도했다는 점에서 국가 공권력에 의한 학살 국가폭력인 것이다.

이러한 학살현장에 있던 사람들은 마음에 깊은 상처 곧 역사적 트라우마를 겪게 되었다. 가족을 잃은 유족들은 물론이고 사람들의 끔직한 죽음을 보고 들은 이들, 광기에 휩쓸려 학살에 가담한 이들도 그 기억은 떠올리고 싶지 않은 기억으로 남아 여전히 상처로 남아있다. 전쟁이후 극단적인 반공이데올로기가 사회를 지배하며 남아있는 자들은 아픈 기억을 떨쳐버릴 기회조차도 놓

1 정병준, 「한국의 과거사 유산과 진상규명작업의 역사적 의미」, (『민주주의와 인권』 제5권 2호, 2005), 217~218쪽.

처버리고 침묵을 강요당하며 가슴에 한을 품고 살아 왔던 것이다.

이러한 민간인 학살 문제에 대하여 1990년대 이후 본격적인 연구가 진행되었고, 2005년 '진실화해를위한 과거사정리위원회'(이하 진화위)도 성립되어 시행된 결과 학살주체와 학살규모 등 대체적인 진실규명은 어느 정도 이루어졌다고 할 수 있다. 그러나 여전히 학살사건과 관련된 국가와 사회 개인에 대한 화해와 치유는 이루어지지 못하고 있다.

이에 본고는 한국전쟁 전후에 있었던 민간인 학살사건을 진화위의 종합보고서를 통하여 조명해보고 한계점을 살펴보고자 한다. 그리고 진화위의 활동에도 불구하고 여전히 해결되지 못한 문제인 치유의 문제를 점검하고 치유의 방향을 제시해 보고자 한다.

2
한국전쟁 전후 민간인 학살

한국의 현대사에서 민중들은 억압적인 국가권력에 대항하여 인간의 기본적 권리를 누리기를 원하는 힘겨운 싸움을 벌였다. 때문에 한국 현대사는 민주화 투쟁의 과정에서 국가의 폭력으로 희생당한 수많은 사람들의 고통을 기록하고 있다. 희생자와 그 유가족들은 개인적인 생활의 고통뿐만 아니라 사회적인 침묵, 방관, 왜곡의 고통을 겪어야만 했다. 해방 이후 한국에서 자행된 민간인학살의 주체는 국가권력이었다. 해방이후 독립국가수립을 꿈꾸던 민중들에게 분단은 또 다른 상처였으며, 이를 추진하는 국가세력들을 적대시 하였다. 이에 국가수립을 추진하는 세력들은 반공이데올로기를 명분으로 국가를 수립하고 자신들의 권력을 쟁취하고 유지시켜나갔다. 때문에 해방 이후 한국에서 자행된 대부분의 민간인학살은 국가기구가 직접 개입한 국가 테러리즘이었다.

국가에 의해 자행된 민간인학살은 국가권력이 폭력을 동원하여 대중들을 권력의 목표에 순응하도록 통제하는 과정이었다. 곧 국가권력의 이해와 어긋나는 대중은 국가의 이름으로 제거된다는 교훈을 주는 것이다. 이를 통해 대중들의 국가권력에 대한 두려움과 공포를 경험하게 하는 동시에 한편으로 대중이 국가권력에 순응하는 문화를 만들어냈다. 특히 한국전쟁 전후 상황에서 상대방의 군대나 민간인을 향하여 대량의 살상이 발생하였고, 또한 전쟁을 수행하는 과정에서 국가는 자기 영토 내의 국민을 상대로 폭력과 인권을 유린하는 다음과 같은 다양한 형태의 국가폭력을 자행하였다.[2]

2.1 군경에 의한 민간인 학살[3]

한국전쟁전 발생한 군경에 의한 민간인 학살 사건은 여순사건을 중심으로 빨치산 토벌과 관련된 사건이다. 곧 10월 21일부터 27일 여수가 탈환될 때까지 군경의 진압군이 '반군토벌사령부'를 설치하여 계엄령을 선포하고 진압작전을 전개하는 과정에서는 다수의 민간인이 집단학살되었다. 토벌 작전에 나선 군경은 빨치산과 직접 전투를 벌이기도 하고 빨치산의 보급 활동을 차단하고 민간인들과의 연계를 차단하기 위한 활동도 했다. 군경은 작전 지역인 산간마을을 소개하거나 빨치산을 색출한다는 명분으로, 또는 빨치산에게 식량을 제공하거나 협조했다는 이유 등으로 마을 주민들을 연행한 뒤 구금하여 조사하였고, 조사 후 빨치산에 협력한 혐의가 있다고 판단되면 주민들을[4] 사살하였다. 군경은 실제 좌익 활동가 뿐 아니라 생존을 위해 빨치산에게 식량과 생필품을 탈취당한 사람들도 좌익과 내통하였다는 혐의로 토벌 대상으로 삼았다.

2 김동춘, 「20세기 국가폭력과 과거청산」, 『인권과 평화』 제2권 1호, 2001, 91쪽.

3 『진실화해위원회 종합보고서』III -민간인 집단희생 사건, (진실화해를위한 과거사정리위원회, 2010), 9~113쪽; 242~260쪽.

4 이 시기 빨치산 근거지 인근 주민들은 협조 요청에 불응한다는 이유 등으로 빨치산에게 피해를 당하거나 빨치산에게 협조했다는 이유로 군경에게 사살당하는 등 이중의 고통에 시달려야 했다.

그 후 반군 점령지역 수복 이후에는 반군 협력자 색출과정이나 잔류 빨치산을 토벌하는 과정에서 지리산 등지의 산간 지역 민간인이 집단학살되었다. 그리고 여순사건 이후에는 반군에서 이탈한 다수의 군인들이 은거 또는 귀향 도중 반군으로 오인되어 경찰 · 진압군에 의해 희생되기도 하였다.

한편 여순사건과 관련하여 국민보도연맹[5]에 가입하였거나 정치사상범으로 대전형무소 등에 수감되어 있던 이들은 한국전쟁 발발 직후 군경에 의해 집단학살되어 1949년 11월 11일 전라남도 당국이 여순사건 발생지역 전체를 조사한 결과 인명 피해는 11,131명이었다.

인천상륙작전으로 서울 수복 이후에는 전황이 불리해진 인민군이 북으로 퇴각하였는데, 미처 퇴각하지 못한 1만여 명의 인민군이 호남과 영남의 산악지역에 근거지를 구축하고 유격전을 전개함에 따라 이들을 토벌하는 과정에서 다수의 민간인이 학살되었다. 곧 군경이 주둔하여 잔여 인민군 토벌작전을 수행하였던 담양, 장성, 함평, 화순, 영암, 남원, 고창, 임실 지역에서 민간인 학살사건이 발생하였다.

또 지리산 주변지역에서도 인민군 토벌작전이 전개되었는데 주요 작전지역은 신청, 함양, 거창 등이있다. 이 당시의 토벌작전을 '견벽청야(堅壁淸野)작전'[6]이라 하였는데, '견벽청야작전'은 산간지역의 주민을 치안이 확보된 소위 안전지대로 소개시킨 후 이 지역을 소각, 파괴하는 일종의 초토화작전이었다. 그러나 이러한 소개작전이 작전 편의에 따라 무차별적으로 이루어지면서 민간인 희생이 커질 수밖에 없었고, 군경은 종종 주민들을 군 주둔지 등으로 소개한 후 아무런 절차 없이 임의적으로 부역혐의자나 사상 특이자를 선별, 처

---

5 국민보도연맹(國民保導聯盟)은 1948년 12월 시행된 국가보안법에 따라 '좌익사상에 물든 사람들을 사상전향시켜 이들을 보호하고 인도한다'는 취지와 국민의 사상을 국가가 나서서 통제하려는 이승만 정권이 대국민 사상통제를 목적으로 1949년 6월 5일에 조직했던 대한민국 반공 단체로, 흔히 보도연맹이라고 부른다.

6 중국의 고대전법으로 진지를 굳게 지키고, 주위의 인구나 물자를 소개하고 부근의 건물 · 수목 등을 적군이 이용하지 못하도록 제거 또는 소각한다는 뜻이다.

형하기도 하였다. 이러한 과정에서 경남 거창[7]・산청・함양 등지의 민간인 수백여 명이 학살되었던 것이다.

1950년 10월 수복 후부터 호남지역에서 군경의 잔류 인민군 토벌작전과정에서 희생된 민간인의 전체 규모는 확인할 수 없으나 진화위의 조사결과 신원이 밝혀진 희생자수는 2,437명이었다. 또 영남지역에서는 군경에 의한 대표적인 민간인 학살사건인 경남 거창・함양・산청 사건 등을 통해 볼 때 희생된 민간인 규모는 최소 1천여 명을 넘을 것으로 추정된다.

한편 부역혐의자에 대한 학살사건도 있었다.[8] 수복하던 국군에 의한 부역혐의자 총살사건은 일반적으로 강화, 고양, 여주, 남양주, 포천, 가평 등 여러 지역에서 사례가 확인된다.[9] 부역혐의 희생자들은 대체로 인민위원회 간부 등 인민군 점령시기에 북한의 점령정책에 직접적으로 협조한 사람들과 그 가족들이었고, 우익 인사들과 사적 원한관계에 있던 사람들이었다. 진화위의 조사를 통해 밝혀진 현재까지의 부역혐의 학살사건의 피해자는 확인된 사람이 2,929명이며 희생자 규모는 대략 20,000명으로 추정된다.

군경에 의한 민간인 학살사건의 가해이유를 몇 가지 범주로 분류하여 살펴보면 첫째는 반군이나 빨치산, 또는 잔류 인민군에 협조한 혐의로 희생당한 경우이다. 당시 일부 주민들은 해방직후 미군정기의 정치체제 문제나 귀속재산의 처리문제에서 북한에 우호적인 생각을 갖고 있는 경우도 있었고, 그렇지 않다하더라도 생존을 위해 협조하지 않을 수 없었는데 이로 인해 학살당한 경

7 거창 민간인 학살사건은 1951년 2월 9일부터 11일까지 육군 병력이 경남 거창군 신원면의 남녀노소들을 대량 학살한 사건을 말한다. 죽은 이들 가운데 아동들과 노약자들이 절반을 넘을 정도로 한명 한명의 혐의를 판단해 사살한 것이 아니라 그저 '이적행위자', '통비분자'의 누명을 씌워 주민들 중 군경가족을 분리하여 피난시키 후 무차별적으로 학살하였다.(한인섭, 『거창을 말한다』, 경인문화사, 2007)

8 『진실화해위원회 종합보고서』III -민간인 집단희생 사건, (진실화해를위한 과거사정리위원회, 2010), 229~242쪽.

9 특히 고양의 금정굴 사건은 대표적인 부역혐의자 희생사건으로 1950년 6월경부터 10월 25일경까지 고양경찰서 소속 경찰관, 의용경찰대, 태극단이 주민 200여명을 금정굴에서 총살한 사건이다.(신기철, 『진실, 국가범죄를 말하다』, 자리, 2011)

우로 한마을 전체가 무차별 학살당한 경우도 있었다. 둘째는 반군이나 빨치산, 인민군에 가담하거나 좌익활동에 적극적인 협조를 한 경우이다. 셋째는 마을 주민 사이의 무고 · 모략이나 보복성 고발 등으로 희생당한 경우이다. 넷째는 군경이 반군이나 빨치산 또는 인민군의 습격을 받을 경우 그 마을 전체 주민들을 대상으로 무차별 사살하여 학살당한 경우이다. 다섯째는 10.19사건(여순사건)에 관련된 제14연대[10] 군인의 가족이나 좌익 · 입산자의 가족이라는 이유로 학살당한 경우이다.

이러한 이유로 민간인을 학살하는 과정에서 군경은 주민들을 무차별적으로 연행하여 고문하고, 자의적인 심사와 분류에 따라 살해 하는 등 여러 가지 불법행위를 저질렀다. 실제 반군이나 빨치산에게 협조했다고 해도 무장한 군인과 경찰이 적법한 절차 없이 비무장상태인 민간인을 살해한 것은 인도주의에 반한 행동으로 헌법에 보장된 국민의 기본권인 생명권과 적법절차에 따라 재판받을 권리를 침해한 것이다.

군경 토벌 과정에서 발생한 민간인 학살사건에서 일차적인 책임은 적법 절차 없이 임의로 민간인을 살해한 현지 군경과 지휘관에게 귀속된다. 그러나 군경의 엄격한 지휘명령 체계를 고려할 때, 하급 기관의 불법행위로 발생한 민간인 집단 학살사건에 대한 궁극적 책임은 국민의 생명을 보호하고 군경을 관리 · 감독해야 할 국가에 귀속되어 있으므로 국가폭력인 것이다.

2.2 적대세력에 의한 민간인 학살[11]

10.19사건 발발 후 제14연대의 반군이 여수 · 순천 등지를 점거하는 과정에서, 그리고 반군의 점령하에 있던 여수 · 순천 · 보성 · 고흥 등지에서 반군과

10 제주의 4.3사건 진압을 위해 여수에 있던 14연대의 출동 명령이 내려지자 일부장교 들이 이에 대해 거부하고 병력을 동원하여 여수와 순천을 점거하면서 10.19사건 곧 여순사건으로 전개되었다.

11 『진실화해위원회 종합보고서』Ⅲ -민간인 집단희생 사건, (진실화해를위한 과거사정리위원회, 2010), 113~127쪽; 202~222쪽.

지방 좌익에 의해 민간인 학살사건이 발생하였다. 여수와 순천 지역에서는 반군이 점령한 이후 민간인들이 경찰과 가깝게 지낸다는 이유로 좌익에 의해 끌려가 학살당하는 사건들이 발생하였고, 또 때로는 주민들이 자택 마당에 있다가 열차로 이동하던 반군의 총에 우연히 맞아 부상을 당하거나 희생당하는 사건들도 있었다. 보성 · 고흥 지역에서는 반군이 진입하여 인민위원회를 구성하고 인민재판 등을 통해 경찰, 공무원, 청년단원 등 우익인사를 총살하는 사건들이 발생하였다.

다음 여수 · 순천이 군경에 의해 탈환된 뒤에는 반군과 지방좌익 곧 빨치산들이 산악지대로 들어가 무장투쟁을 전개하면서 현지 주민들에게 식량 등을 요구하거나 협조를 요청하여 이를 거절하면 민간인들을 학살하였다. 이 시기 광양 · 곡성 · 구례 · 담양 · 강진 등 전라남도와 경상남도, 경상북도 일대에서는 빨치산들의 활동에 불만을 표시하거나 그들에게 협조하지 않았다는 이유, 또는 마을에 나타난 빨치산이나 그들의 근거지를 신고했다는 이유로 한 개인이나 일가족, 또는 마을 주민 다수가 학살을 당하는 사건이 발생하였다.

한국전쟁이 발발한 이후에는 북한의 남한 점령 정책의 주요사업이었던 '반혁명세력의 숙청'사업으로 인해 많은 민간인이 희생되었다. 먼저 한국정부에서 정부기관이나 경찰 · 헌병 · 군에 근무했거나 우익청년단 등 사회단체원으로 활동했던 사람들이 정치범으로 처형되었다. 이들에 대한 숙청은 주로 북의 법령을 기준으로 한 면단위 '인민재판'에 의하여 이루어졌으나 '즉결처분'된 경우도 많았다. 또한 보도연맹원에 대한 숙청과 좌익들의 검거를 주도했던 '우익계 인사'들에 대한 학살이 이루어지면서 지역민들의 사적인 감정이 내포된 보복희생 사건도 발생하였다.

1950년 9월 15일 인천상륙작전이후에는 인민군이 후퇴하기 시작하면서 각 지역의 내무서나 분주소, 형무소 등에 수감되어 있던 민간인들이 학살되는 사건이 곳곳에서 발생했다. 인민군 점령 초기에는 '인민재판'형식을 갖춘 뒤 우익인사를 숙청하는 과정을 거쳤으나 인민군 후퇴기에는 심사과정이나 재판

과정 없이, 즉 형식적인 '인민재판'도 거치지 않은 채 자의적 판단에 의해 학살이 이루어짐에 따라 피해가 급증했다. 또 우익인사 개인뿐 아니라 그 가족으로까지 피해가 확대되어 이른바 '반동가족'으로 분류된 경우 일가족이 몰살당하는 사건이 다수 발생하였다.

이와 같이 한국전쟁 전후에 발생하였던 적대세력에 의해 피해를 입은 민간인들이 전쟁발발이전까지는 희생자 · 상해자 · 강제연행자로 확인되거나 추정된 피해자들이 대략 189명이었고, 전쟁기간 중에 학살된 희생자는 995명, 강제로 끌려간 뒤 행방불명된 자는 82명, 상해자는 14명으로 확인되었다.

적대세력에 의해 희생된 민간인의 피해 양상을 보면 우선은 주로 경찰, 공무원, 청년단원 등 우익인사로 분류되었던 사람들과 그 가족들이다. 다음은 반군과 지방좌익으로 구성된 빨치산들이 산악지대로 숨으면서 그들의 출몰 사실이나 근거지 등을 군경에 신고한 주민들이나 빨치산들의 요구에 협조하지 않아 학살된 민간인들이다. 적대세력 역시 적법한 절차 없이 임의로 민간인들에 대한 학살을 자행함으로써 남한과 북한군에 의해 번갈아 점령되었던 대부분의 지역에서 불법적인 학살이 진행되었다.

2.3 미군에 의한 민간인 학살[12]

미군에 의한 민간인 학살은 전쟁 발발이후 적진에 대한 폭격이나 교전지역 주민들을 대상으로 발생하였다. 개전 초기 국군의 급격한 후퇴로 주민들이 미처 피난하지 못하여 적진에 남아있는 상태에서 미군의 폭격이 이루어졌고, 특히 인민군과 주민들을 구분하지 않고 사람들이 많이 모여있는 곳에 폭격이 이루어져 다수의 민간인 학살이 진행되었다.

미군에 의한 민간인 피해 중 가장 많은 피해를 입은 것은 공중 폭격에 의한 피해로 적 병력이나 보급품이 전선으로 이동하지 못하도록 북한군의 집결지나 병

12 『진실화해위원회 종합보고서』Ⅲ -민간인 집단희생 사건, (진실화해를위한 과거사정리위원회, 2010), 176~202쪽; 261~277쪽.

력이동로 등을 폭격하는 차단작전에 의한 폭격이나 지상군을 공중지원하는 근접지원작전에 의한 폭격이 이루어지면서 그 지역안에 있던 민간인들도 학살되었던 것이다. 물론 미공군 규정에 의하면 의심나는 대상에 대해서는 폭격이 진행되지 말아야했지만, 실제로는 이 지침이 지켜지지 않았으므로 미군의 폭격에 의한 수많은 민간인 희생이 발생하였다.[13] 1.4후퇴 당시에도 정부는 각 도별로 피난장소를 정하여 민간인들을 피난시켰으나 중공군이 피난민보다 먼저 남하함으로써 피난민들이 전장에 갇히는 상황이 되었다. 이러한 상황에서 미군의 적진에 대한 공격은 민간인들에게도 가해져 다수의 피해자가 발생하였다.

미군에 의한 민간인 학살은 공중폭격에 의한 피해뿐만 아니라 지상군에 의한 피해도 컸다. 미군은 전선 인근뿐만 아니라 미군 주둔 지역에 대해 대체적으로 '교전지역'으로 간주하고 정찰, 수색 정책을 폈는데, 이 과정에서 피난을 떠나지 못하고 남아있던 민간인이 미군 정찰대와 수색대의 공격을 받는 일이 종종 발생했다. 또한 미군은 중공군의 공격을 받아 후퇴하면서 중공군의 보급선을 차단하기 위해 적의 은신처가 될 만한 시설·민가 또는 식량·가축 등을 파괴하거나 소각하는 과정에서 피난가지 못한 주민들이 화재로 사망한 경우도 있었다.

현재까지 조사한 결과에 의하면 한국전쟁 당시 미군에 의한 민간인 희생사건은 총 172건이며 희생 규모는 약 5,292명으로 추정된다. 미군에 의한 희생은 거주지에서 일상생활을 하다가 혹은 가족과 함께 피난을 떠났다가 희생된 경우가 많기 때문에 미군 사건 희생자에는 남녀노소가 모두 포함되어 있으며 일가족이 한꺼번에 몰살된 사례도 있었다.

---

13 전쟁 초기 미군의 폭격에 의한 대량 학살사건은 대표적으로 '노근리사건'을 들 수 있다. 노근리사건은 미군 4~5명이 영동지구 주곡리·임계리 등의 주민 약 500~600여명에게 피난길을 안내해주겠다는 구실로 국도를 따라서 걸어 노근리 지역까지 이르게 하고, 기찻길 위로 이끌어 소지품을 세밀히 검열하고 미군병사가 무전 연락을 취한 직후, 뙤약볕 아래서 더위에 시달리고 있는 피난민들을 향해서 갑자기 남쪽에서 날아온 전투기가 폭탄을 투하하고 총격을 가하여 수많은 인명을 살상하였고, 그 폭격을 피해 철로 밑에 뚫린 두 개의 터널 속으로 들어간 피난민들에게 4일간 기관총을 난사하여 또다시 학살을 저지른 사건을 말한다.(정은용, 『그대, 우리의 아픔을 아는가』, 도서출판다리, 1994)

3
민간인 학살에 대한 분노와 치유

3.1 학살에 대한 분노

한국전쟁의 발발은 역사적 비극이기도 하지만 법적 보호를 받아야 할 비무장민간인이 오히려 희생의 대상이 되었다는 점에서 민족사적 비극이다. 특히 한국전쟁기 민간인 집단희생사건들은 전쟁발발 초기에 집중적으로 이루어졌고, 민간인은 전선의 이동에 따라 군경, 미군, 적대세력에 의해 이중삼중으로 희생의 대상이 되어 결국 희생이 악순환되는 결과를 낳았다. 그리고 민간인학살은 오랫동안 언급해서는 안되는 금기의 대상이 되었고, 수십년간 이어져 온 반공이데올로기로 인해 희생된 피해자들은 오히려 사회적 약자가 되어 경제적 · 사회적으로 어려움을 겪어야 했다. 이는 심각한 사회 갈등과 국론분열로 이어졌고, 근본적으로는 민주주의 발전에 걸림돌이 되었다.

민간인 학살은 피해자와 그 가족들 또는 이웃에게 울분을 일으켰으며, 그 이후로도 해소할 수 없는 한의 응어리로 남아 있게 되었다. 군경에 의해 희생당한 사람들은 이유조차도 제대로 알 수 없었고, 심지어는 빨치산이나 공비라는 누명을 쓰기 까지 했다. 당시 일곱 살의 나이로 거창사건의 현장에서 3발의 총알을 맞고도 살아남았던 아이는 그 기억을 다음과 같이 기록하고 있다.

> "아무 죄도, 무슨 죄인지도 모르고 죽어갔다. 죽어야 되는 이유를 아는 사람이 하나도 없었다. 그것도 빨갱이가 아닌 국군의 총탄에 맞아 죽어야 하는 선량한 국민이었다. 긴긴 세월을 두고두고 한으로 남겨질 원한의 통곡소리가 메아리 되어 지리산 긴 자락으로 울려 퍼졌다."[14]

---

14 정재원, 『운명』, (일송미디어, 2004), 25~26쪽.

이러한 희생자들의 분노는 학살 당사자인 군인들에게도 전해져 당시 거창 신원면 학살사건에 대해 사단본부에서는 '학살된 주민이 대부분 민간이어서 군에 대한 신뢰가 땅에 떨어지고 부녀자 강간, 물품강요, 재산약탈 등으로 주민들이 분노하고 있다'고 보고하고 있다. 그러나 이러한 사단의 보고는 상부에 보고되면서 군의 사기를 떨어뜨릴 염려가 있다고 통비분자를 사살했다거나 공비를 토벌하였다고 보고하였다. 그러므로 학살에서 다행히 살아남은 부상자들도 제대로 치료를 받을 수 없어 고통속에 분노하며 죽음을 맞을 수밖에 없었다.

그리고 군경은 학살이후 주민들을 통제하거나 생존자들에게 '발설하면 총살하겠다'고 위협하여 사건이 외부에 알려지지 못하도록 하였으며, 학살현장에는 사람들의 접근을 막아 유족들이 시신도 제대로 수습할 수 없게하여 유족들을 분노케 하였다. 전쟁이후에는 학살자들의 행위를 정당화하고 진실규명운동은 무자비한 탄압을 가함으로써 진실은 점차 은폐되어 갔다. 4.19 직후 영남 지방을 비롯한 전국에서 민간인 학살 진상규명 운동이 봇물처럼 터졌으나, 1년 뒤 5.16쿠데타로 다시 잠잠해질 수밖에 없었다. 전쟁기의 학살과 무관하지 않은 쿠데타 세력은 아예 학살의 흔적조차 없애버리고자 하여 학살현장 곳곳에 세워졌던 위령비를 박살내고 무덤을 파헤쳐서는 유골을 내다버리는 만행을 서슴치 않았으며 사실은 물론 역사마저도 깨끗이 지우고자 했다.

민간인 학살사건의 피해자[15]는 군인 · 경찰이나 제14연대 반군 · 좌익 · 빨치산의 총칼에 쓰러진 희생자뿐만이 아니다. 살아남은 그들의 가족들은 사망한 가족을 가슴에 묻은 채 정신적 · 경제적 · 사회적으로 이루 말할 수 없는 고통을 겪으며 살아왔다. 유족들은 부모와 형제, 친척을 잃은 박탈감 속에서 정

15 피해란 일반적으로 신체적 혹은 정신적 손해, 정서적인 고통, 경제적 손실 혹은 인권의 실질적인 손상을 포함하고, 이로인해 개인적 혹은 집단적으로 고통 받는 사람들을 피해자라고 할 수 있다. 따라서 피해자는 단순히 공권력의 남용에 의해 인권을 침해당한 죽음의 당사자만을 의미하기보다는 그들의 친인척, 부양가족, 연인 그리고 공동체들까지 의미한다고 이야기할 수 있다.(김보덕 외, 「의문사 유족의 피해에 대한 조사연구」, 의문사진상규명위원회 연구용역보고서, 2002, 3~4쪽).

신적인 후유증을 겪었으며, 평범한 가족생활을 영위하지 못했다. 희생자들의 가족은 어머니가 눈앞에서 사살되고 자신도 총상을 입어 불구가 되거나, 아들의 시신을 수습하고 돌아오는 길에 심리적 충격으로 쓰러져 사망하거나, 임신한 상태에서 고문을 당해 태어난 자식이 후유증을 앓았다. 남편을 잃은 아내와 자식을 잃은 어머니가 그 뒤 화병으로 죽은 가족을 따라갔고, 유복자와 어린 자식들은 성장기에 부모 없는 설움과 아픔을 감수하며 살아야 했다.

대다수의 유족들은 가장의 상실로 인한 경제적 빈곤이 가장 견디기 힘든 고통이었다고 호소하였다. 가장과 장남의 죽음으로 하루아침에 집안의 생계가 곤경에 처하는 등 살아남은 이들은 혹독한 가난에 직면해야했다. 어린 자녀들도 제대로 학교 교육을 받지 못하고 생활전선에 뛰어 들어야만 했다. 경제적으로 빈곤했고 제대로 교육을 받지 못했기 때문에, 상급학교 진학이나 좋은 직장에 취직하는 것은 현실적으로 거의 불가능했다. 교육과 취업의 기회가 제한되면서, 가난은 자연스레 대물림되었다.

특히 군경에 의한 민간인 집단 희생사건의 유족들은 사회적으로도 '빨갱이의 자식'이라는 손가락질을 받으며 살아왔다. 이러한 사회적 차별과 냉대는 어린 시절에 그치지 않고 성장하여 사회에 진출할 때도 커다란 장애가 되었다. 유족들은 해외 출국, 취직이나 승진, 사관학교 입학 및 공무원 시험, 기타 일상생활 등에서 신원조회나 연좌제로 인한 여러 불이익을 감수해야만 했고, 이런 사회적 차별의 장벽을 절감하고 취업을 포기하거나 학업과 꿈을 접어야만 했다. 연좌제는 신분증 발급을 제한하는 것으로부터 시작되었다. 이승만정부는 "적의 잠입을 방지하고 제5열을 철저히 소탕하여 치안을 확보하고", "시민증을 가지지 아니한 시민은 적색반동분자로서 통행에도 제한을 주기"위해 1950년 10월 20일 서울시에서부터 사상불순자를 제외한 만14세이상 남녀에게 시민증을 발행했다.[16] 그 결과 도민증 · 시민증을 발급받지 못한 좌익혐의

16 『동아일보』 1905년 10월 11일자; 『동아일보』 1905년 10월 19일자; 『동아일보』 1905년 10월 21일자.

자와 그 가족들은 생존권을 위협당했고, 마을 주민들로부터의 일상적인 냉대에 더해 지속적인 정보기관의 감시를 받았으며, 신분상의 불이익을 감수해야 했다. 도민증이 없는 유족들은 친인척이 사망하더라도 장례식에 참석하기 위해 집을 떠날 수조차 없었다.[17] 연좌제는 30여년동안 희생자의 유가족들을 억압하며, 희생자 유족들의 마지막 생존수단인 사회적 지원과 보호조차도 박탈하는 제도였던 것이다.[18]

또 군경에 의한 민간인 집단 희생사건의 유족들은 한국 사회의 반공주의 하에서 사회구성원, 혹은 시민으로서 인정받지 못하고 사실상의 이등국민으로 살아왔다. 유족들은 본 사건 이후 '요시찰인'이나 '관찰보호자' 또는 '사살자(처형자) 연고자'로 등재되어 국가의 감시와 통제 대상이 되었다. 유족들은 경찰의 감시를 받거나 사상이 의심스럽다며 주위 사람들에게 따돌림 당함으로써, 그들은 분명 피해자였음에도 주위의 감시와 이로 인한 두려움 속에서, 과거 사실에 대해 침묵해야만 했다.[19] 그러므로 한국전쟁 전후에 발생한 학살을 직·간접적으로 경험한 유족에게 이 사실은 다시 떠올리고 싶지 않은 망각의 대상이었다.

곧 당시의 기억은 수치스럽거나 떠올리기조차 싫은 사건이었다. 홍수동은 한국전쟁 당시 어린 나이에 아버지는 학살당하고 어머니는 재가했는데, '그때 이야기는 별로 떠올리고 싶지 않다'고 증언하고 있고, 김용만은 한국전쟁 당시 사촌형이 총살당하고 집이 불타는 것을 목격하였는데, '지금도 기억하기 싫은 일'이라고 말하기도 하였다.[20] 또한 박동안은 한국전쟁 당시 형들이 경찰에게 살해당한 경험을 갖고 있으나 진실규명을 신청하지 않았다고 한다. 그것

---

17 이강남, 2006년 11월 17일 증언; 신기철, 『진실, 국가범죄를 말하다』, (자리, 2011), 335쪽.

18 신기철, 위의 책, 339쪽.

19 김득중, 「한국전쟁 전후의 민간인 학살」, (『내일을 여는 역사』 18, 2004), 38~40쪽.

20 「홍수동 진술조서」, 『호남지역 군 작전중 발생한 민간인희생사건』, (진실화해를위한 과거사정리위원회, 2009), ; 「김용만 진술요지」, 『경북 영천 국민보도연맹사건 진실규명결정서』, (진실화해를위한 과거사정리위원회, 2009) 참조.

은 '지금까지 이 상처를 기억속에서 지우려고 애써 왔는데, 굳이 다시 되살리고 싶지 않기 때문이라'고 이야기하기도 하였다.[21]

이와 같이 유족들에게는 희생당한 가족이 억울한 누명을 쓰고 죄없이 죽었다는 사실과, 전쟁이후 정부에서 진실을 매도하고 오히려 피해자들을 탄압하는 상황이나 부모를 잃고 어려운 환경에서 자라야 했던 아이들, 연좌제에 묶여 사회에 제대로 진출할 수 없었을 뿐더러 이웃들의 따가운 눈초리를 견뎌야 했던 유족들은 분노가 한으로 남아 고통스럽게 하였다.

이러한 분노는 전쟁 직후 학살이 일어난 지역사회나 유가족회를 중심으로 폭력의 가해자인 국가나 폭력의 대행자 또는 당시의 지역 책임자들에 대해 직접 항거하는 형태로 표출되기도 하였다. 거창사건에서 부모와 동생 셋을 잃은 임기섭의 증언에 따르면 유족들의 분노는 이승만정권하에서 숨겨져 있다가 4.19이후 민주화 분위기에서 일시에 표출되어 위령비를 건립하는 일을 추진하던 중 학살사건 당시 면장이었던 박영보 면장을 불러내어 단체로 살해하는 결과를 가져오기도 하였다.[22]

그러나 대다수의 개인들은 국가의 위협과 이웃의 질시로 분을 품은 채 침묵의 세월을 지내왔다. 거창사건에서 국군들에 의해 집이 불타버리고 민간인학살현장을 목격한 정현순씨는 '그 난리 때만 생각하면 자다가도 눈물나고, 가슴저리고…. 저는 어쨌든 살았응께 이런 말도 하지만 이 세상에 없는 사람은 이런 말을 할 수도 없잖아예. 그 난리가 난지 55년이나 되었어도 이런 말을 오늘 처음하는 기라예, 영감한테도 이런 이야기 안해봤습니다'[23]라고 하여 오랜 시간 침묵속에 분노를 내적으로 삭히며 가슴앓이를 해온 것이다.

이미 오랜 시간이 지났지만 이들은 여전히 가슴깊이 고통을 간직한 채 생을

---

21 「참고인 박동안 진술조서」, 『해남군 민간인희생사건 진실규명 결정서』, (진실화해를위한 과거사정리위원회, 2008) 참조.

22 한인섭, 『거창은 말한다-생존자체험자들의 반세기만의 증언』, (경인문화사, 2007), 216~218쪽.

23 위의 책, 54쪽.

마감하고 있는 것이다. 더 늦기 전에 이들 희생자들 및 그 유가족에게는 명예회복과 보상이 있어야 하고, 마음속 분노를 치유하기위한 용서와 화해의 장이 마련되어야 할 것이고, 나아가 회복을 가져다주는 작업이 절실하게 필요하다. 과거사 청산은 이들 민간인 희생자들의 마음의 고통을 치유하여 씻어주고, 원망과 갈등의 대상들 간에 화해와 화합이 이루어질 때 비로서 정리되었다고 할 수 있을 것이다.

3.2 희생자들에 대한 치유방안

이러한 한국전쟁 전후 민간인 학살문제 청산을 위해 제정된 법령의 입법목적을 통해 정부의 치유방안을 보면 다음과 같다.

민간인 학살 문제 청산 관련 법률 제정 목적

법률명	입법목적
제주4 · 3사건 진상규명 및 희생자 명예 회복에 관한 특별법	제주4 · 3사건의 진상을 규명하고 이 사건과 관련된 희생자와 그 유족들의 명예를 회복시켜줌으로써 인권신장과 민주발전 및 국민화합에 이바지함
거창사건등 관련자의 명예회복에 관한 특별 조치법	거창사건등과 관련하여 사망한 자와 그 유족들에게 가해진 불명예에 대하여 명예를 회복시켜줌으로써 국민화합과 민주발전에 이바지함
노근리사건 희생자 심사 및 명예회복에 관한 특별법	노근리사건의 희생자 및 그 유족들의 명예를 회복시켜 줌으로써 인권신장과 국민화합에 이바지함

위 표의 입법목적에서 밝히고 있듯이 이들 법률은 우선 사건의 희생자와 유족들에 대한 명예를 회복시켜주는 것을 목적으로 하고, 둘째는 인권신장을 가져오기 위함이며, 셋째는 민주발전을 이루기 위함이고, 넷째는 국민화합에 그 목을 두고 있음을 알 수 있다. 그리고 진화위는 2010년 최종 종합보고서를 통하여 한국전쟁전후 민간인 학살문제에 치유에 대하여 정부에 다음의 사항을 권고하고 있다.

– 국가는 한국전쟁 전후 민간인 희생 사건의 피해자 및 인권침해 사건의 피해자

와 그 가족 중에서 후유증으로 고통 받는 사람들에게 의료·상담 치료 등을 지원할 필요가 있다.

- 국가는 적절한 장소를 확보하여 위원회가 발굴한 민간인 집단 희생사건 희생자들의 유해를 안장하고 이곳에 한국전쟁 전후의 모든 민간인 희생자를 위한 단일화해·위령시설을 건립할 필요가 있다.
- 국가는 군경사건 희생자와 적대사건 희생자 모두를 위령하는 지역합동위령제를 지원함으로써 국민적 화해와 통합에 노력할 필요가 있다.[24]

그러나 이러한 권고사항은 진화위의 활동이 종료된 이후로 정부에 의해 제대로 이행되어지지 않고 있다. 앞의 목적에도 밝혔듯이 희생자들의 명예를 회복하고, 인권을 신장시키며, 민주발전을 이루어 국민화합을 이루기 위해서는 민간인 학살에 대해 정부가 적극적으로 나서 해결하여야 한다.

분노에 대한 치유는 사과와 용서, 화해의 단계를 거쳐 치유가 이루어져야 한다. 한국전쟁 전후 민간인 학살에 대한 국가의 사과는 지난 노무현대통령의 사과에 의해서 공식적으로는 이루어졌다고 할 수 있다. 여기에 더하여 직접적인 가해자들의 피해자들에 대한 사과도 이루어져야 할 것이다. 가해자들의 사과는 피해자들의 상처를 치유하는 길일뿐더러 가해자 자신에게도 역사의 죄를 내려놓는 또 다른 치유의 시작이 될 수 있다.

민간인 학살에 대한 분노는 반공이데올로기에 기반한 독재권력속에서 언급조차 금기된 불온한 기억이었으므로 알아도 모른 채 숨기고 살아야 했다. 이것은 국가폭력 피해자들에 대한 또 다른 국가폭력으로 피해자들은 이중의 억압에 따른 고통속에 인고의 세월을 견뎌내야 했다. 그러므로 민간인 학살의 치유 시발점은 국가의 폭력에 대해 자유롭게 논의할 수 있고, 논의에 제재가 가해지지 않는 사회적 분위기가 형성되어야 하며 또한 그 논의에 이념의 굴레를 씌우지 않는 열린 소통의 장을 마련하여야 한다.

---

24 위의 자료, 205~227쪽.

그러한 가운데 피해자 또는 사건 관련자들의 가슴속에 남아 오랫동안 숨겨져 왔던 역사의 진실이 표출될 것이고 치유는 이것으로부터 시작될 수 있다. 언어로 발화되는 억압된 기억은 치유로 가는 첫걸음이고, 그 자체로 치유의 힘을 발휘할 수 있다. 사람들은 자신이 경험한 시간과 공간과 그 속의 사건을 하나의 의미있는 구조화된 이야기로 풀어놓으면서 자신의 가치와 믿음 그리고 욕망 등을 표출하고, 그런 과정을 통해 카타르시스를 경험하기도 한다. 오늘날도 민간신앙이나 무속의 세계에서 이를 발견할 수 있으며, 일상생활 속에서 우리는 따뜻한 격려의 말이나 공감의 말 한 마디가 마음의 상처를 보듬어 주는 것을 종종 목격하기도 한다.[25] 피해자들의 증언은 구술 자체로 치유의 효과가 있을 뿐만 아니라 자신의 피해가 국가폭력에 의해 빚어진 것이라는 점을 사회적으로 확인받는 과정으로 국가와 개인간의 소통을 통한 치유로 나가는 길인 것이다.

이에서 나아가 구체적으로선 피해자들의 트라우마에 대한 마음의 치유가 있어야 한다. 피해자들은 마음에 큰 상처를 안고 고통속에 살아왔지만, 일반적인 사회인식상 그러한 고통을 병으로 인식하고 있지 않기 때문에 특별한 프로그램이 필요하다. 병적인식이 없는 트라우마 치유를 위해서는 피해자 스스로 치유의 길을 찾아가는 방법을 제시해 주는 것이 유력한 해결책이 될 수 있다. 곧 이들의 가슴속에 응어리져 있는 한을 풀어내기 위해서는 문학이나 역사 · 철학 또는 예술과 같은 인문학적 방법을 통하여 간접적으로 경험하거나 상징화하는 방법등으로 치유를 풀어내야 한다. 곧 국가폭력 피해자들은 스스로 병적 자각이 없는 잠재적인 치유대상자들이므로 기존의 정신치료나 심리치료와 같이 자아의 파괴나, 타인과의 소통의 부재로 인한 관계파괴에 따른 병적 증상을 치료하는 방법보다는 건강한 마음을 추구하는 인문치료가 적합할 것이다.

다음 단계로는 이제 국가와 민간인학살 사건의 직접적인 가해자, 그리고 피

25 김호연 · 엄찬호, 「구술사를 활용한 인문치료의 모색」, (『인문과학연구』 제24집, 2010), 369~370쪽.

해자들의 용서의 장이 마련되어야 한다. 이들은 서로에 대한 피해의식으로 불신하며 일정한 거리를 두고 반목과 질시의 세월을 지내왔다. 그러므로 이들의 치유의 문제는 가해자들의 사과에 따른 용서의 과정을 거쳐야 할 것이다.

가해자의 사과에 따른 피해자의 용서와 화해가 이루어질 때에 진정한 치유가 이루어졌다고 할 수 있을 것이며, 그러기위해서는 우선 피해자의 유골 수습 안치, 피해자에 대한 위령사업과 명예회복 등의 후속조치, 또 이런 피해가 다시는 되풀이되지 않게 하기 위한 각종 기념사업, 교육 프로그램 등의 제도적 장치도 마련해야 한다. 아울러 진화위의 권고안처럼 의료·상담치료가 필요한 피해자들을 치료하는 제도도 마련되어야 할 것이다. 그런면에서 2012년 광주에 설립된 광주정신건강트라우마센터는 좋은 사례가 될 것이며, 이와 같은 센터가 전국 각지에 설립되어 트라우마 치유에 국가가 적극적으로 나서야 할 것이다.

민간인 학살에 대한 진상규명은 피학살자들과 유족들의 맺힌 한을 풀어주는 것, 즉 치유의 과정을 통해서 피학살자와 그 유족들이 국가와 사회의 당당한 성원으로 설 수 있게 하는 것이다. 민간인학살 피해자들에 대한 치유야 말로 우리사회에 내새되어 있는 이념갈등과 국가사회에 대한 불신을 씻어내고 건강한 시민사회를 형성하는 한 방향이 될 것이다.

4
맺음말

한국현대사는 국가폭력에 의지해 권력을 유지하고자하는 정치세력에 대한 민주화의 투쟁역사라고 할 수 있다. 특히 한국전쟁기간 군경과 적대세력, 미군에 의해 저질러진 국가폭력인 대량의 민간인 학살은 통한의 아픔을 가져왔으며, 한국현대사에서 해결해야할 최대의 과제로 인식되고 있다. 곧 해방된 공간속에서 좌우의 이념대립과 갈등으로 통일정부를 수립하지 못한 한국은 전쟁을 맞게 되었고, 전쟁은 우리민족에게 씻을 수 없는 깊은 상처를 남겼던 것이다.

민간인에 대한 학살은 전쟁전 반군세력을 진압하는 과정에서부터 시작하여 전쟁기간 동안 우리나라 전지역에서 광범위하게 자행되었다. 때로는 군경이나 미군의 폭격에 의해서 때로는 적대세력과 인민군에 의해서 학살은 이루어졌고, 이로 인해 희생당한 사람들은 가슴에 깊은 상처를 안고 유명을 달리했거나 지금까지 살아오고 있다.

과거사 청산은 이들의 억울함을 해원하여 상처를 치유하고 국가와 사회에 대한 신뢰성을 회복하여 건강한 시민으로 설 수 있도록 해야하나 아직까지는 치유의 단계로 나아가지 못하고 있는 실정이다. 전쟁 후 오랫동안 숨겨져왔던 많은 진실이 규명되어지고 희생자들의 명예를 회복시키는 등 화해를 위한 노력이 성과를 거두고 있으나 희생자들의 깊은 상처를 치유하지는 못하고 있는 것이다. 이제라도 가해자는 자신의 지나온 삶을 돌아보고 사죄, 반성하면서 진실을 털어놓고, 가해책임자이자 해결책임자인 국가는 그 책임을 통감하고서 진실을 밝히고 합당한 후속조치를 취하며, 피해자는 시대적 한계를 인정하며 화해의 손길을 내미는 것이 그 기초가 될 수 있을 것이다.

한국전쟁전후의 민간인학살은 결코 용인될 수 없는 반인도적 전쟁범죄이자 국가폭력이었다. 곧 한국전쟁 전후의 학살은 해방 이후의 국민국가 수립과정에서 벌어진 정치폭력으로 전쟁 당사자들인 국가가 사실상 학살을 주도했다는 점에서 국가 공권력에 의한 학살 국가폭력인 것이다. 따라서 희생자들에 대한 치유의 문제는 국가의 정성어린 사과와 그를 바탕으로 체계적인 치유의 프로그램이 운영되어 가해자와 피해자의 화해 및 국가사회적인 치유가 이루어져 온전한 통합의 길로 나아가야 할 것이다.

참고문헌

김동춘.「국가폭력과 사회계약: 분단의 정치사회학」.『경제와 사회』 겨울호(통권 제36호). 1997.

김동춘.「20세기 국가폭력과 과거청산」.『인권과 평화』 제2권 1호. 2001.

김득중.「한국전쟁 전후의 민간인 학살」.『내일을 여는 역사』 18. 2004.

김보덕 외.『의문사 유족의 피해에 대한 조사연구』. 의문사진상규명위원회 연구용역보고서. 2002.

김선희 외.『인문치료의 이론과 원리』. 춘천:도서출판산책. 2011.

김정현.「니체의 역사치료학」.『범한철학』제35집. 2004.

김호연·엄찬호.「구술사를 활용한 인문치료의 모색」.『인문과학연구』제24집. 2010.

도미니크 라카프라 지음. 육영수 엮음.『치유의 역사학으로』. 서울:푸른 역사. 2008.

신기철.『진실. 국가범죄를 말하다』. 서울:자리. 2011.

오승용.「국가폭력과 가족의 피해-'인혁당 재건위' 사건을 중심으로-」.『담론201』 10-4. 2008.

이병수.「분단 트라우마의 유형과 치유방향」.『통일인문학논총』제52집. 2011.

전우용.「역사인식과 과거사문제」.『역사비평』. 2004.

정병준.「한국의 과거사 유산과 진상규명작업의 역사적 의미」.『민주주의와 인권』 제5권2호. 2005.

정은용.『그대. 우리의 아픔을 아는가』. 서울:도서출판다리. 1994.

정재원.『운명』. 서울:일송미디어. 2004.

조희연·조현연.『국가폭력. 민주주의 투쟁. 그리고 희생』. 서울: 함께읽는 책. 2002.

진실화해를위한 과거사정리위원회.『진실화해위원회 종합보고서』Ⅰ -위원회의 연혁과 활동 종합권고. 2010.

진실화해를위한 과거사정리위원회.『진실화해위원회 종합보고서』Ⅲ -민간인 집단희생 사건. 2010.

한인섭.『거창은 말한다-생존자체험자들의 반세기만의 증언』. 서울:경인문화사. 2007.

허상수.「국가폭력과 제주4·3항쟁」.『한국사회학회 심포지움논문집』. 2004.

04

남북통일 문제에 대한 인문치료적 고찰

남북통일 문제에 대한 인문치료적 고찰

엄찬호

1
머리말

인문학은 인류의 역사와 함께 하고 있으며, 사람들의 가치관과 삶의 태도에 영향을 미쳐 왔다. 그 중에서도 특히 인간의 정신적인 문제의 치유와 관련하여서는 원시사회의 주술의식으로부터 근대 의료학이 성립한 이후 현재까지도 지속적으로 깊이 관여하며 인문학 고유의 가치에 주목하게 하고 있다. 이는 인문학이 인간의 정신(마음)건강의 문제에 대한 치유의 근원적 해결의 의미를 갖고 있기 때문일 것이다.

따라서 인문치료는 문학 · 역사 · 철학으로 대변되는 인문학에 의해 사람들 개인의 문제인 정신적 · 정서적 문제와 사회적 문제들을 예방하고 치유하는 것이다. 곧 인류의 삶과 함께하고 있는 인문학 고유의 정체성을 가지고 기존의 정신 · 심리 치료체계와는 다른 치유적 의미를 찾고 있는 것이다.

인문학의 치유기능은 성찰적 기능을 통하여 살펴볼 수 있다. 곧 인간에 대한 성찰적 접근이 인문학이 목표로 하는 바이므로, 인문학은 인간에게 새로운 사실 정보를 획득하기 보다는 이미 알려진 사실을 일정한 의미 연관아래 다시 위치시켜 그 의미를 되새겨 보는 일을 하는 것이다. 그리고 우리는 그와 같은 성찰을 통하여 해당 사안에 관한 문제의 해결점을 찾게 되니 건강치 못한 자아의 치유도 가져올 수 있는 것이다. 곧 인문학은 성찰을 통하여 인간에 대한 이해를 깊게 하며 치유의 의미도 갖게 되는 것이다.

또 인문학은 존재론적이고 의미론적인 분석을 가하여 기존의 인과론적 치유에 머물던 인간의 정신적 문제를 보다 깊이 있고 구체적으로 강화시켜 내재적 자아의 주체를 확립하는데 도움을 주어 문제로부터 근본적으로 벗어나게 할 수 있다. 그리고 개인적인 치유의 기능에 머물러 있던 치유의 의미를 사회적으로 확대하여 개인의 문제라 하더라도 개인 및 사회구조적으로 문제에 접근하여 종합적으로 치유하며, 사회구조의 변화를 가져오는 사회적 치유의 의미도 인문학에는 내포되어 있다.

이러한 의미에서 우리민족의 시대적 과제라고 할 수 있는 통일문제[1]를 인문치료적인 시각에서 접근할 필요가 있다.[2] 우리는 일제의 강점으로부터 해방되면서 통일 민족국가를 수립하지 못하고 북위 38도를 경계로 분단된 후 한국전쟁으로 인해 분단을 고착화시키는 과정을 겪었다. 분단은 우리 민족에게 이산가족의 고통을 비롯하여 이념갈등의 문제, 민족정체성의 훼손, 불필요한 국력낭비 등 해결해야할 지난한 문제를 안겨주었다.

물론 분단으로 인한 모든 문제와 고통은 근본적으로 민족통일에 의해서만이 치유될 수 있겠지만 통일을 준비해 가는 과정속에서 문제를 치유해 나갈 수 있는 방법을 찾아야 할 것이다. 현재까지도 통일의 당위성에 대해서는 여러 가지로 논의되고 통일의 필요성을 강조하여 왔지만 분단으로 인해 훼손된 민족의 동질성을 회복하기 위한 노력은 상대적으로 미약하였다.

통일을 준비하는데 있어 무엇보다도 우선 고려되어야 할 것은 분단의 장기

---

1 여기서의 통일문제하고 하는 것은 남북통일시에 문제가 될 수 있는 민족의 이질성 문제라든가 남북한 주민의 서로에 대한 적대성 문제, 또는 서로의 체제에 대한 비하문제 등 체제통일이후의 민족통합을 저해하고 새로운 민족분열의 상황을 연출할 수 있는 요소들을 말한다.

2 분단과 통일의 문제는 인문학보다 사회과학과 더 많은 관계를 가지고 있었으며 많은 사람들은 이 문제를 정치적이고 경제적인 문제들로 간주하는 경향이 있었다. 그래서 분단과 통일에 관한 연구 및 담론은 주로 정치학, 경제학, 사회학 등과 같은 사회과학 영역에서 다루어졌으며 체제통합이나 남북관계에 대한 현안 정책들을 중심으로 연구되었다. 이러한 통일문제는 인문학 분야에서는 생소한 분야였고, 건국대의 통일인문학이 본격인 논의를 시작했다고 할 것이다.(김성민, 「분단과 통일, 그리고 한국의 인문학」, 『대동철학』 제53집, 2010, 452쪽.)

화로 남북간의 이질화가 심화되어 점차 약화된 민족동질성을 회복하는 것이다. 진정한 의미의 통일은 이질화된 남북 주민들의 내면적인 의식과 가치관, 생활방식을 하나로 동화시키는 내적 통합이 이루어질 때 완성될 것이다. 그러기 위해서는 분단체제로 인하여 고통받아온 전쟁피해자나 이념갈등으로 희생자들의 트라우마를 치유해주는 것이 선행되어야 할 것이다. 그리고 남한 내부의 이념갈등의 문제나 한국전쟁 이후 적대관계에 놓여있던 주민간의 갈등도 치유되어야 할 것이고, 통일에 대한 준비로서의 북한이탈주민과 중국 교포의 남한사회적응 프로그램도 좀 더 다양하게 마련되어져야 한다. 또 점차 희미해져가는 통일의 희망을 각성시켜 민족의 과제로 인식시키기 위해서는 통일교육도 보다 구체적으로 시행되어져야한다. 본고는 이러한 시각에서 민족동질성회복으로서의 통일문제를 돌아보고 인문치료의 시각에서 통일문제를 어떻게 접근할 것인지를 살펴보고자 한다.

2
통일문제와 남북의 이질화

남북한은 분단이후 서로 다른 이데올로기 체제 속에서 대립과 갈등이 지속되는 등 여러 가지 근본문제를 안고 있다. 또한 국토가 분단되면서 국권이 양분화 되고 이질적인 체제로 장기화 되면서 체제간의 대립과 단절로 인해 정치 · 사회 · 문화 · 경제 · 교육 · 생활방식 등이 다르게 변화되어 왔다.

남북한의 분단은 우선 남북 구성원 모두에게 자유와 인권에 일정한 제약을 가져오고 있다는 점이다. 게다가 남북 이산가족과 북한이탈주민 등은 분단으로 인해 가족해체의 고통을 겪고 있다. 다음으로 정전 체제에 의해 유지되고 있는 분단구조는 사소한 계기로 긴장이 고조되고 언제든지 전쟁이 재발될 수 있는 불안정성을 지니고 있다. 분단구조는 소모적인 경쟁과 대결로 인해 엄청난 자원을 낭비시킬 뿐 아니라 고통과 손실 등 상당한 비용을 유발시켜 발전을 저해하고 있다.

또한 지난 70년 가까이 분단으로 인한 대결과 갈등은 민족의 정체성을 크게 훼손시켰다. 남북한은 같은 민족이라는 정체성을 기초로 동일한 언어와 문화, 혈통을 지닌 단일한 민족으로서 수많은 국난을 겪으면서도 공동체 의식을 갖고 단결하여 통일국가를 발전시켜왔다. 그러나 분단으로 굴절된 역사와 민족의 역량 축소는 민족공동체를 훼손하여 점차 이질화되어 가고 있다.

반세기 넘게 단절된 상태를 유지하며 서로를 적대시하고, 상호 비방과 반목을 일삼아 오던 남북은 1990년대에 와서 간헐적인 교류가 이루어지게 되자 서로간에 체제는 물론 언어나 생활 습관마저 상당히 다르다는 것을 알게 되었다. 그러나 이러한 이질감에도 불구하고 남한과 북한은 근본적으로 한민족이라는 출발점과 지나온 역사가 같고, 같은 언어를 쓰며 의식주 문화가 동일하고, 나아가 조선시대 이후 형성되어 내재된 성리학적 가치관을 공유하고 있다는 점에서 한결같이 통일을 염원하고 있다. 그러므로 남북 상호간의 이질화는 통일문제의 중요한 걸림돌로 생각하게 되었다. 이질화 그 자체가 곧바로 갈등과 대립의 원인이 되지는 않는다고 하더라도, 상대방을 이해 못하는 상황에서는 그것이 심각한 분쟁을 일으킬 수도 있기 때문이다. 따라서 단순히 다르다는 인식에 그칠 것이 아니라 어떤 점에서 어떻게 다른가를 분명히 파악해야 한다.

남. 북간의 이질적인 요소가 극명하게 드러나는 분야들 가운데 첫째, 경제체제와 사회 기본 논리의 이질화, 둘째, 정치 · 이념적 이질화, 셋째, 사회 · 문화적 이질화로 나누어 볼 수 있다. 그중에서도 인문학적 시각에서 돌아보아야 할 문제는 사회 · 문화의 이질화의 문제이다.

사회문화면에서 남한은 초계급적 순수문화의 존재를 인정하나 북한에서는 모든 문화는 계급성과 혁명성을 지닌다고 주장한다. 또한 남한의 문화정책의 특징은 민족문화의 계승발전과 외국문화의 창조적 수용 및 문화활동의 자율성과 창조성을 보장하는데 있다. 그러나 북한은 사회주의적 민족문화를 전면적으로 발전시키기 위하여 문화혁명을 철저히 대행하고, 제국주의의 문화침투와 복고주의적 경향에 반대하여 민족적 형식에 사회주의적 내용을 담은 혁명적 문화예술을 발전시키는 정책을 펼치고 있다.

우선 문학을 살펴보면 북한의 문학작품에 대한 태도의 문제는 강한 정치성을 지닌 작품에 대한 태도로 귀결된다. 북한의 작품들은 창작시기의 당 노선과 밀접한 관련이 있으며 평가면에서도 평가시기의 정치적 성향에 따라 달라진다.[3]

북한은 문학을 "언어를 통하여 인간과 생활을 형상적으로 반영하는 예술의 한 형태로 문학은 산 인간을 그리는 인간학으로서 사람들에 대한 사상교양의 수단으로, 미학적 교양의 수단으로 복무한다. 우리의 문학은 인민대중을 가장 힘있고 아름다우며 고상한 존재로 내세우고 인민대중을 위하여 복무하는 참다운 공산주의 인간학으로 되고 있다"[4]고 밝히고 있다. 이에 따라 북한에서 문학은 개인의 자유로운 의지에서 비롯된 창작이 아니라 북한 체제를 유지하고 정권을 옹호하는 수단에 불과하다. 따라서 작품성을 평가하는 기준도 예술성보다는 얼마나 북한 체제를 유지하고 정권을 옹호하는 데 도움이 되느냐에 달려 있다.

언어에서도 심각한 이질성을 보이는데, 남한의 언어정책은 개방적이고 자유방임적이라고 할 수 있으나 북하의 언어정책은 폐쇄적이고 통제적이라고 할 수 있다. 곧 북한의 언어정책은 당 중심의 언어 정책으로 계획적이고 획일적이다. 북한은 언어에 있어 '자주적 입장'과 '창조적 입장'을 살리기 위하여 주체사상에 근거한 '주체적 언어 사상'을 내세워 민족어의 주체성을 올바로 세우고자 한다.

북한에서는 인민들이 민족어 교육을 통해서 자기의 말과 글에 대한 체계적인 지식을 가지고, 그것을 혁명과 건설의 힘 있는 무기로 이용할 줄 알아야 혁명과 건설을 잘 밀고 나갈 수 있다고 본다. 그리하여 민족어교육을 강화하는

3 임도한, 「6.25전쟁시 연구와 분단문학 극복」, 『韓國文學論叢』 55, 2010, 35쪽.

4 『조선말 대사전』, 평양:과학백과사전출판사, 1992, 1184쪽.

것은 혁명과 건설의 주인인 사람들을 사회적 인간으로, 힘있는 존재로 키우기 위하여 시행하여야할 주요한 과업이 된다.

북한에서는 인민들의 사회생활과 활동에서 언어생활 규범과 사회주의 언어생활 질서를 확립하지 않고서는 사람들의 의사수단이며 '혁명과 건설의 힘있는 무기'인 언어가 제구실을 할 수 없다고 본다. 따라서 북한은 사회주의적 생활양식에 맞는 규범을 세워야 사회의 언어규범이 될 수 있으며 언어의 사회적 기능도 높일 수 있고 사회주의적 민족어건설에 언어 규범이 올바로 이바지 한다고 본다.[5]

또한 남북한은 반만년의 역사를 공유하고 있지만, 역사를 바라보는 시각과 서술내용은 분명하게 대조된다. 남북한의 바람직한 미래를 위해서는 남북의 현실적 상황의 차이를 인정하고 그 간격을 좁히고자 하는 노력이 선행되어야 할 것이다.

남북한 국사교과서의 교육목적을 살펴보면 남한의 고등학교 『국사』[6]의 머리말에는 "국사교육은 민족사의 다양한 역사 전개의 과정을 종합적이고 체계적으로 학습함으로써 21세기를 살아가는 한국인으로서의 자긍심과 능력을 길러주는데 가장 큰 목표를 두고 있다"고 정리하고 있다. 이에 반해 북한의 교과서인 『조선역사』[7]의 머리말에는 "모든 학생들은 조선역사 학습을 잘하여 21세기의 태양이신 경애하는 김정일 장군님께 끝없이 충직한 공산주의혁명인재로 튼튼히 준비하여야 한다"라고 하였다.[8]

역사는 그 학문의 성격상 어떠한 관점을 취하느냐에 따라 '역사적 사실'의 선정이나 그 해석 방식이 크게 달라질 수 있다. 그런 점에서 남북한 사이의 역사의 이질성은 어느 분야보다도 심각하게 나타나고 있다고 본다.

5 최용기, 「남북의 언어 차이와 동질성 회복 방안」, 『국학연구』 10, 2007, 213~214쪽.

6 국사편찬위원회 국정도서편찬위원회, 『국사』, 교육인적자원부, 2002.

7 『조선역사』, 평양:교육도서출판사, 2001.

8 정영순, 「남북한 역사인식 비교연구」, 『社會科敎育』 45-1, 2006, 11~12쪽.

통일대비라는 차원에서 논의되는 무수한 담론들의 핵심은 무엇보다도 어떻게 하면 민족정체성에 대한 통일을 어떻게 이루어낼 것인가 하는 문제일 것이다. 따라서 이러한 역사인식의 차이는 통일의 큰 걸림돌이 된다고 할 수 있다. 그러므로 남북한 상호 교류를 통하여 역사인식의 차이점을 이해하고 발전적인 논의를 통하여 이질성을 극복하고 합의점을 도출하여 민족공동체 의식을 회복하는 것이 통일로 나아가는 길일 것이다.

언어 역시 동질성회복을 위해서는 이질화된 언어를 쓰고 있는 사람들에게 체계적인 프로그램을 마련하여 동질성을 찾을 수 있는 길을 마련하여야 할 것이다. 이러한 면에서 인문치료사업단의 '치유의 언어와 소통' 프로그램은 중요한 도구로 활용될 수 있을 것이다. 인문학의 치유성은 언어의 본질과 기능에 기대어 있다고 보고 개인의 언어가 지닌 모순과 문제점을 찾아내고 인지하여 극복하는 인문치료의 방법[9]은 남북한의 언어의 이질성을 회복시키는 데에도 도움이 될 것이다.

남북 간의 이질성은 점차 갈등을 증폭시켜 통일의 길에서 멀어지게 할 수도 있으므로 이질성 극복은 갈등을 해소하여 평화를 정착시킬 것이다. 갈등해소란 사회를 그 구성원의 질서관에 더해서 잘 조화된 공동체로 만들려고 하는 사회의 통합과정이라고 할 수 있다. 그러므로 질서란 사실상 갈등해소의 또 다른 표현이라고도 할 수 있다. 사회를 통합한다는 것은 우선 그 사회를 갈라놓은 대립을 제거하고 사회를 분열시키는 투쟁을 끝나게 하는데 있다. 곧 민족의 통일은 이렇게 갈등관계의 해소 곧 이질화를 극복해 가는 과정이다.

예멘의 사례에서 보여지는 바와 같이 단순히 두 정상간의 합의 또는 국민적 합의창출 없이 외교적인 방식으로만 이루어질 때는 많은 문제점이 드러난다. 반면 독일은 예멘처럼 두 정상 사이의 합의에 근거하여 권력을 분점하는 방식이 아니라 동독과 서독이 합의에 의해 서독에 동독이 흡수되는 방식으로

9 정성미, 「소통인문치료 원리와 방법」, 『인문치료의 이론과 원리』, 2011, 179~183쪽.

통일을 했다. 그러나 독일은 통일에 대한 충분한 준비없이 이루어졌기 때문에 통일 과정에서 사회문화적인 통합을 결여하는 오류를 간과하였다. 통일문제는 정치 · 경제적인 거시체제의 통합이 아니라 그것을 튼튼하게 떠받칠 수 있는 사회문화적인 사람들 사이의 통합이 이루어져야 하는 것이다. 그리하여 독일의 경우에도 통일 후 통합과정에서 여러 가지 시행착오와 갈등을 겪게 되었던 것이다. 곧 통합과정에서 불법행위 청산작업, 재산권 문제, 동독경제를 재건하기 위한 통일비용 문제, 동서독 주민 간 갈등 등을 비롯한 여러 문제들이 발생하였다.[10]

통일은 이러한 모든 면에서 이질화된 체제를 총체적으로 극복하고 다양한 요소들이 공존하는 민족공동체를 형성하는 것을 의미한다. 즉, 영토와 체제의 통일이 이루어진다 하더라도 구성원간의 마음의 통일이 이루어지지 않는다면 오히려 상당한 갈등과 혼란을 초래할 수 있기 때문에 국토와 체제 통합뿐만 아니라 가치관과 생활방식 등의 모든 사회문화적인 요소가 통합되어지는 통일을 이루어야한다.[11] 그러므로 통일을 준비하는데 있어 민족공동체를 복원하고 동질성을 회복하는 방안이 우선으로 만들어져야 할 것이다.

곧 통일은 서로에 대한 이해를 바탕으로 상호 소통하는 가운데 이루어져 가야하지만 현재 남북관계는 통일을 중요한 정책과제로 제시하고 있으면서도 실체적인 통일과는 거리가 있는 관계로 점차 굳어져 가고 있다. 현재의 남북관계는 철의 장막에 가리워져 서로가 무슨 생각을 하고 있는지, 어떠한 길을 가고 있는지, 민족통일을 염원하고 있는 것인지 전혀 알지 못한 채, 서로에 대한 비방과 책임 묻기에만 급급한 상황이다. 오랜 역사를 함께하여 왔고, 같은 언어를 쓰며, 같은 의식주 문화를 가지고 있음에도 불구하고 소통이 단절되고 왕래가 끊어진지 이미 오래되어 남북은 막연한 그리움속에만 자리하고 있으며 통일을 위한 구체적인 움직임은 민족반역자로 낙인찍어버리는 사회가 되

10 통일부 통일교육원, 『통일문제의 이해』, 2014, 45~47쪽.

11 송두율, 『통일의 논리를 찾아서』, 한겨레신문사, 1995, 8쪽.

었다. 이제 통일은 정치사회적인 정책 결단에 의하여 추구되기 보다는 인문학에 의한 단절된 관계의 회복으로부터 시작해야 할 것이다.

3
통일준비와 인문치료

3.1 통일준비로서의 분단트라우마 치유

통일은 우리민족에게 있어서 반드시 이루어져야할 필수 사항이다. 특히 분단으로 인한 트라우마를 겪고 있는 이들에게는 그들의 상처를 온전하게 치유할 수 있는 길은 궁극적으로 통일이 되어야 하는 것이다.

대부분의 사람들은 이미 70여년을 분단속에 지내오면서 분단의 문제에 대하여 크게 인식하지 못하고 살아가고 있다고 생각된다. 그러나 분단은 우리민족에게 적대적 감정과 정서에 의한 근본적인 트라우마를 형성시켜 통일의 걸림돌이 되고 있다. 함석헌은 분단이란 우리에게 '치명적인 상처'인 바, 상처를 입은 사람은 그 상처가 낫기 까지 일을 할 수도, 학문을 할 수도, 사회활동을 할 수도 없는 것과 같다고 하였다.[12] 또 백낙청은 분단체제는 '단순히 국토의 분단만이 아니라 사회 구석구석의 모든 분열, 우리 마음속의 모든 병들과 결합되어 있어서 어디서부터 풀어가야 할지 모를 악순환을 이루고 있다'[13]고도 하였다.

이러한 분단체제의 트라우마는 분단이후 국가에 의해 자행된 수많은 폭력에 의해 반복되고 있고 여전히 사람들의 마음을 졸이게 하는 응어리를 만들고 있다. 해방된 공간속에서 좌우의 이념대립과 갈등으로 통일정부를 수립하지 못한 한국은 전쟁을 맞게 되었고, 전쟁은 우리민족에게 씻을 수 없는 깊은 상

12 함석헌, 「민족통일의 길」, 『아, 장준하』, 동광출판사, 1982, 208쪽.

13 백낙청, 『분단체제 변혁의 공부길』, 창작과비평사, 1994, 87쪽.

처를 남겼다. 특히 한국전쟁기간 군경과 적대세력, 미군에 의해 저질러진 대량의 민간인 학살은 통한의 아픔을 가져왔으며, 한국현대사에서 해결해야할 최대의 과제로 자리매김하게 된다.

한국전쟁기간 수많은 민간인을 학살한 국가권력은 분단체제를 형성한 이후 반공정권을 수립하여 이데올로기를 무기로 온갖 인권탄압을 가하며 권력유지에 급급하였다. 이러한 이승만정권은 4.19민주항쟁에 의하여 무너졌으나 이어진 5.16구데타에 의하여 국가폭력은 이어졌다.

5.16쿠데타 세력은 법률이라는 형식을 통해 통치과정의 정당성을 포장하려 하였으나 이러한 법률들은 절차나 내용 모두에서 위헌적이었으며, 그 때문에 많은 사람들이 쿠데타 세력의 정치적 희생양이 되어야 했다. 특히 5.16 직후 미국의 의심을 받고있던 쿠데타 주도세력은 자신들에 대한 미국 등의 의혹의 눈초리를 환기시키고 쿠데타를 성공적으로 이끌기 위해 계엄령을 선포하였다. 결국 4.19 이후 활발하게 사회활동을 벌인 진보적 인사들은 대대적으로 검거되었고 이들은 사회 안정을 해치는 불순세력 또는 용공세력으로 몰려 부당하게 탄압당하고 처형당하였다.

이후 제4공화국에서는 1972년 선포된 유신헌법에 의해 '긴급조치권'을 발동하여 비상계엄하에 더 강력하게 민주화세력을 탄압하였다. 위헌적 긴급조치의 발동에 의하여 정치적 비판의 자유, 죄형법정주의, 영장주의, 법관에 의한 재판받을 권리 등 헌법상 보장되는 국민의 권리와 자유는 반공이라는 국시 아래 무시되었다. 이와 같이 기본적 인권을 보장받아야 할 국민을 국가가 정권유지를 위하여 용공세력으로 몰아 과도한 형사처벌에 이르게 한 것은 명백한 국가의 의무를 위반한 국가폭력이었다.

이러한 국가폭력은 5.18광주 민주화운동에 이르러 극에 달하였다. 1979년 10 · 26사태로 집권한 신군부세력은 1980년 5월 17일 '비상계엄 전국확대조치'를 발표했다. 집권세력은 그들의 구상을 실현시키기 위하여 광범위하게 분출되는 국민들의 저항에 군사적으로 대응하면서 민주인사에 대한 대대적인 체포와 투옥을 시작했다. 그리고 계엄군은 민주화를 요구하는 시민들을 국가 전복세력이라고 참칭하여 탱크를 앞세우고 무력으로 진압하는 과정에서 수 백명의 시민을 학살한 것은 국가폭력의 극치였다.

이와 같이 한국의 현대사에서 민중들은 억압적인 국가권력에 대항하여 인간의 기본적 권리를 누리기를 원하는 힘겨운 싸움을 벌였다. 때문에 한국 현대사는 전쟁과 민주화 투쟁의 과정에서 국가의 폭력으로 희생당한 수많은 사람들의 고통을 기록하고 있다. 희생자와 그 유가족들은 개인적인 생활의 고통뿐만 아니라 사회적인 침묵, 방관, 왜곡에 의해 민족분단의 또 다른 트라우마를 갖게 되었다. 이런 맥락에서 분단트라우마는 분단체제아래 지속되어온 남북의 적대성과 국가폭력에 의한 공포의 집단심리를 의미한다고도 볼 수 있다.[14]

최근 국가는 과거사청산의 일환으로 진상을 규명하여 희생자들의 명예를 회복시켜 주고 그들에게 씌워져 있던 이념의 굴레를 벗겨주었으며, 희생을 기리기 위한 기념물을 조성하거나 기념의식을 행하여 화해의 신호를 건네기도 하였다. 그러나 이것은 어디까지나 가해자의 입장에서 행해진 것이지 희생자의 입장에서 이루어진 것은 아니었다. 국가폭력에 희생되어진 그들의 소리에 좀 더 귀를 기울이고 그들이 용서할 수 있는 계기를 만들어 진정한 용서와 화해의 길로 나아가야 할 것이다. 이들의 가슴에 새겨져 있는 한을 풀어내지 않고는 남북한 간의 감정의 골을 쉽게 메울 수 없을 것이기 때문이다.[15]

분단체제에 의한 국가폭력의 희생자들에 대한 치유는 국가의 정성어린 사과와 그를 바탕으로 체계적인 치유의 프로그램이 운영되어 가해자와 피해자의 화해 및 국가사회적인 치유를 이루어야 할 것이고, 그 것은 통일의 길로 나아가는데 있어 반드시 선결해야할 과제일 것이다.

역사에 의한 트라우마의 치유에 대해 라카프라는 정신분석학적 전이 개념

14 이병수, 「분단트라우마의 유형과 치유방향」, 『통일인문학논총』 제52집, 2011, 5쪽.

15 엄찬호, 「한국전쟁 전후 민간인 학살에 대한 분노와 치유」, 『인문치료의 이론과 방법』, 강원대학교출판부, 2014, 129~157쪽.

으로 '성찰적 극복하기'를 들고 있다. 성찰적 극복하기는 역사적 외상자가 과거의 사건과 정면으로 대면하여 트라우마의 기억을 객관화함으로써 자신을 그 굴레에서 해방시키는 상태를 말한다. 성찰적 극복하기의 전이 단계에 이른 역사가는 트라우마의 희생자를 미래지향적으로 이끌어 기억의 건강성 회복을 주도한다. 성찰적 극복하기를 통해서 한 개인은 트라우마의 생존자라는 부채감과 피해 의식에서 벗어나 역사적 증언자와 역사 변혁의 주도자라는 긍정적인 정체성을 획득함으로써 미래 지향적인 역사의 집을 건축하는 데 중요한 하나의 벽돌을 보탠다. 마찬가지로 성찰적 극복하기 단계에 도달한 집단이나 국가도 과거 청산의 채무자 신분에서 벗어나 미래 국가를 건설할 수 있는 국가적 정체성과 동질감을 회복한다.[16]

인문치료로서의 성찰적 극복하기는 비판적 역사에 의한 새로운 미래창조와 연결되어 있다. 역사의 치유는 과거사에 대한 비판적 성찰을 통하여 교훈을 얻고 문제 해결의 실마리를 규명하여 역사에 대한 능동적 개입으로 상처를 치유하며 역사의 새로운 지평을 열어가는 것이다.[17]

3.2 북한이탈주민의 남한사회 적응문제

통일이 궁극적으로 서로 다른 체제에서 함께 생활해 왔던 남북한 주민이 이질감을 해소하고 동일한 정치 · 경제체제에서 하나의 삶의 양식으로 함께 생활하는 것을 의미한다면, 통일은 이미 우리 사회의 일부에서 이루어지고 있다. 그것은 다름 아닌 북한이탈주민들의 남한사회 적응과정이다. 북한이탈주민들의 남한사회 적응문제는 남한사회의 안정과 질서, 그리고 통일 후 남북한의 주민통합과정에서 야기될 문제를 미리 학습하는 예비학습과정이다. 아울러 우리 사회가 통일역량을 얼마나 갖추고 있는가를 직접적으로 가늠하는 하

16 육영수, 「기억, 트라우마, 정신분석학:도미니크 라카프라와 홀로코스트」, 『치유의 역사학으로』, 책세상, 2008, 393~395쪽.

17 엄찬호, 「역사의 치유론」, 『인문치료의 이론과 원리』, 2011, 75쪽.

나의 지표가 되기도 한다. 따라서 북한이탈주민의 남한 사회적응 과정은 단순한 그들의 개인적 차원의 문제이기도 하지만 통일과 직결되는 문제이기 때문에 더욱 중요한 의미를 갖는다.[18] 곧 북한이탈주민의 정착과정은 중장기 통일 미래전략 수립 · 지원에 기여할 것이고, 북한이탈주민의 남한정착 과정에서 축적된 노하우는 남북한 주민의 인적 통합 및 체제 전환 교육 등 향후 남북 간 사회통합 시 저력이 될 것이다.[19]

그러므로 정부에서는 북한이탈주민의 성공적인 국내 정착이 우리의 통일 의지와 능력을 보여주는 시금석이라는 판단아래 북한이탈주민이 건전한 민주시민으로 우리 사회에 적응할 수 있도록 자립기반 조성 및 자활능력 배양에 주안점을 두고 단계적인 정착지원 체계를 구축하고 있다.

정부에서는 2012년 '북한이탈주민의 보호 및 정착지원에 관한 법률'을 정해 그 기본원칙으로 4가지를 제시하고 있다.

① 대한민국은 보호대상자를 인도주의에 입각하여 특별히 보호한다.
② 대한민국은 외국에 체류하고 있는 북한이탈주민의 보호 및 지원 등을 위하여 외교적 노력을 다하여야 한다.
③ 보호대상자는 대한민국의 자유민주적 법질서에 적응하여 건강하고 문화적인 생활을 할 수 있도록 노력하여야 한다.
④ 통일부장관은 북한이탈주민에 대한 보호 및 지원 등을 위하여 북한이탈주민의 실태를 파악하고, 그 결과를 정책에 반영하여야 한다.

북한이탈주민에 대한 지원은 초기 입국지원, 보호지원, 거주지 편입지원 등 크게 세가지 영역으로 구분할 수 있는데, 먼저 해외에 체류하고 있는 북한이탈주민은 한국행 희망의사를 표명하는 경우 현지공관 등이 임시보호조치를 취하고 입국방안을 모색하게 된다.

18 趙鏞官, 「脫北移住者의 南韓社會 適應과 統一敎育의 課題」, 『統一問題와 國際關係』 11, 2000, 93~94쪽.
19 정주신, 「새터민 정착지원과 통일준비」, 『한반도 통일준비의 모색』, 프리마북스, 2011, 42~43쪽.

북한이탈주민이 국내에 입국하게 되면 사회적응교육, 정착지원금 지급 및 주거알선 등 자립 · 자활에 필요한 초기 자립지원을 받게 된다. 사회적응교육은 정착지원시설인 '하나원'에서 12주 동안 북한이탈주민이 우리 사회에 적응하여 생활하는데 필요한 기본적인 소양을 갖출 수 있도록 집중적이고 체계적인 교육훈련으로 진행되고 있다. 교육 프로그램은 심리안정 · 정서순화 및 문화적 이질감 해소 교육과 함께 실생활에 활용할 수 있는 현장체험 교육, 기초직업적응 훈련 및 진로지도 프로그램 등으로 구성되어 있다. 또한 정부는 하나원에서 사회적응 교육을 마치고 사회로 진출하는 북한이탈주민이 초기 정착에 필요한 자립기반을 마련할 수 있도록 정착기본금, 정착장려금 및 주거지원금 등을 지원하고 있다.[20]

그러나 북한이탈주민들은 정착과정에서 높아진 기대수준을 충족하지 못하고 자신의 처지에 대한 비교의식이 높아지는 등 심리적으로 박탈감에 시달리고 있다 최근 일부 북한이탈주민들은 남한사회에 적응하지 못하고 사회에서 괴리되어 은둔하거나 경제적 궁핍을 해결하기 위해 범죄를 저지르거나 남한사회를 이탈하여 제 3국행을 택하거나 다시 북한으로 돌아가려는 시도를 하기도 한다. 그것은 북한이탈주민들의 생활상이 남한사회의 하층 바닥에서 좀처럼 헤어나지 못한다는 점, 북한이탈주민들이 취업을 했다고 하더라도 남한사람들과 어울리지 못하고 고립감을 느낀다는 점, 북한이탈주민을 타자화해 우리의 문제가 아닌 그들의 문제로 인식하고 사회주의체제에서 살아온 그들에게 자본주의사회에 적응할 것만을 강요해 온 점 등의 문제가 있기 때문이다.

그러므로 북한이탈주민들의 남한사회 적응을 돕기 위해서는 다음의 몇 가지 점이 고려되어야 할 것이다. 첫째는 그들은 주체사상으로 대변되는 절대가치에 의해 지배되어 왔기 때문에 사고가 자유롭지 못하고 경직되어 있다는 것이다. 둘째는 통제된 사회 속에서 수동적이고 집단의존적인 삶을 살아온 북한이탈주민들은 직면한 문제를 자신 스스로 해결하려는 능력이 결여되어 있

20 통일부 통일교육원, 『통일문제의 이해』, 2014, 217~218쪽.

다는 점이다. 셋째는 스스로의 선택보다는 국가에 의해서 주어진 상황에 따라 순응하며 살아온 북한이탈주민들은 남한사회에서의 자기주도적인 삶의 선택 능력이 결여되어 있다는 점이다.[21]

이러한 점에서 볼 때 현 하나원 사회적응 프로그램은 다소 수정이 필요할 것이다. 첫째는 사회적응 프로그램이 보다 다양하게 개발되어야 할 것이고 그러한 프로그램을 교육할 수 있는 충분한 시간이 주어져야 할 것이다. 현재의 12주의 교육기간으로는 충분한 프로그램을 교육할 수도 없고, 북한이탈주민들이 남한사회에 적응할 수 있는 준비기간으로는 너무 짧다고 볼 수 있다. 둘째는 사회적응 프로그램에 민족동질성을 회복할 수 있는 프로그램이 더 많이 개발되어 교육되어져야 한다. 남북간의 정치사회 및 교육의 차이로 인하여 형성된 이질성을 극복하고 민족공동체의식을 갖도록 하는 교육에 더 많은 시간을 할애하여야 남한사회에서 괴리감 없이 자연스럽게 적응 할 수 있을 것이다. 셋째는 안정적으로 남한사회에 적응하기 위해서는 지역사회에 정착하면서 장기적인 적응프로그램이 필요할 것이다. 곧 소통증진이나, 자존감 향상을 통하여 건전한 지역사회의 일원으로 정착할 수 있도록 하는 사회문화적인 적응능력을 향상시킬 수 있는 인문치료 등의 프로그램이 있어야 한다. 물론 남한주민들이 그들을 잘 받아들이고 이해하며 도와줄 수는 있겠지만, 남한사회의 자본주의와 개인주의적인 생활습관은 남한사회의 특성으로 그것 자체를 변화시킬 수는 없기 때문이다.

아울러 북한이탈주민들의 남한사회 적응을 통한 자립과 자활을 위해서는 그들을 받아들이는 남한사회의 태도의 변화도 필요하다. 앞에서 살펴본 바와 같이 남북한은 이미 70여년의 단절된 상황으로 인하여 이질적인 차이가 존재함에도 불구하고 남한사회에 적응하지 못하는 그들을 그들의 잘못만으로 치부하여 비난하고 무시하는 남한주민들의 자세도 변화를 가져와야만 할 것

21 전우택, 『사람의 통일, 땅의 통일』, 연세대학교 출판부, 2007, 223~229쪽.

이다. 남북한 간의 이질화는 북한이탈주민들만이 변한 것이 아니라 사회문화적인 차이로 인하여 남북 공히 다른 관습과 체제로부터 습득한 것이기 때문에 서로의 이질화된 요소들을 이해하고 있는 그대로 받아들일 필요도 있는 것이다.

따라서 북한이탈주민의 남한사회 적응문제는 민족통합의 과정에서 중요한 시금석이 되고 있다. 민족통합은 단순히 분단종식만이 아닌 문화이질성에서 유발되는 문화충돌의 극복도 내포하고 있으므로 민족공동체 형성에서 공동체 구성요소들 간의 차이는 존재하더라도 그 갈등이 서로 배타적이고 분열적으로 작용하지 않고 민족적 기반을 토대로 상호보완적 관계로 발전하면 이질성이 있다 해도 공동체형성에 있어서 걸림돌이 되지 않을 것이다. 이것은 물론 앞으로 통일이후 남북한의 주민통합과정에서도 드러날 문제이므로 북한이탈주민이 남한사회에 잘 적응하는 것이 통일의 후유증을 최소화하는 길일 것이다.

3.3 재중교포의 민족공동체 회복문제

북한이탈주민과 함께 같은 민족이면서 모국에 돌아와 이방인으로 살아가고 있는 이들이 '조선족'으로 불리는 재중교포들이다. 이들은 현재 대부분 노동자로 남한에 들어와 각종 산업에 종사하고 있다가 일정한 경제적인 여건이 갖추어지면 남한을 떠나 중국인인 조선족으로 돌아가고 있는 상황이다. 그러나 재중교포들 역시 민족통합의 대상이며 더구나 현재와 같이 남북한의 소통이 단절된 상황에서 남북한을 비교적 자유롭게 오갈 수 있는 그들은 남북통일의 중요한 가교 역할을 할 수 있으므로 그들도 적극적으로 받아들여 '조선족'이 아닌 재중교포로 인식을 전환하고 민족공동체를 회복할 수 있도록 돕는 사회문화 프로그램이 마련되어져야 한다.

현재 그들은 국적인 중국과 모국인 남한과 북한의 정체성[22]을 공유하고 있는 다중정체성을 가지고 있다 할 것이다. 따라서 재중교포들 곧 조선족의 정체성의 문제는 통일된 국가를 전제로 논의할 필요가 있으며, 그러한 면에서 재중교포들의 한국사회에 대한 적응문제는 민족공동체의 회복이라는 목표로 접근해야 하고, 역시 인문학을 기반으로 사회문화적인 민족동질성을 찾을 수 있는 방법을 모색해야 한다.

재중교포들은 일찍이 조선말부터 일제강점기를 거쳐 자의 또는 강제적인 이주에 의해 간도지역에 정착하여 중국의 지배를 받으며 살아왔지만, 한민족의 민족정체성을 유지하고 중국내에서도 독자적인 문화를 이루며 지내오고 있다. 이들이 이국타향에서 하나의 민족공동체를 유지하면서 자체의 민족정체성을 간직해 올 수 있었던 것은 중국정부가 제창해온 민족정책의 혜택도 있었겠지만 이주초기부터 형성되었던 공동체생활 및 자아정체성에 대한 주체적인 자각과 노력의 결실이기도 하다. 한민족의 전통문화는 이국타향에서 표류하고 있는 민족구성원들에게 있어서 일종의 정신적인 지주와 문화적인 후원자 내지는 마음의 안식처로 자리 잡고 있었을 뿐만 아니라 민족사회구성원들을 결속하는 힘으로, 서로의 정감을 교류하는 유대의 역할을 감당해 왔던 것이다. 더구나 북한과 국경을 접하고 있으면서 압록강과 두만강 연안에 형성된 조선족촌들은 대부분 북한 지역의 주민과 혈연관계로 연결되어 있고, 변경무역을 통해 민족간 교류도 지속적으로 이루어지고 있었으므로 민족정체성 유지에 도움이 되었다.

22 재중교포들이 상대적으로 북한을 더 모국으로 여기고 있었던 것은 건국초기 전반 1950년대에 조선족의 문화사업 발전을 가져오고 조선족교육이 중국의 기타 민족에 비해 앞장 설 수 있도록 북한으로부터 오는 문화적 지원이 있었기 때문이라는 사실이다. 당시 북한은 중국조선족사회를 위해 많은 우수한 인재를 양성했을 뿐만 아니라 조선족교육문화의 발전을 위해 기초적인 지원을 아끼지 않았다. 이와 같이 북한의 문화적인 지원에 힘입어 조선족사회는 민족교육의 급속한 발전을 시도할 수 있었고 자체 민족의 언어와 문자의 동질성을 유지할 수 있었으며 이는 또한 조선족공동체 유지와 발전에 매우 유익하였기 때문이다.(허명철, 「조선족공동체와 정체의식」, 『통일인문학논총』 제52집, 2011, 314쪽.)

또한 이들은 민족문화의 정통성을 유지하기 위하여 민족교육을 통한 후진 양성에도 적극적이어서 50년대까지만 해도 조선족학교들에서는 조선역사와 지리를 학과목으로 설치하여 이주 1세·2세들을 교육하여 왔고, 가정교육을 통해서도 민족의 생활습성과 예의범절을 자녀들에게 전하여 현재까지도 민족문화를 간직하고 있다. 하지만 중국정부에 의해서 상기 학과목들이 조선족학교들에서 사라지고 반복되는 정치운동의 영향으로 현재의 젊은 세대들은 민족역사와 문화에 대한 상식적인 교육도 받지 못하고 있어 민족문화에 대한 애정이 희박해지게 되고 민족적인 긍지도 약화되어가고 있는 실정이다.[23]

이러한 상황에서 중국의 개혁개방 정책은 80년도 초반의 북한과의 무역왕래의 붐을 형성하였고, 다른 한편으로 88서울올림픽부터 알려진 남한의 비약적인 발전은 재중교포들에게 민족정체성의 각성을 다시 불러일으키게 되었다. 이로인하여 그들은 남한에 본격적으로 진출하기 시작하며 민족공동체 의식을 회복하기 시작하였다.[24] 그러나 이들은 곧 남한사회의 차별대우와 국가체제의 차이에 따른 이질성으로 다음과 같은 고백을 하기에 이르렀다.

> "왜 고향에 간다라면 나는 한국이 같은 조선족이기 때문에 나하고 다 같은 줄 알았고 저기는 내 고향일 거다 그렇게 생각하고 왔는데, 내 생각과 완전 다른 거예요. 문화가 다르지, 생김새 같고 말만 같을 뿐이지 그 다음에는 다 달라요. 같은 걸 찾을 수 없도록 슬퍼요. 낯설어요."[25]

2010년 설문조사결과에 따르면 재중교포들 중 한국인이 자신들을 대하는

---

23 1954년 중국 교육부에서는 조선족 학생들에게 조국관념을 배양시키고 교민의식이 생기는 것을 미연에 방지하기 위하여 조선역사와 조선지리를 세계역사와 세계지리에 편입시키고 조선족역사는 중국역사에 편입시켰다.(위의 논문, 322쪽.)

24 김강일, 「남북통일에 있어서 중국조선족의 역할」, 『한국통일과 해외한인에 관한 국제학술회의 논문집』, 1998, 115~116쪽.

25 박영균, 「'상상된 공동체'의 와해와 조선족들의 아비투스」, 『통일인문학』 제59집, 2014, 15쪽.

태도에 대해 만족하는 비율은 26.3%에 불과했으며, 나머지 73.3%가 불만족을 느끼고 있었다. 또한 그들은 한국인으로부터 받은 상처에 대하여 34.4%가 '우월감을 가지고 무시하는 태도'를, 31.8%가 '같은 민족으로 취급하지 않는 태도', 22.1%가 '편견과 선입견을 가진 태도'를 꼽았다.[26] 이와 같이 지금 남한과 재중교포사회의 갈등은 날로 표면화되고 있는 실정이지만 남한사회는 이에 대한 유력한 해결책을 제시하지 못하고 있으며 남북통일의 전략적인 차원에서도 재중교포 사회를 포용하려는 시도조차 하고 있지 않다.

이들 재중교포사회는 남북통일에 있어서 중요한 전략적인 지역이며 민족문화공동체의 중요한 부분이다. 그들이 남북통일과정에 적극적으로 참여하게 되면 미래의 남북통일과정에 커다란 영향을 미칠 것이고, 그들의 남북한 통일에 있어서의 역할은 미래의 통일과정과 통일이후 문화적인 융합과정이라는 장기적인 안목에서 바라보아야 할 것이다.[27] 우리민족이 처한 분단의 현실에서 본다면 자그마한 중국교포사회마저 포용하지 못한다면 남북한의 통일은 요원한 문제일 것이다.

재중교포들은 북한과 밀접한 관계를 맺고 있고 수시로 북한을 방문하거나 방문한 북한사람들과 접촉하기 쉬운 위치에 있다. 이들은 북한의 친지방문·북한이탈주민과의 접촉·북한 방문자와의 접촉 등 직간접적으로 북한에 대하여 접촉하고 있어[28] 단절된 남북한을 간접적으로 연결해 주는 중재자의 역할을 자처하고 있다.

재중교포들은 남한과 북한 사이에 중립적 입장을 취하려고 하며 남북에 드나들 수 있는 조건과 연변의 지정학적 조건을 충분히 이용하여 민족통일에 이바지 하고자 한다. 대부분 재중교포들에게 두루 통하는 철칙의 하나는 바로

---

26 박영균, 「조선족들의 역사적 트라우마, 민족과 국가의 이중주」, 『통일인문학논총』 제60집, 2014, 19쪽.

27 김강일, 앞의 논문, 122쪽.

28 최영관·임채완·김재기·김강일, 「한국통일과 중국 동북3성 조선족에 관한 연구」, 『한국동북아논총』 제20집, 2001, 102쪽.

남한이나 북한 서로에게 상대방을 비난하는 나쁜 말을 하지 않는 다는 것이다. 비난보다는 이해가 중요하다고 생각하는 이들은 현시점에서 남한에는 북한 바로 알리기, 북한에는 남한 바로 알리기를 하여 분단현실을 인정하고 직시하여 통일의 새로운 출발점을 알리고자 한다.[29] 이들이 남북통일을 바라는 간절한 마음은 같은 혈통을 지닌 민족이라는 당위성에서도 비롯되겠지만 한반도의 모체문화가 그들의 생존문제에도 관여된다는 점에도 기인된다.

물론 통일의 형태적 본질은 궁극적으로는 '하나의 국가'를 수립하는 것이겠지만, 내용적으로 보면 통일은 헤어지고 갈라졌던 사람들이 다시 만나고 서로의 차이를 인정하며 갈등을 극복하면서 새로운 사회 · 문화를 만들어 나가는 과정이기도 한다. 이러한 과정을 민족적 시각에서 놓고 본다면 통일은 한반도에 거주하고 있는 남북주민 전체만의 만남과 화합뿐만이 아니라 분단의 아픔을 함께하고 있는 700만 교포들도 함께하여야 한다는 점에서 민족통일은 반드시 해외에 있는 교포들도 포용할 수 있는 진정한 민족대화합이 되어야 한다.

그러므로 재중교포의 민족공동체 회복문제 역시 통일문제의 일환으로서 인문치료의 방법으로 접근해야 할 것이다. 곧 그들의 한민족으로서의 존재론적 의미를 강화시켜 남한사회에서 받은 상처를 치유하고 민족동질성의 문제를 사회문화적으로 구체화하여 민족적 자아의 주체를 확립시킴으로써 재중교포와 남한사회가 갖고 있는 근본적인 문제를 해결하여 민족 통합의 단계로 나아가야 할 것이다.

3.4 통일교육과 인문치료

통일을 준비하기 위한 선결과제는 사회내의 다양한 가치관과 견해를 존중할 수 있는 분위기를 조성해야 하고, 통일을 지향하는 방향으로 국민들의 의

29 김거정, 「남과 북을 이어주는 통일가교, 조선족의 삶」, 『北韓』 1996년8월호, 61쪽.

지를 모아야 한다. 그리고 통일준비를 위한 공론화를 사회적 논의로 끌어내기 위해서는 통일에 대해 함께 생각하고 소통할 수 있는 기회를 많이 제공해야 한다. 아울러 이러한 논의는 또한 실청행위로 이행되어야 하며 그 단계적 조치로서 서로의 차이와 동질성에 대한 정확한 이해가 가능하도록 민족적 통일교육이 선행되어야 한다.

남북한 분단의 현실에서 통일교육은 반드시 필요한 당위적 과제라는 것은 주지의 사실이라고 할 수 있다. 과거의 통일교육을 보면 북한에 대한 부정적 이미지를 강조하는 관점에서 교육이 시행되어 왔다는 것은 부인할 수 없다. 향후의 통일교육은 북한을 안보적으로는 경계하여야 할 대상인 동시에 통일을 위해서는 협의하고 논의하여야 할 대상이라는 이중적 구조로 이해하여야 할 것이다.

곧 냉전시대의 통일이 체제 수호의 차원에서 안보와 이념 등의 정치 · 군사적 측면에서의 경쟁에 의한 흡수 통일을 지향했다면, 교류 · 협력시대의 통일은 민족 공동체 의식을 바탕으로 한 사회 · 문화적 측면에서 정신과 가치의 통합, 즉 '사람의 통일' 또는 '사실상의 통일'을 지향하고 있다. 이러한 통일은 국토와 체제 통일에 앞서 민족 공동체 형성을 위한 사회 · 문화적 통합을 지향한다.[30]

통일교육은 국민들에게 통일에 대한 비전과 현상에 대한 정확한 정보를 제공함으로써 이들이 올바른 가치관과 판단력을 갖게 하는데 그 목적이 있다. 이런 측면에서 통일교육은 다가올 통일에 대비하여 어떻게 그것을 받아들이고, 혼란을 최소화하면서 진정한 남북통합을 이루어갈 것인가에 주안점을 두어야 한다.[31]

또한 학생들에게는 통일에 대한 지속적인 관심과 의지를 갖게 하고 통일관

---

30 권장희, 「통일 교육의 효율성 제고를 위한 도덕교육에 대한 비판적 고찰」, 『국민윤리연구』 제57호, 2004, 190쪽.

31 김창희, 「통일준비와 통일교육」, 『한반도 통일준비의 모색』, 프리마북스, 2011, 52~53쪽.

련 내용에 대한 판단능력을 길러주며, 북한에 대한 편견이나 적대감을 줄이게 하는 교육이다. 그리고 미래의 남북통일에 대비하는 교육이자 통일 후 구성원들이 가져야 할 기본적 가치관 등과 관련한 교육이다. 곧 통일교육은 '민족화해교육' 또는 '민족통합교육'이라고 할 수 있다.[32]

박근혜정부는 국민통합에 기여하는 통일교육을 계획하였다. 특히, 우리 사회에 통일에 대한 국민들의 무관심과 회의가 점증하는 상황을 극복하고자 통일에 대한 국민적 공감대를 형성하고 범국민적 차원의 통일교육이 될 수 있는 계기를 마련하기 위해 제1회 「통일교육주간」을 제정, 운영하기도 하였다. 아울러 통일교육의 저변을 확산시키기 위해, 유관기관과의 업무협약(MOU)를 체결하고 통일교육 민 · 관 거버넌스 회의를 개최하는 등 민간과의 협력도 한층 강화하였다. 그리고 해외전문가를 활용한 통일교육도 처음으로 실시하여 통일교육의 외연도 확대해 나갔다.

아울러 통일교육위원, 지역통일교육센터, 통일교육협의회, 통일관 등을 통해 풀뿌리 통일교육을 실시하였으며, 통일 · 북한에 대한 올바른 이해를 제고하기 위하여 다양한 형태의 통일교육 교재도 제작하였다. 특히, 청소년들의 눈높이에 맞는 뮤직비디오, 인기 캐릭터를 활용한 애니메이션 등 감성형 영상교재를 개발하여 보급하기도 하였다.[33]

'통일교육지원법'에 의하면 통일교육이란 '자유민주주의에 대한 신념과 민족공동체 의식 및 건전한 안보관을 바탕으로 하는 통일을 이룩하는데 필요한 가치관과 태도를 기르도록 하기 위한 교육을 말한다'고 하였고, 통일교육의 기본원칙은 '자유민주적 기본질서를 수호하고 평화적 통일을 지향하여야 한다'고 하였다.

그러나 통일교육의 내용에 있어 다음 도표에서 보는 바와 같이 대부분 통일

---

32 오기성, 『통일교육론』, 양서원, 2005, 39쪽.

33 『2014 통일백서』, 통일부, 2014, 198~199쪽.

의 필요성이나 통일이후 미래의 환상, 그리고 북한의 실상에 대한 것 등으로 영상자료 '고인돌'을 제외하고는 남북한 문화의 동질성이나 민족공동체 의식을 기르기 위한 내용은 없다. 그러므로 통일교육은 체제나 이념에 대한 홍보보다는 통일을 준비해 가는 또는 통일에 대비한 민족공동체의식을 회복하여 이질성을 극복할 수 있는 내용으로 구성되어야 할 것이다. 결국은 통일은 통일에 대한 남북한 모든 국민의 열망이 모아져야 통일이 이루어질 수 있을 것이므로 통일의 필요성 보다는 당위성으로서의 통일을 이루고자 하는 공감대가 형성되어질 수 있는 교육이 필요한 것이다.

〈2013년 통일교육 자료 개발 현황〉

구분	자료명	대상
기본교재	통일문제 이해	교사 및 일반인
	북한 이해	교사 및 일반인
주제가 있는 통일강좌	북한의 양면성	교사 및 일반인
	북한의 계획경제와 시장화 현상	교사 및 일반인
	진돗개와 풍산개	초등학생(1-3학년)
	백령도 점박이물범	초등학생(1-3학년)
	고인돌	중학생
	대륙열차	고등학생
	구름빵의 비무장 지대 나들이(애니메이션)	초등학생(1-3학년)
	호랑이의 기상(애니메이션)	초등학생(4-6학년)
	편지(애니메이션)	중학생
	더 큰 나라 더 밝은 미래(애니메이션)	고등학생
	통일기차(뮤직비디오)	초등학생
	하나 된 미래(뮤직비디오)	중고생
	한반도 신뢰프로세스	교사 및 일반인
	북한의 양면성	
참고자료	북한지식사전	교사 및 일반인

* 『2014 통일백서』, 통일부, 2014.

한편 통일교육은 미래 통일시대를 대비한 통일의 주역들을 양성하는 길이고, 통일이후의 사회 · 문화적 통합을 원활하게 이루갈 수 있는 길을 준비하는 것이다. 따라서 통일교육은 이제 통일안보교육을 넘어서 평화통일을 대비한 교육으로, 학생들로 하여금 통일과 관련하여 현실에 기초한 올바른 지식을 바탕으로 합리적인 사고와 서로를 올바로 이해하려는 태도를 갖추어 진정한 통일을 준비하는 교육이어야 할 뿐 아니라, 통일 후 나타날 수 있는 문제점을 최소화하기 위한 방안도 고려되어야 할 것이다.

따라서 통일교육 역시 인문학을 기반으로 한 남북한 간의 이질성과 동질성을 비교분석하여 극복해야할 이질성과 회복하여야 할 동질성을 찾도록 하고 이러한 시각에서 통일을 준비해가도록 해야 하겠다. 또한 통일교육은 서로에 대한 불신을 해소하고 적대관계에 의한 상처를 치유해 갈 수 있는 방향으로 이루어져야 한다.

4
맺음말

통일을 통해 우리민족은 훼손된 민족적 정체성을 회복하고 분단의 고통을 극복하여 정신적 · 물질적으로 행복한 삶이 보장되는 민족공동체를 건설할 수 있을 것이다. 그러기 위해서 우리는 통일의 목표와 통일국가의 미래상에 대해서 국민적 합의를 이루고, 통일의 조건을 분석 · 평가하고 유리한 여건을 만들어 가며, 통일을 추진하기 위한 주도적 역량을 기르는 것 등의 통일을 위한 준비과제와 통일 후에 예상되는 문제들에 대한 대책을 마련하여야 한다.

지난 70년 가까이 분단으로 인한 대결과 갈등은 민족의 정체성을 크게 훼손시켰고, 분단으로 굴절된 역사와 민족의 역량 축소는 민족공동체를 파괴하여 점차 이질화되어 가고 있다. 또한 국토가 분단되면서 국권이 양분화 되고 남북한의 서로 다른 정치 체제가 장기화 되어 체제간의 대립과 단절로 인해 정치 · 사회 · 문화 · 경제 · 교육 · 생활방식 등이 이질화 되어 왔으므로 통일문제는 동질성 회복이란 문제를 치유하는 과정이라 할 수 있다.

통일은 협상에 의하여 그리고 점진적으로 이루어지는 것이 바람직하겠지만, 통일은 반드시 시나리오대로 이루어지는 것이 아니며, 그렇다하더라도 크고 작은 혼란을 피할 수 없을 것이다. 독일의 경우 통일이 이루어지기 불과 1년 전까지도 통일을 예상하지 못했듯이, 통일의 기회는 예기치 않은 순간에 찾아올 수 있다. 통합과정을 원활히 수행해 나가기 위해서는 이에 대한 체계적인 준비 등 통일에 대비하는 내적 기반을 확충하여야 한다. 통일 시 발생할 수 있는 남북 주민 간 그리고 계층 간 편견과 차별을 극복하고, 더불어 생활하는 공동체적 사회를 건설할 수 있도록 사전 준비를 철저히 하면서 통일 역량을 갖추어 나가야 할 것이다.

그러한 가운데 먼저 고려해야 할 것은 분단체제하에서 피해를 입었거나 마음의 고통을 안고 살아가는 희생자들에 대한 치유와 화해가 필요할 것이다. 그리고 북한을 떠나 남한에 정착한 북한이탈주민들과 재중교포들에 대한 적응 프로그램은 통일을 대비한 준비로서 남북한의 이질성을 극복할 수 있는 좋은 계기가 될 것이다. 또한 통일교육은 학생들의 통일의식을 고양시켜 줄뿐더러 남북한 주민들의 이해를 도와 민족공동체의식을 회복하고 민족통일의 길로 더 적극적으로 나가게 할 것이다.

참고문헌

국사편찬위원회 국정도서편찬위원회, 『국사』, 교육인적자원부, 2002.

『조선말 대사전』, 평양:과학백과사전출판사, 1992.

『조선역사』, 평양:교육도서출판사, 2001.

백낙청, 『분단체제 변혁의 공부길』, 창작과비평사, 1994.

송두율, 『통일의 논리를 찾아서』, 한겨레신문사, 1995.

오기성, 『통일교육론』, 양서원, 2005.

전우택, 『사람의 통일, 땅의 통일』, 연세대학교 출판부, 2007.

통일부 통일교육원, 『통일문제의 이해』, 2014.

통일부, 『2014 통일백서』, 2014.

권장희, 「통일 교육의 효율성 제고를 위한 도덕교육에 대한 비판적 고찰」, 『국민윤리연구』 제57호, 2004.

김강일, 「남북통일에 있어서 중국조선족의 역할」, 『한국통일과 해외한인에 관한 국제학술회의 논문집』, 1998.

김거정, 「남과 북을 이어주는 통일가교, 조선족의 삶」, 『北韓』 1996.

김성민, 「분단과 통일, 그리고 한국의 인문학」, 『대동철학』 제53집, 2010.

김창희, 「통일준비와 통일교육」, 『한반도 통일준비의 모색』, 프리마북스, 2011.

박영균, 「'상상된 공동체'의 와해와 조선족들의 아비투스」, 『통일인문학』제59집, 2014.

박영균, 「조선족들의 역사적 트라우마, 민족과 국가의 이중주」, 『통일인문학논총』 제60집, 2014.

엄찬호, 「역사의 치유론」, 『인문치료의 이론과 원리』, 2011.

엄찬호, 「한국전쟁 전후 민간인 학살에 대한 분노와 치유」, 『인문치료의 이론과 방법』, 강원대학교출판부, 2014.

육영수, 「기억, 트라우마, 정신분석학:도미니크 라카프라와 홀로코스트」, 『치유의 역사학으로』, 책세상, 2008.

이병수, 「분단트라우마의 유형과 치유방향」, 『통일인문학논총』 제52집, 2011.

임도한, 「6.25전쟁시 연구와 분단문학 극복」, 『韓國文學論叢』 55, 2010.

정성미, 「소통인문치료 원리와 방법」, 『인문치료의 이론과 원리』, 2011.

정영순, 「남북한 역사인식 비교연구」, 『社會科敎育』 45-1, 2006.

정주신, 「새터민 정착지원과 통일준비」, 『한반도 통일준비의 모색』, 프리마북스, 2011.

趙鏞官, 「脫北移住者의 南韓社會 適應과 統一敎育의 課題」, 『統一問題와 國際關係』 11, 2000.

최영관·임채완·김재기·김강일, 「한국통일과 중국 동북3성 조선족에 관한 연구」, 『한국동북아논총』 제20집, 2001

최용기, 「남북의 언어 차이와 동질성 회복 방안」, 『국학연구』 10, 2007.

함석헌, 「민족통일의 길」, 『아, 장준하』, 동광출판사, 1982.

허명철, 「민족적 시각에서 보는 통일담론」, 『통일인문학논총』 제50집, 2010.

허명철, 「조선족공동체와 정체의식」, 『통일인문학논총』 제52집, 2011.

05

동학의 치유사상 연구

05

동학의 치유사상 연구

엄찬호

1
머리말

동학은 조선말 전근대 사회의 모순이 극대화되어 근대사회로의 변혁의 움직임이 시작되던 시기에 국가사회의 위기와 민중의 모순을 해결하고자 최제우에 의하여 시작되었다. 당시 조선은 오랜 기간 외척의 세도정치가 지속되면서 정치 기강이 문란해져 지방관과 토호의 횡포와 착취는 더욱 심해지고 있었고, 상품화폐경제의 발달로 농민층의 분화가 빠르게 진행되고 있었다. 이에 더하여 자연재해와 전염병이 주기적으로 반복되어 농민들의 삶은 매우 피폐해지고, 도탄에 빠진 백성들이 각지에서 봉기를 일으키면서 사회 불안도 점차 확산되었다. 또한 서학을 필두로 한 서양 열강의 침략은 외세에 대한 위기감까지 더해 조선사회를 심각한 사회적 혼란과 위기에 놓이게 하였다.

이러한 조선말기에 이르러 민중들은 정감록, 미륵신앙 등에 영향을 받으며 반봉건적 의식을 키워 사회변혁세력으로 성장하기 시작하였다. 그러므로 동학은 이 시기의 민중들에게 새로운 사회의 전망을 제시해 주며, 성리학의 지배이념에 대항하는 민중의 저항 이데올로기로서 자리 잡을 수 있었다. 근대적 인간의 자각이 싹트고 민중운동이 태동하는 전환기에 나타난 것이 동학사상이었던 것이다. 최제우의 시천주(侍天主) 사상은 하늘을 내세의 이상향이 아닌 인간의 중심에 받아들임으로써 인간의 존엄성을 강조하고, 사람은 누구나 평등하며 차별을 받아서는 안 된다는 평등사상을 내재하였다. 이는 당시의 봉건적 신분구조의 모순을 탈피하고 새로운 세상을 기대하게 하였으며, 온갖 문제로 피폐해지고 병들어 있는 국가사회를 개혁하고 민중들의 삶의 고통을 치유할 방향을 제시한 것이었다.

최제우는 당시 이러한 문제의 원인을 유학적 도덕 질서가 땅에 떨어진 상황에서 찾았고 여기에 서양세력과 서학이 침략해와 이러한 혼란을 부채질하고 있다고 생각하였다.[1] 그리하여 최제우는 조선 왕조의 온갖 비리와 부패를 치유 가능한 새로운 사상을 찾아 나섰고, 1855년에 을묘천서라는 종교 체험을 하고 득도에 매진한 결과 경신년인 1860년에 하느님으로부터 신비적인 종교 체험을 통하여 동학을 탄생시켰다.[2]

이와 같이 동학은 당시의 국가와 사회 문제를 치유하고 새로운 세상에 대한 비전을 제시하였으며, 불평등한 사회구조속에서 고통받아오던 민중들의 육체와 마음을 치유하고자 하였던 사상을 기반으로 하고 있음에도 동학의 치유사상에 대한 연구는 매우 부족하다. 김용해는 논문 「시천주 조화정: 신앙과 치유의 원리」[3]에서 최제우의 원체험으로 수렴된 영부와 주문을 통해서 하느님을 지극히 모시는 신앙행위가 개인의 치유를 가져왔고, 이것은 신앙과 치유, 개인구원과 사회구제가 하나의 원리임을 고찰하였다. 나동광은 논문 「심리치료적 관점에서 〈교훈가〉 읽기」[4]에서 〈교훈가〉에 나타난 최제우 자신의 서사를 중심으로 심리치료적 읽기를 시도한 바 있다. 이 외에 동학의 치유방법론으로 이해 될 수 있는 수심정기를 논제로 한 동학의 수양론에 대한 논고가 다수 있다.

---

1 임형진, 「수운의 이상사회론-개벽과 청우당의 이상국가를 중심으로」, 『동학학보』 21, 2011, 185~186쪽.

2 홍경실, 「동학의 인본주의에 관한 고찰」, 『동학학보』 23, 2011, 176쪽.

3 김용해, 「시천주 조화정: 신앙과 치유의 원리」, 『동학학보』 17, 2009.

4 나동광, 「심리치료적 관점에서 〈교훈가〉 읽기」, 『동학학보』 23, 2011.

이에 본고에서는 기존의 연구성과를 바탕으로 동학의 치유 사상을 개인치유와 사회치유로 나누어서 살펴보고자 한다. 우선 개인치유의 측면에서는 치유의 대상인 마음에 대한 동학의 이해에 대하여 살펴보고 영부와 주문에 의한 치유행위와, 수심정기론을 통해본 치유사상을 정리하고자 한다. 동학의 사회치유는 동학이 종교적인 개인치유 뿐만이 아니라 조선말의 도탄에 빠진 사회와 외세의 침략으로 위기에 몰린 국가의 문제까지 해결하고자한 치유의 사상을 잉태하고 있었음을 고찰하고자 한다.

2
동학의 마음치유

2.1 동학의 마음에 대한 이해

조선 말기의 시대 상황속에서 최제우는 몰락양반의 서출이라는 출신성분으로 인하여 느끼는 소외감과 입신양명 할 수 없는 처지로 일정한 직업없이 명산대찰을 찾아 40세까지 구도의 방황을 이어갔다. 이 때 그가 인식한 당시의 조선은 왕조의 시운이 쇠하여 개벽을 대망하는 말세로 정치 · 사회 · 문화적으로 일대 혼란에 빠져있다고 보았다. 그리하여 최제우는 관명인 제선(濟宣)을 제우(濟愚)로 고치고 종교적으로 구국과 제세의 길을 걷기 시작하였다. 그는 당시 사회속에서 혼란이 증폭되고 있었던 것은 궁극적으로 자신만을 위하는 마음, 곧 '각자위심(各自爲心)'의 타락한 심성에 기인하고 있다고 보았다.[5]

그러므로 동학은 이 마음을 바로잡아 개인의 문제를 치유하고 사회의 구원을 이루어 후천 개벽세상을 꿈꾸던 종교였다. 최제우는 마음에 대하여 '마음은 본래 텅 비어서 사물에 응하면서도 자취가 없다'고 하며 그러나 '마음을 닦

5 윤석산, 「천도교의 수도법 수심정기에 관하여」, 『동학학보』 7, 2004, 96쪽.

아야 덕을 알게 되고, 덕이 밝아져야 도에 합치하게 된다'고 보았다. 또 마음을 닦는 것은 '다른 사람이 해 주어서 되는 것이 아니라 내가 덕을 쌓아야 되는 것이며, 공을 들인다고 되는 것이 아니라 믿음을 가져야 되는 것'이라고 하였으며, '구한다고 모두 되는 것이 아니고 정성을 다해야 되는 것'이라고 하였다.[6]

최제우의 영부 체험에 의하면 사람의 마음은 곧 하느님의 마음이므로 마음을 닦는다는 것은 하느님 마음을 깨닫는 것이라고 할 수 있다.

> "내 마음이 곧 네 마음이니라. 사람이 어찌 이를 알리오. 천지는 알아도 귀신은 모르니 귀신자도 나니라. 너는 무궁무궁한 도에 이르렀으니, 닦고 단련하여 그 글을 지어 사람을 가르치고 그 법을 바르게하여 덕을 펴면, 너로 하여금 장생하여 천하에 빛나게 하리라."[7]

최제우의 깨달음의 내용인 '내 마음이 곧 네 마음'이라는 것은 하느님 마음이 인간 자신의 마음이라는 깨달음이며 이를 동학의 영부에서는 '궁궁(弓弓)'으로 표현하였다. 최제우는 신비체험에서 하느님으로부터 받은 영부에 대해 '그 형상은 태극이며 궁궁'이라고 하였는데, 영부가 태극이라는 것은 우주의 원리라는 것을 말하는 것이고, 궁궁이라고 하는 것은 그것이 곧 인간의 마음이라는 것을 말해 준다. 궁궁이 바로 마음이며, 신비의 약으로 탄복되던 영부는 곧 가슴속의 불사의 약, 마음이라는 것이다.[8]

최제우는 모든 사람이 태어날 때부터 몸속에 하느님을 모시고 있다는 것을 깨달은 것이다. 원래 사람은 하느님 마음을 가지고 태어났으나, 살아가면서 세상의 습성에 의해 타고난 하느님 마음을 잃어버리게 되어 세상이 혼란스러워 졌으므로 이제 다시 마음을 닦아 하느님 마음을 회복해야 한다고 보았다.[9]

6 『東經大全』, 「嘆道儒心急」.

7 『東經大全』, 「論學文」.

8 한자경, 『한국철학의 맥』, (서울:이화여자대학교출판부, 2008), 345쪽.

9 이정희, 「東學의 修養觀」, 『동학학보』 11, 2006, 189쪽.

이러한 최제우의 마음에 대한 가르침에 대하여 최시형은 '마음은 본래 비어서 물건에 응하여도 자취가 없다'하였으니, '빈 가운데 영이 있어 깨달음이 스스로 나는 것'이라고 하였다. 그리고 그는 '그릇이 비었으므로 능히 만물을 받아들일 수 있고, 집이 비었으므로 사람이 능히 거처할 수 있으며, 천지가 비었으므로 능히 만물을 용납할 수 있고, 마음이 비었으므로 능히 모든 이치를 통할 수 있다'는 것이다.[10]

또한 최시형은 사람의 마음을 하늘의 해에 비유하여 '해가 밝음에 만국을 비추고 마음이 밝음에 일만 이치를 환히 꿰뚫는다'고[11]하며, 따라서 동학은 '마음을 자세하고 한결같이 함을 주로 삼는다'고 하였다.[12] 나아가 최시형은 '하느님 마음이 사람의 마음'이라고 보았던 최제우의 가르침에서 '마음이 곧 하늘'이라는 인식을 하기에 이르렀다.

> "마음이란 것은 내게 있는 본연의 하늘이니 천지만물이 본래 한마음이니라. 마음은 선천 후천의 마음이 있고 기운도 또한 선천 후천의 기운이 있느니라. 천지의 마음은 신신영령하고 천지의 기운은 호호창창하여 천지에 가득 차고 우주에 뻗쳐 있느니라."[13]

그러므로 최시형은 '내 마음을 공경치 않는 것이 곧 천지를 공경치 않는 것'라는 가름침은 '내 마음을 공경함이 곧 하늘을 공경하는 도를 바르게 아는 길'이라고 보았다. 이에 '사람은 하늘을 공경함으로써 자기의 영원한 생명을 알게 될 것이요, 하늘을 공경함으로써 모든 사람과 만물이 다 나의 동포라는 전체의 진리를 깨달을 것이요, 하늘을 공경함으로써 남을 위하여 희생하는 마음과 세상을 위하여 의무를 다할 마음이 생길 수 있다'고 하였다.[14] 이와 같이 마

10 『海月神師法說』, 「虛와 實」.

11 『海月神師法說』, 「天地人・鬼神・陰陽」.

12 『海月神師法說』, 「其他」.

13 『海月神師法說』, 「靈符呪文」.

14 『海月神師法說』, 「三敬」.

음을 공경함이 하늘을 공경하는 것이란 인식은 하늘이 사람의 마음에 있다는 것 곧, '시천주(侍天主)라는 것이다.

"마음은 어느 곳에 있는가 하늘에 있고 하늘은 어느 곳에 있는가 마음에 있느니라 그러므로 마음이 곧 하늘이요 하늘이 곧 마음이니 마음 밖에 하늘이 없고 하늘 밖에 마음이 없느니라. 하늘과 마음은 본래 둘이 아닌 것이니 마음과 하늘이 서로 화합해야 바로 시·정·지(侍·定·知)라 이를 수 있으니, 마음과 하늘이 서로 어기면 사람이 다 시천주라고 말할지라도 나는 시천주라고 이르지 않으리라"[15]

최시형은 무궁한 하늘의 생명을 키워나가는 것이 시천주하는 것이라고 인식하였다. 그러기 위해서 최시형은 물욕을 갖는 것도 남을 미워하는 것도 거짓말을 하는 것도 남과 시비하는 마음을 갖는 것도 즉 비도덕적인 모든 행위는 하늘을 지키지 못하고 오히려 하늘을 상하게 한 것이라고 보았다. 내 마음에 이기적인 때가 낀 마음이 아닌 본래의 순수한 하늘의 마음으로 돌아와 그것이 가득 커져서 하느님 마음이 내 마음이 되면 천인합일의 경지에 이르는 것이다.[16]

한편 최시형은 사람의 마음을 심령과 욕념으로 구별하여 '몸은 심령의 집이요 심령은 몸의 주인이니, 심령의 있음은 일신의 안정이 되는 것이요, 욕념의 있음은 일신의 요란이 되는 것'이라고 하였다. 곧 마음에는 심령이외에 욕념이 있어서, 심령이 있으면 몸은 편안하게 살 수 있지만 욕념이 있게 되면 몸은 어지럽게 된다는 것이다 그러므로 사람은 '능히 그 마음의 근원을 맑게하고 기운을 깨끗이 하면 오염되지 않고 욕념이 생기지 아니하여 하늘의 정신이 몸 안에 돌아온다'고 보았다.[17] 욕념은 육관으로 인하여 발생하므로 몸의 주인인 심령 곧 하늘의 이치를 얻도록 하여야 한다는 것이다.

15 『海月神師法說』, 「天地人 · 鬼神 · 陰陽」.

16 차옥승, 「동서 교섭의 관점에서 본 몸과 마음 이해」, 『동학학보』 24, 2012, 333쪽.

17 『海月神師法說』, 「守心正氣」.

"심령은 오직 하늘이니, 높아서 위가 없고 커서 끝이 없으며, 신령하고 호탕하며 일에 임하여 밝게 알고 물건을 대함에 공손하니라. 생각을 하면 하늘 이치를 얻을 것이요 생각을 하지않으면 많은 이치를 얻지 못할 것이니, 심령이 생각하는 것이요, 육관으로 생각하는 것이 아니니라. 심령으로 그 심령을 밝히면 현묘한 이치와 무궁한 조화를 가히 얻어 쓸 수 있으니, 쓰면 우주 사이에 차고 폐하면 한 쌀알 가운데도 감추어 지느니라."[18]

육관은 불교에서 눈, 코, 귀, 입 그리고 몸과 마음을 가리키는 것으로 최시형은 이 육관으로 인하여 욕념이 발생한다는 것이다. 생각을 하면 하늘의 이치를 얻을 수 있으나 육관은 감각에 따라 판단을 내리게 되므로 생각하는 것이 아니어서 심령을 따르지 않고 욕념을 따르게 된다. 따라서 이러한 욕념을 이기면 마음은 티끌에 가리우지 않은 거울처럼 밝게 비추고, 진흙에 섞이지 않은 구슬처럼 빛나게 된다.[19] 그러므로 같은 마음이라도 쓰기에 따라서 심령에 따르기도 하고 욕념이 생기기도 한다.

"같은 불이로되 그 사용에 의하여 선과 악이 생기고, 같은 물이로되 그 사용에 의하여 이로움과 해로움이 다름과 같이, 같은 마음이로되 마음이 이치에 합하여 마음이 화하고 기운이 화하게 되면 하늘님 마음을 거느리게 되고, 마음이 감정에 흐르면 마음이 너그럽지 못하고 좁아 몹시 군색하여 모든 악한 행위가 여기서 생기는 것이니라."[20]

세상을 어지럽힌 각자위심에서 벗어나 시천주를 굳건히 하여 하느님의 덕과 도에 대한 생각만 오로지 할 때 마음이 바르게 되고, 편안하게 된다는 것이다. 이것은 마음의 수양으로써 이루어지니 '마음으로써 마음을 다스린다'는 것이다.

---

18 『海月神師法說』, 「守心正氣」.
19 송봉구, 「주자의 거경(居敬)과 해월의 수심정기(守心正氣)비교연구」, 『유학연구』 25, 2011, 175쪽.
20 『海月神師法說』, 「以心治心」.

"마음으로써 마음을 상하게 하면 마음으로써 병을 나게하는 것이요, 마음으로써 마음을 다스리면 마음으로써 병을 낫게 하는 것이니라. 이 이치를 만약 밝게 분별치 못하면 후학들이 깨닫기 어렵겠으므로, 논하여 말하니 만약 마음을 다스리어 심화 기화가 되면 냉수라도 약으로써 복용하지 않느니라."[21]

사람의 마음은 곧 하늘로 마음이 편안하지 못하면, 기운도 편안하지 못하여 마음이 상하게 되고 몸에 병을 얻게 되는 것이다. 이에 동학은 마음을 다스림으로써 하느님의 마음을 회복하여 약을 쓰지 않아도 병을 낳게하므로 마음의 치유를 수심정기(守心正氣)에서 찾고자 하였다.

2.2 동학의 수심과 마음치유

2.2.1 守心正氣[22]

최제우는 시천주를 실천함에 있어 중요한 것은 수심정기(守心正氣)와 성·경·신(誠·敬·信)으로 보았다. 그는 '인의예지는 옛 성인의 가르친 바요, 수심정기는 오직 내가 다시 정한 것이라'고 하며 『용담유사』의 「교훈가」에서 '지벌이나 문필로써 군자가 될 수 있는 것도 아니며 만권시서(萬卷詩書) 읽는다고해서 현인군자가 되거나 도성덕립(道成德立) 할 수 있는 것도 아니고, 양반들이 10년을 공부해도 이룰 수 없을 것을 아무것도 모르는 상민이나 노비나 할 것 없이 13자 주문만 지극히 외우며 수심정기하고 정성과 공경과 믿음으로써 하느님을 모시면 3년이면 이룰 수 있다'[23]고 말하고 있다.

또 최시형은 '만일 수심정기가 아니면 인의예지의 도를 실천하기 어려운 것'이라고 하고, 누구나 본래의 마음이 하느님 마음임을 깨달으면 수심정기가 되

21 『海月神師法說』, 「靈符呪文」.

22 '수심정기'가 『東經大全』에는 '修心正氣'로 표현되어 있기도 하나 윤석산이 「천도교의 수도법 수심정기에 관하여」(『동학학보』 7, 2004)에서 문헌고증을 거쳐 '守心正氣'로 쓰는 것이 알맞은 표기라고 하여 본고에서도 이를 따라 '守心正氣'로 쓰고자 한다.

23 『용담유사』, 「교훈가」.

고, 수심정기가 되면 하느님 성품을 거느리고 하느님 가르침을 받으면 자연한 가운데 화하여 나온다고 하였다. 결국 수심정기는 시천주의 구체적인 수양법인 셈이다. 하느님을 모셨다는 것을 자각하는 데로부터 하느님 마음이 되어, 그 마음을 계속적으로 보전해 나가는 방법인 것이다.

> "마음이 기쁘고 즐겁지 않으면 하늘이 감응치 아니하고, 마음이 언제나 기쁘고 즐거워야 하늘이 언제나 감응하느니라. 내 마음을 내가 공경하면 하늘이 또한 즐거워하느니라. 수심정기는 바로 천지를 내 마음에 가까이 하는 것이니, 참된 마음은 하늘이 반드시 좋아하고 하늘이 반드시 즐거워하느니라."[24]

곧 수심정기를 하면 천지를 마음에 가까이 하는 것이어서 참된 마음을 갖게 되는 것이고, 참된 마음은 하늘의 감응을 가져올 수 있다는 것이다. 따라서 '능히 수심정기 하는 법을 알면 성인되기가 어려울 것이 없지만, 수심정기는 모든 어려운 가운데 제일 어려운 것'이라고 하였다. 최시형은 수심정기하게 되면 '비록 잠잘 때라도 능히 다른 사람이 나고 드는 것을 알고, 능히 다른 사람이 말하고 웃는 것을 들을 수 있다'고 하였다.[25]

'수심정기'란 '하느님 마음을 지키고 기운을 바르게 한다'는 의미로 수심이 내면의 문제라면 정기는 외면의 문제까지 포괄하고 있다고 할 수 있고, 이것이 곧 기가 바르고 심이 일정하게 안정되는 기정심정(氣正心定)이다.[26] 수심정기는 의미상 수심이 먼저이고 정기가 나중이라고 볼 수도 있으나 최시형은 수심과 정기의 작용은 상호적인 것으로 보았다.

> "기운이 마음을 부리는가, 마음이 기운을 부리는가. 기운이 마음에서 나왔는가, 마음이 기운에서 나왔는가. 화생하는 것은 기운이요 작용하는 것은 마음이니, 마음

24 『海月神師法說』, 「守心正氣」.

25 『海月神師法說』, 「守心正氣」.

26 손병욱, 「동학과 성리학의 수련법 비교」, 『동학학보』 27, 2013, 242쪽.

이 화하지 못하면 기운이 그 도수를 잃고 기운이 바르지 못하면 마음이 그 궤도를 이탈하나니, 기운을 바르게하여 마음을 편안히 하고 마음을 편안히 하여 기운을 바르게 하라. 기운이 바르지 못하면 마음이 편안치 못하고, 마음이 편안치 못하면 기운이 바르지 못하나니, 그 실인즉 마음도 또한 기운에서 나는 것이니라."[27]

그리고 '수심정기는 운절된 기운을 보충하는 것'[28]이라고 하여 무너지고 끊어진 천지의 기운을 회복시킬 수 있는 길이 바로 수심정기라 하였다. 최시형은 수심정기가 생명을 살리는 길의 근본임을 밝혔다고 볼 수 있다. 마음이 중심자리에 놓여있지 못하고 본래의 마음을 잃어버려 생겨난 불안, 근심, 걱정, 두려움 등으로부터 벗어나기 위해 마음의 근본을 깨닫고 지키려고 노력하는 것이 수심정기라는 것이다.[29]

그러면 수심정기를 어떻게 할 것인가? 최시형은 이 수심정기하는 방법은 별다른 신비로운 비법이 있는 것이 아니라고 하였다. 부모에게 효도하고 형제에게 우애 있게 하고 항상 남에게 따뜻하고 공손하게 대하는 '효제온공(孝悌溫恭)'이 바로 수심정기법이라는 것이다.

"수심정기 하는 법은 효·제·온·공이니 이 마음 보호하기를 갓난아이 보호하는 것같이 하며, 늘 조용하여 성내는 마음이 일어나지 않게 하고 늘 깨어 혼미한 마음이 없게 함이 옳으니라."[30]

이런 효제온공의 마음가짐으로, 또는 갓난아이 보호하듯이 조심스러움으로 내 마음을 보호하고 받들면, 마음이 언제나 깨어서 혼미함이 없고, 기쁘고 즐거워서 수심정기가 될 수 있다는 것이다. 핵심은 마음이 하느님이므로 그 마음을 잃어버리지 않고, 성내지도 않고 미워하지도 않고, 항상 화평하게 유지

27 『海月神師法說』, 「天地人 · 鬼神 · 陰陽」.

28 『海月神師法說』, 「其他」.

29 박진혁, 「해월 최시형의 생명사상 연구」, 서강대학교 석사학위논문, 2004. 73쪽.

30 『海月神師法說』, 「守心正氣」.

해야 한다는 것이다. 이렇게 최시형은 일상생활에서 항상 마음을 잃지 않는 것을 수심정기의 핵심으로 보고 있다.[31]

또 최시형은 '마음으로써 마음을 다스려 마음이 병을 고친다'는 '이심치심(以心治心)'을 언급하여 수심정기의 방향을 제시하였다.

> "내 항상 하늘님 말씀과 사람의 말의 구별을 말하였거니와, 마음으로써 마음을 다스림도 또한 이 이치에서 생긴 것이라. 사람의 마음에 어찌 두가지 뿌리가 있으리오. 다만 마음은 하나이지마는 그 씀에 있어 하나는 이심이 되고 하나는 치심이 되나니, 이심은 하늘님 마음이요 치심은 사람의 마음이니라. 비유하건대 같은 불이로되 그 씀에 의하여 선악이 생기고, 같은 물이로되 그 씀에 의하여 이해가 다름과 같이, 같은 마음이로되 마음이 이치에 합하여 마음이 화하고 기운이 화하게 되면 하늘님 마음을 거느리게 되고, 마음이 감정에 흐르면 마음이 너그럽지 못하고 좁아 몹시 군색하여 모든 악한 행위가 여기서 생기는 것이니라. 그러므로 도 닦는 사람은 이심으로써 항상 치심을 억제하여 마차부리는 사람이 용감한 말을 잘 거느림과 같이 그 사용함이 옳으면 화가 바뀌어 복이 되고, 재앙이 변하여 경사롭고 길하게 될 수 있느니라."[32]

'이심치심(以心治心)'에서 앞의 '심은' 심령이요, 뒤의 '심은' 사람의 욕념을 의미한다. 둘은 본래 하나이지만 그 씀에 따라 주체가 되는 마음이 있고, 다스려져야 할 마음이 있다는 것이다. 그래서 마음이 감정에 흐르면 악한행위가 발생하므로 수심정기하기 위해서는 마음이 이치에 합하게 하여 마음이 화하고 기운이 화하게 하여 하느님 마음을 거느리게 하여야 한다는 것이다.

그렇게하면 하느님을 공경하고 두려워하는 마음을 지닐 수 있을 뿐 아니라, 하느님의 명령을 공경하고 그 이치를 따를 수 있게 되는 것이다. 이리하여 세상의 수많은 악한 질병들이 약을 쓰지 않고도 낫게 되며, 이 세상에 사는 모든 사람들이 물질에 대한 욕심에서 벗어나, 지난날의 허물을 뉘우치고 착한 사람

31 김용휘, 「東學의 修養論」, 『도교문화연구』 22, 2005, 183~184쪽.

32 『海月神師法說』, 「以心治心」.

이 될 것이라고 하였다.[33] 곧 '질병은 사람이 다 수심정기하여 마음이 화하고 기운이 화하면 능히 면하게 된다'[34]는 것이다.

> "태극은 현묘한 이치니 환하게 깨치면 이것이 만병통치의 영약이 되는 것이니라. 지금 사람들은 다만 약을 써서 병이 낫는 줄만 알고 마음을 다스리어 병이 낫는 것은 알지 못하니, 마음을 다스리지 아니하고 약을 쓰는 것이 어찌 병을 낫게하는 이치이랴. 마음을 다스리지 아니하고 약을 먹는 것은 이는 하늘을 믿지 아니하고 약만 믿는 것이니라."[35]

이와 같이 수심정기는 마음을 다스려 병이 낫게하는 이치로 궁극적으로는 개개인의 내면적 자각과 수행, 내면성에의 침잠을 통해 이룩되는 것이다. 인간의 본성인 인의예지의 덕목을 올바르게 각자의 내면에서 회복하는 길이며, 나아가 세상의 모든 사람들이, 무궁한 하느님을 모신 무궁한 존재로서의 인간임을 스스로 자각하는 '시천주'에 이르는 길이기도 하다.

최제우에 의해서 제시되는 새로운 수행법인 수심정기는 당시 세태를 '효박한 세상'으로 만들고 있는 주된 원인인, 하늘의 이법과 명을 따르지 않고 자신의 극히 개인적인 이익만을 추구하는 각자위심(各自爲心)의 세태를 지양하고, 개개인의 내면에 하느님의 도와 덕을 회복시키고자 하는 수행 방법이었다. 나아가 이는 곧 당시 겪고 있는 시대적 위기를 치유하는 길이며, 새로운 만인평등·만인공락의 세계인 후천개벽 세상을 이룩하는 길이기도 한 것이다.[36]

2.2.2 영부와 주문

동학에서는 마음의 치유를 위해 수심정기 함과 아울러 치유의 도구로써 영

---

33 『용담유사』, 「도덕가」

34 『海月神師法說』, 「三災」.

35 『海月神師法說』, 「靈符呪文」.

36 윤석산, 「천도교의 수도법 수심정기에 관하여」, 『동학학보』 7, 2004, 103쪽.

부를 사용하였다. 최제우에게서 마음과 몸의 관계를 구체적으로 들어내 보여 주는 것이 영부(靈符)이다. 그 당시 조선 후기 사회는 정치, 경제뿐만 아니라 전국적으로 퍼져 나가는 괴질(怪疾)로 무척 암울했다. 순조, 헌종을 거쳐 철종 때까지 이어진 괴질로 수없이 많은 인명피해가 났으며 정부도 이에 대해 속수무책이었다. 전국을 돌아다니면서 처참한 광경을 목격한 최제우가 광제창생할 수 있는 무극대도를 원했던 것도 가렴주구에 시달리고 질병에 시달리는 민중의 고통을 뼈저리게 느꼈기 때문이다.

최제우가 괴질의 시달림으로부터 민중을 구할 수 있도록 하느님으로부터 받은 것이 바로 영부이다. 신비체험을 하던 당시의 상황을 최제우는 다음과 같이 설명하고 있다.

> "나에게 영부있으니 그 이름은 선약이요. 그 형상은 태극(太極)이요. 또 형상은 궁궁(弓弓)이니, 나의 영부를 받아 사람을 질병에서 건지고, 나의 주문을 받아 사람을 가르쳐서 나를 위하게 하면 너도 또한 장생하여 덕을 천하에 펴리라. 나도 또한 그 말씀에 느끼어 그 영부를 받아써서 물에 타서 마셔 본 즉 몸이 윤택해지고 병이 낫는지라. 바야흐로 선약인 줄 알았더니 이것을 병에 써봄에 이른 즉 혹 낫기도 하고 낫지 않기도 하므로 그 까닭을 알 수 없어 그러한 이유를 살펴 본 즉 정성드리고 또 정성을 드리어 지극히 하느님을 위하는 사람은 매번 들어맞고 도와 덕을 순종치 않는 사람은 하나도 효험이 없었으니 이것은 받는 사람의 정성과 공경이 아니겠는가?"[37]

영부는 '대우주 대생명의 약동체를 곡선형으로 표현한 것'으로 문자도 아니고 그림도 아닌 무형의 이미지를 상징화한 것이다. 최제우는 마음을 태극과 궁궁의 모양으로, 그리고 마음의 약동적 형상을 영부라는 이미지로 상징화 한 것이다. 영부는 그 자체가 신비적인 부적이라기보다는 하늘의 생명력이 약동하는 모습으로 종이에 형상화된 모양이나 의미보다는 마음에 약동하고 있는

37 『東經大全』, 「布德文」.

하늘의 영기의 상징이다. 그래서 하늘의 감응을 받을 수 있는 자신의 마음 상태, 즉 정성과 공경과 믿음을 중시할 수밖에 없는 것이다.

최시형은 영부의 치유능력에 대하여 다음과 같이 말하였다.

> "우리 도에 영부를 시험하여 병을 고침은 이는 즉 영의 하는 일이니, 하늘이 능히 병을 생기게 하는 이치는 있고 어찌 병을 낫게 하는 이치가 없으리오. 온전하고 한결같은 정성과 믿음으로써 먼저 마음을 화하게 하고 또한 기운을 화하게 하면 자연의 감화로 온몸이 순히 화하나니, 모든 병이 약을 쓰지 않고도 저절로 낫는 것이 무엇이 신기하고 이상할 바리오. 그 실지를 구하면 하늘의 조화가 오직 자기 마음에 있느니라."[38]

동학에서 영부로 병을 고침은 하늘에 대한 믿음으로 사람이 하늘을 제대로 모시지 않으면 각자위심에 의해 질서가 파괴되고 혼란해져 병이 발생하나 정성과 믿음으로 마음과 기운을 하늘의 이치에 합당하게 하면 저절로 병이 낫게 된다는 것이다.

이러한 영부심을 기르는 마음공부는 곧 21자 주문(呪文)[39]공부이다. 주문은 내 안에 모신 신령한 영부심을 찾아 몸에 기화의 힘을 다시 얻는 공부이다. 최제우는 주문을 불사심을 기르는 법문이라 하여 이를 장생주라 하였다.

38 『海月神師法說』, 「其他」.

39 '至氣今至願爲大降侍天主造化定永世不忘萬事知' 21字에서 ① 至氣는 간섭하지 않음이 없고 명령하지 않음이 없는 우주의 본체요 천지만물의 근본으로서의 '영적 활동'이다. ② 今至는 그 지기에 접함이다. 한 개인의 영성은 부단히 대우주 생명의 영부심을 받아, 생하고, 접함에 있다. ③ 願爲大降은 지기의 접함을 지속시키는 마음수련이다. ④ 侍天主는 내유신령 외유기화이다. '나'라는 것은 내면적으로 신령한 존재이다. 외유기화란 천지만물이 근본적으로 하나로 연결되고, 사람이 만물과 더불어 천도천리에 순응함이다. ⑤ 造化定은 무위이화의 법칙으로 말미암아 내유신령의 우주 본성에 합일케 됨을 이름한다. ⑥ 永世不忘 萬事知의 知는 '신령한 앎'을 이름이다. 주문 염송공부를 행함으로써 각자가 자신의 영부심으로 돌아가 守心正氣를 수행하면 천지가 크게 화하는 원기를 다시 회복하여 무위이화의 도를 이룰 수 있다.(정혜정. 「마음공부프로그램의 설계와 과제」. 『종교교육학연구』 43. 2013. 89쪽.)

"주문 삼칠자는 대우주, 대정신, 대생명을 그려낸 천서이니, '시천주조화정(侍天主造化定)'은 만물 화생의 근본이요, '영세불망만사지(永世不忘萬事知)'는 사람이 먹고사는 녹의 원천이니라."[40]

주문은 천지만물 화생의 근본을 새로 밝힌 것으로 주문은 강화(降話)이자 천어(天語)라고 할 수 있다. 주문공부를 하면 은은한 총명이 내면으로부터 자연히 신성스럽게 솟아나오는데 이 역시 강화이다. 최시형은 '정심(正心)으로써 사심(邪心)을 다스리게 되면 모두가 천어가 된다'[41]하였고, 천어의 강화는 심령의 가르침이라 했다. 모든 사람에게는 강화의 가르침이 있지만 오관의 욕심이 지혜를 가리기 때문에 대부분 자신의 강화를 못듣는다. 그러나 마음이 활연관통하면 심령의 가르침을 분명하게 듣게 되고 마음이 바르면 모든 것이 강화의 가르침이 된다.

주문공부는 마음 해방을 위한 염송법으로서 대상에 집착되고 분별의식에 매어있는 마음을 해방시키는 것, 내 몸이 지극한 기운과 하나되어 우주와 감응하는 것, 모든 생각을 오직 하느님께 집중하여 망념을 멈추는 수행이라 할 수 있다. 주문 염송을 통하여 우주기운과 통하게 되면 질병이 치유될 뿐만 아니라 다양한 마음의 능력을 얻는다는 것이다.[42] 주문이라는 종교요소가 급박한 현실을 살아가는 민중들에게는 가장 효과적인 요소이고, 불안한 삶에서 벌어지는 여러 가지 어려운 일들을 가장 정확히 치유해주는 효과가 있었던 것이다.[43]

동학의 마음공부는 주문을 통해서 인간 본래성으로 주어진 하느님 마음을 회복하는 것이다. 그런데 여기서 하느님 마음은 내안에 있는 신령한 영으로서 활동하는 '신령'과도 같다. 주문공부를 통해서 하느님 마음을 회복한다는 것

40 『海月神師法說』, 「靈符呪文」.

41 『海月神師法說』, 「其他」.

42 오문환, 「동학・천도교의 수행론」, 『동학학보』 13, 2006, 154쪽.

43 김도공, 「근・현대 한국 신종교 주문(呪文)에 나타난 한국인의 종교심성 연구」, 『신종교연구』 27, 2012, 85쪽.

은 내 안의 활동하는 '신령'으로서의 하느님의 영과 하나가 된다는 것이다. 이 영은 밖으로는 만물을 생성하고 변화시키는 기운으로서, 내 안의 하느님 영을 깨닫는다는 것은 만물화생의 근본과 모든 생명의 기화작용까지도 깨닫게 된다는 의미이기도 하다.[44]

그러므로 주문 공부는 동학 수도의 핵심을 차지한다. 따라서 주문은 단순히 주술적인 효과를 바라는 기원의 도구가 아니라, 수심정기를 위한 공부법이다. 주문은 마음을 붙잡아 매는 기둥이며 하늘을 보는 관이라고 비유하기도 하는데, 이것을 반복적으로 외움으로써 마음의 잡념이 없어지고 착한 마음의 뿌리를 지켜내어 지혜가 스스로 밝아지는 것이 주문공부의 의미라는 것이다.[45]

동학의 주문수련은 크게 두 가지로 진행된다. 하나는 현송법이라고 해서 큰 소리로 21자(강령주문8자와 본주문 13자)를 일정하게 반복해서 외운다. 이는 강령을 받기 위한 것이며 기운을 위주로 하는 수련법이다. 이를 반복하게 되면 기운을 느끼게 되는데 그러면 마음이 밝아질 뿐만 아니라, 마음에 힘이 생긴다. 이 힘은 몸의 욕망을 조절할 수 있는 힘이기도 하고, 몸의 조화롭지 못한 기운을 평정함으로써 약을 쓰지 않고 몸을 건강하게 만드는 힘이기도 하고, 세상을 자신감 있게 살아갈 수 있는 힘이기도 하고, 불의에 맞서는 힘이기도 하다.

다음으로는 묵송법이라고 해서 강령주문을 뺀 본주문 13자만 가지고 소리를 내지 않고 조용히 마음의 본체와 우주의 근본을 관하는 공부를 한다. 이를 통해 마음이 하늘이라는 것을 온전히 깨닫고 나면 모든 물든 마음에서 벗어나서 본래의 청정한 마음을 회복할 수 있고, 구름걷힌 뒤 태양이 비치듯 밝은 지혜가 나온다고 한다. 이를 굳이 수심정기와 연결시키면 현송법은 정기공부이고, 묵송법은 수심공부라고 할 수 있다.

---

44 이정희, 「東學의 修養觀」, 『동학학보』 11, 2006, 202쪽.

45 김용휘, 「東學의 修養論」, 『도교문화연구』 22, 2005, 181쪽.

최제우는 이 주문을 통해서 글을 배우지 않은 서민들도 마음의 근본을 깨칠 수 있게 하였고, 수심정기가 되게 함으로써 모두가 현인군자가 될 수 있다고 하였다.[46] 한편 최시형은 '주문만 외우고 이치를 생각지 않아도 옳지 않고, 다만 이치를 연구하고자하여 한 번도 주문을 외우지 않아도 또한 옳지 않다'[47]고 하여 주문은 누구에게나 하늘의 마음을 깨치는 길이 되지만, 이치를 생각하며 주문을 외우는 수련을 해야한다고 보았다.

이와 같이 영부와 주문은 수심정기를 통하여 마음치유에 이르는 길이며, 인간 본래성으로 주어진 하느님 마음을 회복하는 수련법이다. 그러므로 동학은 사람의 마음이 하늘이라고 하여 시천주하고 수심정기 함으로써 이치를 바로 잡아 병을 치유하는, 조선 말기 사회의 혼란에 대한 변혁사상이자 치유사상이었다.

3
동학의 사회치유

동학에서 수심정기는 '천지가 운절되는 기운을 다시 보충하는 것'이라고 하였으며, 최시형은 '한 사람이 화해짐에 한 집안이 화해지고, 한 집안이 화해 짐에 한 나라가 화해지고, 한 나라가 화해짐에 천하가 같이 화하리니'라고 하였다.[48] 수심정기하는 것은 마음의 이치를 바르게 알아 개인을 치유할 뿐만 아니라 나아가 천하를 치유하게 되는 것이다.

> "이치와 기운이 바르면 만물이 신령하고, 이치와 기운이 바르지 못하면 만물이 병이 생기고, 사람의 몸에 있는 이치와 기운이 바르면 천지에 있는 이치와 기운도

46 김용휘, 앞의 논문, 182쪽.
47 『海月神師法說』, 「修道法」.
48 『海月神師法說』, 「待人接物」.

> 바르고, 사람의 몸에 있는 이치와 기운이 바르지 못하면 천지에 있는 이치와 기운도 역시 바르지 못하느니라."[49]

만물이 이치와 기운이 바르지 못하면 병이 생기듯이 조선말기의 국가사회는 총체적으로 위기와 혼란이 극에 달하여 새로운 사회를 갈망하고 있었다. 이에 최제우는 당시 사회를 근본적으로 변혁시킬 필요를 절감하였던 것이다. 자신의 사사로움만을 추구하는 황폐화된 마음과 불완전한 문화와 가치관으로 인하여 인간성이 소외되고 사회의 병리현상이 일어났다고 보고 참 하느님을 찾아 천도를 알고 천덕을 실천할 수 있는 사회를 모색하였다.[50]

최제우가 시천주 즉 '하늘생명'을 모셔야 한다고 말한 것은 인간이 각각 자신만 위하는 마음을 가지는 것에서부터 균형과 조화가 무너졌기 때문이었다. 즉 천지만물 안에서 인간들만을 위한 사리사욕에 사로잡혀 사회질서와 자연질서가 무너졌다는 것이다. 그래서 '임금이 임금답지 못하고 신하가 신하답지 못하고 부모가 부모답지 못하고 자식이 자식답지 못한'[51] 어지러운 사회가 되었다는 것이다.[52]

따라서 이와 같은 시대적 위기를 극복하기 위해서는 가장 먼저 타락한 인성인 각자위심을 버릴 수 있어야 한다고 최제우는 역설하였다. 아울러 사람들의 마음속에 담겨 있는 각자위심을 버리기 위해서는 사람들 모두 무궁한 생명력의 원천이 되는 하느님을 공경하고 두려워하는 경외지심(敬畏之心)을 각자의 마음속에 지닐 수 있어야 한다고 가르쳤다. 각자위심에서 벗어나 하느님을 공경하는 경외지심을 회복하는 수행의 법으로 최제우는 '수심정기'를 내놓았던 것이다.

49 『海月神師法說』, 「虛와 實」.

50 설영익, 동학 수행론 연구, 원광대학교 박사학위논문, 2010. 9쪽.

51 『龍潭遺詞』. 「夢中老少問答歌」.

52 윤석산, 앞의 논문, 96쪽.

동학은 조선 말기 양반체제하의 수탈과 문란한 지배질서 등으로 도탄에 빠진 백성을 구제하고, 서학을 중심으로 한 서세동점(西勢東漸)에 대항하여 민족과 국가를 보전하기 위해 창도되었다. 동학은 당시의 사회를 각자위심이 팽배하여 이치와 기운이 바르지 못하게 되어 병들어 있다고 인식하였고, 이것은 하느님 마음을 회복함으로써 치유될 수 있다고 보았다.

우선 동학은 서학을 앞세운 서양세력의 동점에 위기를 느끼고 나라와 민족을 지키고자 했다. 서양은 전쟁을 하면 승리하고 공격하면 빼앗아 이루지 못하는 일이 없으니 천하가 멸망하면 또한 입술이 없어지는 탄식이 없지 않을 것이니 보국안민의 계책을 어떻게 할 것인가를 고민하였다.[53] 최제우가 교화초기부터 보국안민 광제창생의 뜻을 품은 것이 조선 내부의 모순과 외부세력의 침입으로 인해 민중들의 삶이 고난에 처했기 때문이었던 것이다.

다음으로 동학은 인간존중을 근본으로 하여 봉건적 신분체제의 타파와 평등사상으로, 당시의 양반중심 체제를 부정한 것이다.

> "하늘은 반상의 구별이 없이 그 기운과 복을 준 것이요, 우리 도는 새 운수에 둘러서 새 사람으로 하여금 다시 새 제도의 반상을 정한 것이니라. 이제부터 우리 도 안에서는 일체 반상의 구별을 두지 말라. 우리나라 안에 두가지 큰 폐풍이 있으니 하나는 적서의 구별이요, 다음은 반상의 구별이라. 적서의 구별은 집안을 망치는 근본이요, 반상의 구별은 나라를 망치는 근본이니, 이것이 우리나라의 고질이니라."[54]

동학은 시천주사상을 근간으로 인내천사상을 정립하여 인간존중을 근본으로 인간의 존엄성과 평등을 강조함으로써 봉건적 사회체제를 극복하고자 하였다. 최시형은 아이에 대해서도 때리지 말 것을 주문하며 '아이를 때리는 것은 곧 하느님을 때리는 것이니 하느님이 싫어하고 기운이 상한다'고 하며 '누가 나에게 어른이 아니며 누가 나에게 스승이 아니리오'라고 하여 모든 만물

53 『東經大全』, 「論學文」.

54 『海月神師法說』, 「布德」.

까지도 시천주 아님이 없다고 하였다.[55]

또 동학은 유교이데올로기가 지배하던 조선사회에도 깃들어 있던 미신풍속을 고질적인 병으로 인식하고 동학으로 치유하고자 하였다. 이러한 잡신은 '한무제 때에 무당이 하던 여풍을 지금까지 고치지 못하고 마음에 물들어 고질이 되었으니, 다만 어리석은 사람들의 병근을 고치기 어려울 뿐 아니라 썩은 유생과 속된 선비도 왕왕 흘러들어 습관과 풍속을 이루었으니 가히 한심하다'고 하며, 동학으로 병든 뿌리를 끊고 하느님께 죄를 얻지 말라고 하였다.[56]

이 모든 병폐와 모순을 최제우는 한마디로 각자위심(各自爲心)으로 표현하였고 이를 통해서는 세상의 구원도 자신의 완성도 있을 수 없다고 보았던 것이다. 이와는 달리 동귀일체적(同歸一體的) 존재론에 기반하여 시천주 조화정의 수련을 통해 나와 너, 나와 하느님, 하늘과 땅, 무의식과 의식이 둘로 나뉘지 않고 결국 하나라는 깨달음을 체득한다면, 저절로 이기적 욕구는 사라지고 타인에 의해 생긴 상처는 치유되고 사회적 관계는 생명력 있게 회복될 것으로 보았다. 신앙과 사회정의, 개인의 수양과 공동체의 발전, 개인의 치유와 사회구제가 각각 분리된 영역으로 존재하지 않고 동귀일체의 양면일 뿐이라는 가르침, 즉 이 양자가 결코 둘 중 하나로 환원되지 않고 서로 보충하고 영향을 주면서 하나의 통합된 상태로 귀결된다는 것이 최제우의 가르침이었다.

최제우가 1860년 하느님 체험을 통해 받은 사명, 즉 영부로 '사람을 질병에서 구하고', 주문으로 하느님을 지극히 위하여 '포덕천하'하라는 것은 개인과 사회의 구제 원리가 서로 다르지 아니함을 전제로 한다. 영부의 상징적 의미가 주문의 기본이념이고 주문암송을 통해 영부를 그려낼 수 있다는 양자의 관계는 개인의 치유행위가 하느님을 지극히 모시는 신앙행위와 별개의 것이 아님을 나타낸다. 하느님을 극진히 모시고 섬기려는 신앙은 한 개인의 개체적 생명력을 충만케하고 이는 다시 자연과 세상에 영향을 미칠 것이다. 시천주

55 『海月神師法說』, 「待人接物」.

56 『海月神師法說』, 「心靈之靈」.

조화정은 신앙과 치유, 개인구원과 사회구제가 둘이 아니고 하나임을(동귀일체) 표방하는 동학의 가장 중요한 원리인 까닭이 여기에 있다.[57]

이런 현실인식을 바탕으로 동학은 지친 민중을 구원하고, 인내천에 근간한 인간평등사상 구조에서 인간성 회복을 인식하게 만드는 계기를 제공하였다고 볼 수 있다. 동학의 현실인식과 극복양상은 조선후기 대외적 · 대내적 위기 극복을 위한 근대적 민족주의사상과 근대사회 지향의 개혁사상을 제시해 주었으며 이는 개혁을 추진할 수 있는 동력을 제공한 것이다. 나아가 병든 세상을 구제하기 위해서는 모든 사람들이 시천주하도록 가르치고, 천리와 천명에 따르게 함으로써 동귀일체의 이상사회가 되어야 한다고 보았다. 즉 동학은 모든 사람을 시천주의 생활로 인도하여 천주의 무위이화(無爲而化)의 조화에 따라 일체가 되는 사회를 건설하고자 하였다.

4
맺음말

동학은 조선말 전근대 사회의 모순이 극대화되어 근대사회로의 변혁의 움직임이 시작되던 시기에 국가사회의 위기와 민중의 모순을 해결하고자 최제우에 의하여 시작되었다. 동학은 당시의 국가와 사회 문제를 치유하고 새로운 세상에 대한 비젼을 제시하였으며, 불평등한 사회구조속에서 고통받아오던 민중들의 육체와 마음을 치유하고자 하였던 사상을 기반으로 하고 있다.

최제우의 시천주 사상은 하늘을 내세의 이상향이 아닌 인간의 중심에 받아들임으로써 인간의 존엄성을 강조하고, 사람은 누구나 평등하며 차별을 받아서는 안 된다는 평등사상을 내재하였다. 이는 당시의 봉건적 신분구조의 모순을 탈피하고 새로운 세상을 기대하게 하였으며, 온갖 문제로 피폐해지고 병들어 있

57 김용해, 「시천주 조화정: 신앙과 치유의 원리」, 『동학학보』 17, 2009, 260쪽.

는 국가사회를 개혁하고 민중들의 삶의 고통을 치유할 방향을 제시한 것이었다.

동학은 당시의 사회속에서 혼란이 증폭되고 있었던 것은 궁극적으로 자신만을 위하는 마음, 곧 '각자위심'의 타락한 심성에 기인하고 있다고 보았다. 그리하여 본연의 마음인 하느님 마음을 회복하는 것이 치유의 길로 인식하였고, 마음의 치유를 수심정기에서 찾고자 하였다. 수심정기는 마음을 다스려 병이 낫게하는 이치로 궁극적으로는 개개인의 내면적 자각과 수행, 내면성에의 침잠을 통해 이룩되는 것이다. 인간의 본성인 인의예지의 덕목을 올바르게 각자의 내면에서 회복하는 길이며, 나아가 세상의 모든 사람들이, 무궁한 하느님을 모신 무궁한 존재로서의 인간임을 스스로 자각하는 '시천주'에 이르는 길이기도 하다.

동학에서는 마음의 치유를 위해 수심정기 함과 아울러 치유의 도구로써 영부를 사용하였다. 동학에서 영부로 병을 고침은 하늘에 대한 믿음으로 사람이 하늘을 제대로 모시지 않으면 각자위심에 의해 질서가 파괴되고 혼란해져 병이 발생하나 정성과 믿음으로 마음과 기운을 하늘의 이치에 합당하게 하면 저절로 병이 낫게 된다는 것이다.

이러한 영부심을 기르는 마음공부는 곧 21자 주문공부로 주문은 내 안에 모신 신령한 영부심을 찾아 몸에 기화의 힘을 다시 얻는 공부이다. 주문은 단순히 주술적인 효과를 바라는 기원의 도구가 아니라, 수심정기를 위한 공부법이고, 마음치유에 이르는 길이며, 인간 본래성으로 주어진 하느님 마음을 회복하는 수련법이다.

나아가 동학은 만물이 이치와 기운이 바르지 못하면 병이 생기듯이 조선말기의 국가사회는 총체적으로 위기와 혼란이 극에 달하여 새로운 사회를 갈망하고 있다고 주장하였다. 이에 최제우는 당시 사회를 근본적으로 변혁시킬 필요를 절감하였던 것이다. 자신의 사사로움만을 추구하는 황폐화된 마음과 불완전한 문화와 가치관으로 인하여 인간성이 소외되고 사회의 병리현상이 일어났다고 보고 참 하느님을 찾아 천도를 알고 천덕을 실천할 수 있는 사회를 모색하였다.

참고문헌

『東經大全』

『용담유사』

『海月神師法說』

김용해. 「시천주 조화정: 신앙과 치유의 원리」. 『동학학보』 17. 2009.

김용휘. 「東學의 修養論」. 『도교문화연구』 22. 2005.

金春成. 『東學·天道敎 修練과 生命思想 硏究』. 한양대 박사학위논문. 2009.

魯英弼. 『동학의 생명사상 연구』. 전남대학교 박사학위논문. 2003.

박진혁. 「해월 최시형의 생명사상 연구」. 서강대학교 석사학위논문. 2004.

박맹수. 최기영 편. 『한말 천도교 자료집』 2. 서울: 국학자료원. 1997.

손병욱. 「동학과 성리학의 수련법 비교」. 『동학학보』 27. 2013.

송봉구. 「주자의 거경(居敬)과 해월의 수심정기(守心正氣)비교연구」. 『유학연구』 25. 2011.

송봉구. 「해월 최시형의 以心治心 연구」. 『東洋文化硏究』 9. 2012.

오문환. 「동학·천도교의 수행론」. 『동학학보』 13. 2006.

오지영. 『동학사』. 서울: 대광문화사. 1984.

옥계산인 역주. 『현대인의 동학경전』. 서울: 책나무. 2013.

윤석산. 「천도교의 수도법 수심정기에 관하여」. 『동학학보』 7. 2004.

李敦化. 『水雲心法講義』. 京城: 天道敎中央總部. 1968.

이성전. 「東學의 守心正氣에 관한 일고찰」. 『도교문화연구』 27. 2007.

이정희. 「東學의 修養觀」. 『동학학보』 11. 2006.

李炫. 「朝鮮後期 宗敎的 近代性과 平等理念의 展開樣相」. 대진대학교 석사학위논문. 2010.

임운길. 「동학 천도교의 의례와 수행」. 『동학연구』 4. 1999.

임형진. 「수운의 이상사회론–개벽과 청우당의 이상국가를 중심으로」. 『동학학보』 21. 2011.

정혜정. 「마음공부프로그램의 설계와 과제」. 『종교교육학연구』 43. 2013.

정혜정. 『동학의 심성론과 마음공부』. 서울: 모시는사람들. 2012.

차옥숭. 「동서 교섭의 관점에서 본 몸과 마음 이해」. 『동학학보』 24. 2012.

홍장화 편. 『천도교 교리와 사상』. 서울: 천도교중앙총부출판부. 1990.

표영삼. 「동학의 수행체계」. 『신인간』 571호. 1998.

한자경. 『한국철학의 맥』. 서울: 이화여자대학교출판부. 2008.

홍경실. 「동학의 인본주의에 관한 고찰」. 『동학학보』 23. 2011.

06

일본의 한국사 왜곡과 역사치유

일본의 한국사 왜곡과 역사치유

엄찬호

1 머리말

본 연구의 목적은 일제강점기 사용된 국사교과서로 1941년 발간된 『초등국사(初等國史)』 제6학년(第六學年)과 최근 일본에서 사용되고 있는 역사교과서인 후쇼사의 2010년판 『개정판(改訂版) 새로운 역사교과서[新しい歷史教科書]』를 비교 분석하여 현재도 계속되고 있는 역사왜곡의 뿌리를 찾아 역사왜곡의 근본 원리가 무엇인가를 명확히 드러내는데 있다.

현재 일본 역사교과서의 한국사관련 중요 문제점은 4세기 이후의 임나일본부설에 대한 주장과, 임진왜란이나 강화도사건 등 일본이 일으킨 사건의 책임을 상대국에 지우고 있다는 점이다. 또한 일본이 끼친 피해를 축소 내지 은폐하고 있고, 식민지 지배에 대한 반성이 없다는 점과, 군위안부나 강제동원 사실을 삭제하고, 이웃나라와의 평화교류협력을 무시한 점, 인종주의를 내세우고 있다는 점 등이며 전반적으로 일본은 미화하고 한국은 폄하하고 있다는 점이다. 또한 학계의 연구성과를 제대로 반영하지 않았다는 점이 논

란이 되고 있는 부분이다.[1]

이와 같은 역사왜곡은 근대이후 지속적으로 반복되고 있지만 근본적인 해결의 기미는 보이지 않는다. 특히 역사교과서의 왜곡은 연구자 개인의 문제가 아니라 다수의 역사인식에 영향을 줌으로서 집단기억을 형성하는 기제로서 작용하기 때문에 대단히 중요하다. 일제 강점기에 형성되어 근대 한국사학계를 지배하고 있던 식민사관은 이제 어느 정도 벗어났다고 볼 수 있지만, 식민사관을 만든 주체들의 역사왜곡은 여전히 지속되고 있어 한일 양국의 관계를 불편하게 하고 있다. 그러므로 한일관계의 역사발전을 저해하는 역사왜곡의 근원적인 뿌리를 찾아 지난한 논란을 잠식시키고 양국 국민의 왜곡된 인식을 치유하는 길은 대단히 중요하다.

지금까지 일제강점기 역사왜곡과 관련하여 식민사관에 대한 연구는 다수의 업적이 있지만, 일제강점기의 역사교과서 왜곡문제를 다룬 연구는 1920년대 조선총독부에서 발간한 『심상소학국사 보충교재』와 『심상소학국사 보충교재 교수참고서』를 분석한 현명철의 연구[2]와 1940년대 발간된 『초등국사』를 분석한 김경미의 연구[3] 2편을 포함하여 3편만이 있을 뿐이다.

이에 본고에서는 2장에서 일제강점기 이전의 역사왜곡의 형성을 살펴보고, 3장에서는 일제 침략논리를 기준으로 일제강점기 교과서와 현재의 교과서를 비교 분석하고자 한다. 그리고 4장에서는 이러한 역사왜곡의 문제를 해결하기 위한 하나의 방법으로 역사의 치유문제를 제기해 보고자 한다.

---

1 손승철, 「일본 역사교과서 왜곡의 사적전개와 대응」, 『韓日關係史硏究』제40집, 2011, 16쪽.

2 현명철, 「한 · 일 역사 갈등의 뿌리를 찾아서 -한일관계의 변화와 총독부 간해 조선사 기술 검토를 중심으로-」, 『한일관계사연구』 40집, 2011.

3 김경미, 「'황민화' 교육정책과 학교교육-1940년대 초등교육 '국사'교과를 중심으로」, 『일제 파시즘 지배정책과 민중생활』, 혜안, 2004.
김경미, 「1940년대 조선의 '국사'교과서와 일본의 국사교과서」, 『한국교육사학』제28권 제2호, 2006.

2
일제 강점기전의 한국사 왜곡

일제는 한국의 근대화와 문명이식, 그리고 청국의 종속으로부터 독립이라는 기치를 내걸고 한국의 지배층에 친일파를 부식하였으며 민중의 의식에까지 파고들어 궁극적으로 한국을 강점, 식민지화할 계획을 치밀히 수행하였다. 청일전쟁과 러일전쟁을 통해 한국강점의 유리한 고지를 점하고 국제사회로부터 한국의 보호국화를 용인받는 과정에서 일제는 집요하게 한국 강점을 정당화할 적합한 논리를 역사왜곡을 통하여 개발하였다.

본질적으로 제국주의 국가는 식민지를 영유하고 식민지 민족에 대해 정치적 예속, 경제적 착취, 문화적 · 정신적 전통 및 생활양식의 파괴를 수반하며 그러한 식민지 제 시책을 추진하는데 있어서 교육을 필요로 한다.[4]

특히 역사교육은 식민지 정책을 달성하기 위한 것으로서, 훈련받은 노예적 인간의 창출이며 이를 위해 민족성을 말살하고, 일제 강점하의 황국신민화를 이루는 것이었다.

일본은 1868년 메이지[明治] 유신(維新)으로 천황중심의 통치제제를 수립하여 천황을 살아있는 신으로 추앙하고 '천황이 통치하는 일본국은 세계에서 으뜸가는 나라'라는 철저한 자국, 자민족 우월주의로 나아갔다. 일본의 건국신화에 나오는 천조대신(天照大神)의 후예가 일본국을 건설하여 초대 신무천황(神武天皇)이 되었고, 그 후손들이 대대로 통치권을 계승했다는 만세일계 사상이 강하게 반영되어 있다. 메이지시대에는 교육칙어와 군인칙유를 통해 교육 현장과 군대에서 천황에 대한 절대 충성을 강조하는 강령을 주입시켰다. 일본의 역사교과서와 역사교육은 이러한 이념에 바탕을 두고, 국가권력에 의한 공교육을 통해 충군애국을 구현하는 국민교화의 수

4 이인애, 식민지 지배 도구로서의 제국주의와 교육에 관한 연구, 153쪽.

단으로 이용되었다.[5]

한편 메이지유신이후 일본정부 내부에서는 조선이 원래 일본의 복속국이었다는 인식이 팽배해졌다. 나아가 조선 국왕은 막부 장군과 동격이었고 막부 장군은 천황의 신하이므로 조선 국왕은 천황의 아랫단계라는 자의적 논리가 조선의 복속을 요구하는 근거로 무사들 사이에 제시되었다.[6] 이에 따라 일본은 1868년 메이지유신 이후 정한론(征韓論) 논의를 시작하여 조선에 대한 지배논리를 확대시켜 갔다. 이 논의중에 고대 신공황후의 일본부 문제나 임진왜란을 그들의 위훈으로 삼으며 조선 침략의 논리를 구상하여 한국의 역사를 왜곡하기 시작하였다.

일본에서 한국학연구는 이미 에도[江戶]시대부터 시작되었다. 당시 일본의 한국학연구는 주자학자들에 의해 주도되었는데, 하야시 라잔[林羅山]·후지와라 세이카[藤原惺窩]·야마자키 안사이[山崎闇齋] 등의 학자들은 퇴계의 학문을 존경하였고, 따라서 한국에 대한 관심도 높았다. 에도시대에는 주자학자들 못지않게 소위 국학자(國學者)들도 한국에 대해 관심을 갖고 있었다. 그들은 『고사기(古事記)』·『일본서기(日本書紀)』 같은 일본 고전을 통해 한국에 대한 일본의 우월성을 과시하려고 하였다. 이 국학적 사고가 막부 말기의 정한론과 명치시대의 한국침략의 유력한 관념으로 발전되어 갔다.[7]

한국에 대한 일본의 우월한 지위를 가장 강력하게 주장한 것은 국학자였던 것이다. 국학자는 잊혔던 일본고전의 우수성을 발견하고 그것을 연구하여 신국 일본의 모습을 찾는데 주력하였다. 그러면서 국학자들은 태고로부터 일본의 신이나 천황이 한국을 지배했으며, 때로는 일본의 신이 한국의 신 혹은 왕이 되었고, 한국의 왕이나 귀족이 일본에 복속했다는 것이다. 이러한 생각은

---

5 이찬희, 「한일간 역사교과서 문제의 배경과 과제」, 『한일역사의 쟁점 2010』, 경인문화사, 2010, 37쪽.

6 현명철, 「한·일 역사 갈등의 뿌리를 찾아서 -한일관계의 변화와 총독부 간해 조선사 기술 검토를 중심으로-」, 『한일관계사연구』 40집, 2011. 182쪽.

7 李萬烈, 「19世紀末 日本의 韓國史硏究」, 『淸日戰爭과 韓日關係』, 一潮閣, 1985, 81쪽.

예부터 일본인의 의식 속에 흐르고 있었는데, 국학자는 고전연구를 통해서 그러한 일본인들의 의식을 깨우고 강하게 주장하도록 하였다. 이러한 조선관은 막부말기부터 일어나는 정한론의 논거가 되었고, 일본의 한국침략 이론의 틀거지가 되었던 '일선동조론(日鮮同祖論)'으로 이어졌다.[8]

메이지시대 일본에서 처음 간행된 한국 역사서는 스가와라 다쓰기치[菅原龍吉]의 『계몽조선사략(啓蒙朝鮮史略)』(1875)이다. 단군에서 고려멸망까지를 편년체 형식으로 다룬 이 책은 거의 왜곡되지 않은 서술로 일관된 점이 큰 특징이다. 그것은 명치시대 일본의 조선사 왜곡이 개항 이전에는 거의 없었다는 것을 의미하며, 따라서 강화도조약이후 일본의 조선침략 의도가 드러나며 역사왜곡이 시작되었다는 점을 알 수 있다.[9]

반면 강화도 조약 다음해에 쓰인 『외교지고(外交志稿)』[10]의 내용을 보면 고대 조선과의 교빙관계를 기록한 내용에서 『일본서기(日本書紀)』의 내용을 거의 그대로 답습하고 백제 · 신라 · 고구려 · 임나 등이 사신을 파견했다거나 조공해왔다고 서술하고 있다. 또 고려 · 조선시대의 기술에 있어서도 조선의 기민을 구휼하기 위하여 쌀을 보냈다는 등 우월의식을 이어가고 있다. 이것은 소위 메이지유신에 의해 근대화의 과정을 밟고 있는 일본이 과거의 대조선 외교관계를 역사적으로 어떻게 왜곡하고 있었는가를 보여주는 좋은 예이다. 이 자료는 그 후 조선의 정치 · 군사 · 경제 · 문화 등에 대한 일본의 자세에 일정하게 영향을 미쳤을 것으로 생각된다.[11]

일본에서의 본격적인 한국사연구는 참모본부에서 1879년경 대륙침략을 위해 현지조사를 착수하면서 부터로 정치 · 군사적 목적으로 먼저 시작되

---

8 旗田巍著, 李基東譯, 『日本人의 韓國觀』, 一潮閣, 1983, 15쪽.

9 최혜주, 「근대 일본의 한국사관과 역사왜곡」, 『한국독립운동사연구』제35집, 2010, 277~279쪽.

10 1877년 外務大書記官 記錄局長 渡邊洪基가 外務卿 寺島宗則, 外務大輔 鮫島尙信 등에게 건의하여 기록국에서 편찬한 외교사 관계책자이다.

11 李萬烈, 「19世紀末 日本의 韓國史硏究」, 『淸日戰爭과 韓日關係』, 一潮閣, 1985, 106~107쪽.

었던 것이다. 그러므로 일본에서의 초기 한국사연구는 학계보다 참모본부에서 먼저 시작하여 당시 일본의 대륙침략이라는 측면에서 연구되었고, 처음부터 일본의 침략논리를 뒷받침하는 연구로 시작되었다.[12]

한편 일본의 학계에서 한국연구가 가장 왕성했던 시기는 메이지 20년·30년대일 것이다. 20년대는 일본의 근대사학이 성장할 때로 당시 고대에 있어 일본과 한국과의 관계가 큰 문제가 되었다. 그래서 한국문제는 조야의 관심을 모은 큰 문제였고, 역사가를 비롯하여 언어학자·법제사학자·지리학자 등 여러 방면의 학자들이 한국연구로 향했다. 일본사 연구자들도 일본국가의 기원을 밝히기 위해서 한국과의 관계를 고려해야 했고, 거기서 도출된 것이 국학의 전통이 다분히 남아있는 '일선동조론'이었으며, 그 대표적인 저작이 『국사안(國史眼)』[13]이었다. 이 『국사안』은 이후 소학교나 중학교의 일본사교과서의 저본이 되었고, 거기에 제시된 일선동조론적 역사지식은 학생들에게 심어져 고대 한일관계 인식의 기본 틀이 되었다.[14]

곧 『국사안』은 근대 일본이 국가로서의 정통성을 확립하기 위한 국사를 편찬하는 과정에서 만들어졌던 것이다. 일본의 신이 한일 양국을 왕복하거나 신라의 왕이 된 것과, 신공황후(神功皇后)가 삼한을 정벌한 것을 역사적 사실처럼 기술하였고, 국위를 선양한 도요토미 히데요시[豊臣秀吉]의 조선정벌을 부각시켜 침략을 미화시켰다. 또 에도시대의 한일관계를 형식적 교섭으로 서술하여 두 나라 문화교류의 역사적 의의를 평가하지도 않았다. 특히 일본이 조선을 중국의 속국상태에서 독립시킨 점을 강조하거나 메이지시대의 외교관계에서도 조선의 잘못만을 부각시켜 메이지 정부의 침략성이나 불평등조약 등은 전혀 언급하지 않았으며, 조선을 일본과 대등한 국

12 위의 논문, 82~84쪽.

13 『國史眼』은 1890년 도쿄제국대학의 국사과에서 교재로 사용하기 위해 重野安繹(1827~1910), 久米邦武(1839~1931), 星野恒(1839~1917)이 12월에 간행했다.

14 旗田巍著, 李基東譯, 앞의 책, 38~39쪽.

가로 인식하지도 않았다. 이러한 논의를 바탕으로 일선동조론과 한반도 남부경영설을 내세운 이 책은 조선침략을 정당화하는 근거가 되었다. 관학을 대표하는 『국사안(國史眼)』의 이러한 인식은 재야사가인 요시다 도고[吉田東伍]의 『일한고사단(日韓古史斷)』(1893)에 영향을 미쳤고, 일본인들에게 조선을 정벌이나 통치의 대상 혹은 속국으로 인식시키는데 커다란 영향을 미쳤다고 할 수 있다. 이 두 책은 고대 한일관계사를 중심으로 조선에 관해 자세하게 서술하여 소학교·중학교 일본사교과서의 저본이 되었고 일본인의 한국사관 형성에 영향을 미쳤다.[15]

다음으로 한국사 인식의 왜곡을 가져온 역사책으로는 1892년에 쓰여진 하야시 다이스케[林泰輔]의 『조선사(朝鮮史)』[16]를 들 수 있다. 이 책 역시 신공왕후의 한반도 정토(征討)와 임나(任那)·신라(新羅) 등의 일본에의 납공(納貢), 한반도 남부 일대가 일본의 경략하에 들어간 것과 임나일본부(任那日本府)를 설치하고 행군원수(行軍元帥)를 주둔케 한 것 등을 기정사실로 인식하고 있다. 또한 저술의 동기를 조선은 동양의 인후에 위치하기 때문에 조선의 안위존망(安危存亡)을 좌시할 수 없어서 그 역사를 알고자 한다고 하여 일본의 조선침략론의 일단을 보이고 있는 것이다. 곧 청일전쟁 직전 일본의 조선·만주 진출 시기에 그들의 국가적인 현실요구에 부응하기 위해 이루어졌던 것으로 보인다.[17]

그 후 일본은 청일전쟁 전후 조선에 대한 침략 야욕을 본격적으로 드러내며 그들의 침략을 합리화 할 역사를 정리할 필요가 있었다. 그래서 1896년에 『조선왕국(朝鮮王國)』에 이어, 『조선개화사(朝鮮開化史)』와 『한반도(韓半島)』를 출간하였다. 『조선왕국』은 조선사를 대륙에 종속된 역사로 보고, 일

15 최혜주, 앞의 논문, 284~288쪽.

16 『朝鮮史』는 근대학문에 접한 사학가가 근대적인 서술방법에 입각하여 서술한 최초의 조선역사 전문서라고 할 수 있다.

17 李萬烈, 앞의 논문, 109~111쪽.

본에서 건너간 스사노오 노미코토[素盞鳴尊], 일본인이 건국한 신라와 임나일본부, 외침에 시달려온 고려와 조선왕조를 통해 식민성과 타율성을 강조하였다. 『조선개화사』는 일본이 민족적 통합을 통해 동종(同種)관계에 있는 조선을 식민지로 삼을 수 있는 근거를 보여준다. 즉, 지리적으로는 신라와 백제가 이미 일본의 식민지였다고 보고, 인종적으로는 일본의 출운족(出雲族)이 반도에 있던 부여족 등을 구축하여 조선반도와 요동반도까지 장악하고 조선을 지배하였다고 서술하였다. 문화적, 외교적으로도 신공황후의 친정 이후 임나일본부가 설치되어 반도가 발달하는데 큰 도움이 되었다고 보았으며, 강한 종족이 약한 종족을 구축하는 생존경쟁이 그대로 반영되었다.[18] 이 책들은 이전의 일본인들에 의해 출판된 한국관련 서적들의 역사왜곡을 집대성하여 식민사관의 기본 틀을 형성하였다. 그리하여 소위 '일선동조론(日鮮同祖論)'·'정체성론(停滯性論)'·'당파성론(黨派性論)' 그리고 만선사관(滿鮮史觀)의 지리결정론(地理決定論)에 의한 반도적 '타율성론(他律性論)'과 그에 다른 '사대주의론(事大主義論)' 등을 한국사의 논리로 정착시켜 갔다.[19]

이러한 한국사 인식은 식민사관의 기본 바탕이 되었고, 역사교육에 반영된 것은 1904년 8월 '한일외국인고문용빙(韓日外國人顧問傭聘)에 관한 협정서(協定書)' 처결에 의해 일본인 시데하라 타이라[幣原坦]가 학정참여관으로서 학부에 관여한 이후 본격화되었다.[20] 그 후 통감부가 설치되면서 통감부에서는 한민족의 자주 독립정신을 억압하기 위해 한국인이 정치적인 문제에 관심을 가지지 못하도록 근원적인 봉쇄를 하고, 교과 검정제도를 실시하여 민족정신을 억제하는 우민화 정책을 취하였다. 이와 같은 교육침략의 과정에서 가장 수난을 당한 것이 역사교육이었다. 각급 관공립 학교에서는 역사 과목을 편성하지 않거나, 역사 과목을 지리와 합쳐서 운영하기도 하였고, 역사 과목이

18 최혜주, 앞의 논문, 306쪽

19 趙東杰, 「植民史學의 成立過程과 近代史 敍述」, 『歷史教育論集』第13·14輯, 1990, 804~805쪽.

20 류한철, 한말 사립학교령 이후 일제의 사학탄압과 그 특징, 『한국독립운동사연구』, 1987, 7쪽.

편성되었어도 교수시간을 축소하거나, 실제에는 배정하지 않는 경우도 있었다. 따라서 교과서 편찬에 있어서도 학부에서 간행되는 국사 교과서는 없었으며, 사립학교용으로 민간에서 간행되는 것도 검정 제도에 의해서 엄격하게 제한하여 애국적인 내용이나 일본의 침략사실에 관한 것은 허용하지 않았다.[21]

이와 같이 통감부시기에는 일부 사립학교를 제외하고는 역사교육 자체가 금지되어 있었으므로 식민지교육의 준비기였다고 할 수 있겠다. 그 중에서도 일부 검정을 통과한 역사교과서는 아직 우리나라의 역사체계가 발달하지 않아 하야시 다이스케가 쓴 『조선사(朝鮮史)』를 비롯하여 일본인들이 쓴 책을 번역하거나 일본 측의 사료를 그대로 인용하기도 하여 일본 측의 왜곡된 한국관계 역사인식이 소개되기도 하였다.[22]

이와 같이 통감부시기에는 한국의 역사교과서는 민족정신을 고취시킨다는 이유아래 통제되었고, 일본의 역사교과서는 아직 만들어져 있지 않은 상태여서 공식적인 교육의 장을 통해서는 역사교육이 제대로 이루어질 수 없었다. 그러나 일찍 강화도조약 이후 일제의 침략논리의 개발과 함께 연구되어진 한국사는 일제시기 민족말살 정책의 일환으로 적극 활용되었다.

3
일제강점기와 현재의 역사 왜곡 논리

일본의 한국통치의 기본방침은 한마디로 해서 '동화정책(同化政策)'이었다. 한국인이 한국인이라고 하는 의식을 버리고 일본인이 되는 것을 이상으로 삼는 정책이었다. 일본인화 한다는 것은 결국 한국인으로부터 민족의식을 박탈

---

21 金興洙, 韓國歷史教育史, 大韓教科書株式會社, 1992, 52쪽.

22 김흥수, 위의 책, 80~81쪽.

하여 일본의 지배에 순순히 따르는 인간을 만드는 것이 목적이었던 것이다. 한국이라고 하는 독자성을 부정하고 별개의 국가와 민족으로써 인정하지 않는 것을 전제로 한 '일시동인(一視同仁)'이었던 것이다.

이를 위하여 일본은 교육제도를 적극 활용하였다. 통감부시기 일본은 한국인을 일제의 지배체제에 강제로 편입시키기 위하여 먼저 한국인에 대한 고등교육을 억제하고, 실용을 중시한다는 명분을 내세워 실업교육을 강조함으로써 한국인이 고등교육을 통해 민족정신이 고양되는 것을 막고 그들의 침략에 순응하고 실무에 종사하는 인간의 양성과 우민화를 실시하였다. 한편 약간의 관·공립학교를 확장하고 교사의 부족을 명목으로 일본인 교사를 각 학교에 배치하여 일본어 교육을 실시하면서 교과내용을 통해 동화정책을 폈다.[23]

일제강점기 들어서는 몇 차례에 걸친 교육령을 변경하면서 한국인의 민족성을 소멸시키고 천황의 신민을 양성하기 위한 교육을 실시하였다. 특히 1930년대 들어 중일전쟁 발발 후 전시체제에 들어서는 황국신민화 교육이 강조되었는데, 국사교과는 이 목적을 성취할 수 있는 주요 교과였다. 제3차 조선교육령에 따르면 국사는 5,6학년에 주당 2시간씩 배정되어 있어서 시간상 비중이 상대적으로 높은 것은 아니지만, '국사는 조국(肇國)의 유래와 국운진전의 대요를 교수하고 국체의 존엄한 소이를 알게 하여 황국신민된 정신을 함양함을 요지로 한다'는 「소학교규정」의 국사교육 교수요지에서 규정한 바와 같이 정신교육에 반드시 필요한 교과였다.

1941년 「국민학교규정」에는 국민과 국사의 교수방법에 '내선일체(內鮮一體)가 유래된 사실은 특히 유의하여 이를 교수해야 한다'라는 문구가 첨가되어 조선사와 관련된 사항이 언급되었다. 총독부 편수관 나카무라 히데다카[中村榮孝]의 해설에 의하면, '내선일체의 사실'은 한국병합이래의 역사이며, 병합이전 반도의 역사는 '내선일체에 유래하는 사실'로 구별해야 한다고 했

23 손인수, 『韓國開化教育研究』, 一志社, 1990. 297~312쪽.

다. 가령 신공황후의 신라정벌은 '내선일체가 유래하는 사실'이지 '내선일체의 사실'이 아니라는 것이다. 내선일체는 이름도 실제도 형태도 모든 부면에 걸쳐 하등 내선이라는 구별을 볼 수 없는 상태에 도달하는 것을 이상으로 하는 것으로 오늘날의 내선일체가 이루어지기 까지는 역사적 필연성이 있다고 하였다. 그러므로 어떠한 흐름이 역사를 관통하여 여기에 이르렀는가의 자취를 더듬어보는 것이 '내선일체 유래 사실'에 대한 검토이고 그 정신을 가르치는 근본 문제이다. 이를 위해 황국의 발전, 국사진전을 위해 공헌하고, 중요한 관계를 갖는 조선사의 사실을 국사에 포함하여 가르쳐야 한다고 하였다.[24]

이상과 같은 교육방침에 의거하고 있는 국사교과는 교재의 전체가 국체명징을 위한 자료라고 할 수 있으며, 정신적·근본적으로 내선일체를 실현할 수 있는 과목이었다. 또한 국사교육은 국체명징과 내선일체를 역사적 사실로서 증명하고 인고단련의 구체적 모습을 보여줄 수 있는 교과인 것이다. 총독부는 역사교육이 국민정신의 동향에 중요한 영향을 미치는 교과로서 특히 중시하며, 역사교과서 편찬 및 교수의 지도에 각별한 주의를 기울였다.[25]

따라서 일본의 역사교과서 왜곡의 근원이 어디인지, 그 논리의 중심이 무엇인지를 알기위하여 일제 강점기의 역사교과서와 현재의 역사교과서를 비교해 살펴보고자 한다. 여기서는 1941년에 출판된 『초등국사』 제육학년(이하 『초등국사』)과 2010년 출판된 후소사[扶桑社]의 『개정판 새로운 역사교과서(新しい歴史教科書)』(이하 『역사교과서』)를 비교대상으로 하였다. 「초등국사」는 1940년에 출판된 「초등국사」 제오학년과 함께 3차조선교육령의 목적을 가장 충실히 반영한 교과서로 일제강점기 식민지 역사교육의 결정판이라고 할 수 있다. 이 두 교과서의 내용을 일본의 대표적인 침략논리인 일선동조론(日鮮同祖論)과 동양평화론(東洋平和論), 합법절차론(合法節次論)에 따라 정리해 보았다.

24 中村榮孝, 「國民學校國民科敎則案について(四)」, 『文敎の朝鮮』190, 1941, 13~14쪽.

25 김경미, 「'황민화' 교육정책과 학교교육」, 『일제 파시즘 지배정책과 민중생활』, 도서출판 혜안, 2004, 156~157쪽.

3.1 일선동조론(日鮮同祖論)

'일선동조론(日鮮同祖論)'은 '일선동종론(日鮮同種論)'·'일선동역론(日鮮同域論)' 등으로도 불려졌다. 한편으로는 태고에 있어서 일본과 한국과의 일체불가분의 근친성을 다른 한편으로는 일본의 한국에 대한 지배적 지위를 설명하는 것으로서, 말하자면 일본의 한국에 대한 가부장적 지배관계를 일본사·한국사의 시원에 까지 소급하여 주장한 것이다. 또한 단순한 동문·동종론이 아닌, 일본인과 한국인과는 동일한 조상에서 나온 가까운 혈족이고, 거주지역이 같아 국토의 구별이 없었던 관계이며, 언어·풍속·신앙·습관 등도 본래는 같았다고 해서 일가(一家)·일족(一族)의 피로 맺어진 근친성을 갖는다고 주장했다. 동시에 일본인이 한국에 가서 한국인이 되고 일본의 신이 한국에 옮겨가서 한국의 신이 되었으며 또한 일본인이나 일본의 신이 한국 국왕이나 건국신이 되었다고 하였다. 한국인은 일본에 투항·귀화하여 일본인이 되고, 천황의 시대가 되면 신공황후가 삼한을 정벌하여 한국을 복종시키는 등 한국은 태고부터 일본에 복속했다는 것이다. 이 '일선동조론'에서는 한국이 일본의 외국이 아닌 것이다. 대등하거나 대립하는 외국 혹은 외민족이 아니라 일본 혹은 일본인 속에 포괄·흡수되는 것이다. 일본에 대립하는 형태로 일본 지배하에 있는 것이 아니라 그 독자적인 존재를 부정당함으로써 일본의 지배에 따라야 한다는 것이다.[26]

『초등국사』에서는 '경성에 조선신궁을 세워서 천조대신을 모시고 '마쓰리고토'[27]의 근본을 나타냄으로써 메이지천황을 모시고 마쓰리고토의 시작을 분명히 하였으며, 조선의 수호신으로 하였다'[28]고 서술하였다. 천조대신(天照大神)의 마

26 旗田巍著, 李基東譯, 『日本人의 韓國觀』, 一潮閣, 1983, 37~38쪽.

27 '마쓰리(まつり)'는 아마테라스의 뜻을 펴기위한 천황의 정치이고, '마쓰리고토(まつりごと)는 이를 실현하기 위한 천황을 받드는 자의 정치이다. 아마테라스의 뜻을 널리 펴기 위해서는 신의 마쓰리가 근본이 되기 때문에 이를 마쓰리고토라고 한다는 것이다.(『初等國史』 第五學年, 1944, 18쪽.)

28 『初等國史』 第六學年, 1941, 179~180쪽.

쓰리고토 뜻을 메이지천황이 완수하여 조선에서 마쓰리고토를 시작했다는 의미로서, 조선이 일본의 지배하에 있는 것은 이미 신대(神代)의 천조대신(天照大神)이 뜻한 바였다는 것이다. 본래 천황은 마쓰리를 통하여 선조신의 뜻을 알아서 마쓰리고토를 통괄하도록 되어 있다. 조선역사의 시작이 천조대신(天照大神)의 동생인 일본신에 의해 열린 것으로 하여 이를 조선 지배의 근본으로 삼고, 근대 한국을 지배하기 시작한 메이지천황을 조선의 수호신으로 삼음으로써 조선인의 정치적 측면뿐 아니라 정신까지 지배하려 한 것이다.[29] 그리고 고대사부분에서 '임나의 마쓰리고토'에는 다음과 같이 서술하였다.

> 예전 조선에는 남쪽에 한국인이, 북쪽에는 만주인이 거주하였고, 서쪽에는 중국인, 남쪽에는 우리나라 사람들이 섞여있었습니다. 특히 강유역이나 바다근처에 촌락들이 이루어져 있었습니다. 더구나 남부는 기후도 좋고, 땅도 기름졌기 때문에 일찍부터 알려졌고, 또 금은과 철 등이 생산되었기 때문에 우리나라와 중국에 알려져 있었습니다. 곧 지금의 낙동강과 섬진강·금강의 유역에는 황실의 은혜가 확산되었습니다. 이 지방은 작은 나라들로 나누어져 있었는데, 지금의 김해에 있던 임나국이 중심이었기 때문에 임나라고 했습니다. 천황은 관리를 보내어 이 지방을 다스렸고, 이 나라들은 모두 황실에 여러 가지 공물을 바쳤습니다.[30]

곧 고대시기에 가야지역에 해당하는 한반도 남부에 일본사람들이 한국사람과 섞여 살고 있었고, 낙동강과 섬진강, 금강까지 황실의 영향력이 확산되었다는 것이다. 그 지역이 임나인데, 천황이 관리를 보내어 직접 다스렸고, 이 나라들은 천황에게 공물을 바치고 있었다는 것이다. 나아가 "신라와 백제도 천황의 위세에 복종하였고, 이에 천황은 이 나라들을 잘 다스려 백성들이 편안히 살 수 있도록 하였으며 임나와 같이 잘 보살펴 주었다. 신라와 백제는 견직물과 철 등을 비롯하여 진귀한 물건들을 공물로 헌상하였고, 왕자

29 김경미, 앞의 글, 177~178쪽.

30 『初等國史』 第六學年, 1941, 13~14쪽.

가 와서 조정에 봉사하였다"[31]

고 하여 가야를 비롯한 신라 · 백제 까지도 일본 천황의 보호하에 있었다고 서술하였다.

이처럼 일선동조론은 신화시대부터 두 나라가 '형제 관계'에 있었다는 밀접한 교류를 강조하여 일제의 한반도 강점을 침략이 아닌 보호의 논리로 윤색시켰다. 그리하여 병합을 상고시대의 상태로 돌아가게 하려는 것이라는 왜곡된 한국사 상을 만들어냈다. 식민통치를 합리화하기 위해 만들어낸 왜곡된 한국사관은 그대로 교과서에 나타났던 것이다.[32]

일본은 조선에 대한 침략을 개시하면서 역사를 왜곡하여 그들의 조선에 대한 영향력 확대를 일선동조론에서 찾고, 강점하에서는 그들의 지배논리로 활용하여 한국인들의 저항의식을 말살하고 지배를 공고히 하고자 하였다. 이러한 논리는 현대의 역사왜곡에도 그대로 이어지고 있음을 볼 수 있다.

2010년 후쇼사판 『역사교과서(歷史教科書)』에서는 4세기 이후, 조선반도 북부의 고구려가 점차 강대해져서, 4세기 초에 조선반도 내에 있던 낙랑군을 공격하고, 4세기 후반에는 반도 남부의 백제도 공격했다고 서술하였다. 이에 백제는 야마토 조정에 지원을 요청하였고, 일본은 귀중한 철자원을 희망하여 반도 남부와 깊은 교류를 갖고 있었으므로 야마토 조정은 바다를 건너 조선에 출병하였는데, 이때 야마토 조정은 반도 남부의 임나(任那)에 거점을 두었다고 하였다. 그리고 고구려의 광개토태왕의 비문을 예로 들어 야마토 조정의 군대가 백제를 도와 고구려와 격렬하게 싸웠고, 고구려는 백제의 수도 한성을 함락시켰지만, 백제와 야마토 조정의 군의 저항을 맞아, 반도 남부는 정복하지 못하였다고 하였다.[33] 그 후 일본이 한반도에서의 철수에 대해서는 다음과 같이 서술하였다.

---

31 『初等國史』 第六學年, 1941, 21쪽.

32 최혜주, 「근대 일본의 한국사관과 역사왜곡」, 『한국독립운동사연구』 제35집, 2010, 307쪽.

33 『改訂版 新しい歷史教科書』, 2010, 32쪽.

조선에서는 세 개의 나라가 분립하고 있었지만, 6세기가 되면서 조선반도 남부에서는 신라가 세력을 넓혔다. 고구려와 신라에 압박받은 백제는 이에 대항했지만, 어려운 처지에 놓여졌다. 백제는 도움을 요구하고자 사자를 일본 열도에 보냈다. 신라는 임나도 위협하였다. 562년, 마침내 임나는 신라에 복속되어 야마토 조정은 조선반도에서의 발판을 잃었다.[34]

한반도에서의 삼국쟁패기에 고구려와 신라의 힘에 눌린 백제가 일본에 도움을 요청한 적이 있으며, 마침내 가야는 신라에 의해 멸망하게 되었는데, 가야가 멸망함으로서 임나에 거점을 두고 있던 일본도 근거지를 잃게 되었다는 것이다. 곧 일본은 4세기 후반부터 6세기 후반에 이르는 200여 년 동안 한반도 남부를 지배하고 있었다는 '임나일본부'의 논리를 여전히 강조하여 '일선동조론'을 뒷받침하였다.

이러한 역사왜곡은 일제강점의 정당화 수단이었고, 한국인의 일제 지배 수용을 획책하기 위한 것이었다. 현재의 일본의 역사왜곡도 이 틀에서 크게 벗어나지 않았다고 생각된다. 기본적으로는 한국이 독립하였지만, 궁극적으로는 원래부터 같은 갈래의 동조론이라는 잘못된 인식이 지배하고 있기 때문에 역사왜곡은 수정되지 않는 것이라고 볼 수도 있다. 일제강점기의 역사왜곡을 통하여 이러한 인식이 일반화되어 당연시되어지는 잘못된 역사 인식을 만든 것이다.

3.2 동양평화론

일본이 조선에 대한 야욕을 드러내며 표면에 내세운 것은 동아시아 사회에 대한 수호를 굳건히 한다는 것이었다. 중국이나 조선에 비해 일찍 문명국이 된 일본이 동아시아 사회를 지도하여 서구제국주의 침략을 막아내며 동아시아 지역의 평화를 구축해야한다는 것이 동양평화론이다. 『초등국사』에서는 이 사실은

34 『改訂版 新しい歴史教科書』, 2010, 33쪽.

강화도조약 체결 배경을 설명하며 '메이지천황은 조선과 친분을 깊게 하고 힘써 동아시아 세계를 굳건히 하기 위하여 국교를 맺게 되었다'고 하였다. 조선도 처음에는 일본이 이미 개항하여 서양에 물들었기 때문에 조약체결을 거부하였으나 세계정세의 변화를 살펴보고 강화도조약을 체결하여 인천과 원산을 개항하였으며, 이것이 내선일체(內鮮一體)의 단서가 되었다고 하였다.[35]

일본은 이미 강화도 조약을 체결함으로서 내선일체의 단서를 마련하였다고 하여 일본의 한국병합은 정한론이 논의된 이래 일련의 과정속에서 진행되었음을 알 수 있다. 이러한 일본의 침략 논리에는 반도성론 내지 지리적 결정론도 작용하고 있다. 『역사교과서』의 내용 중 '일본의 독립과 조선반도'에서는 다음과 같이 서술하고 있다.

> 동아시아의 지도를 살펴보자. 일본은 유라시아 대륙에서 조금 떨어져서, 바다에 떠있는 섬나라이다. 이 일본을 향해 대륙에서 한 쪽의 팔처럼 조선반도가 튀어나와 있다. 양국의 이 지리적인 관계는 오랜 역사상에 중요한 의미를 지녀왔다. 옛부터 조선반도를 통하여 중국 등의 나아간 문명이 일본에 전해졌다. 그러나 동시에 조선반도에 일본의 안전을 위협하는 세력이 미친 적도 있었다. 일본은 중국과 조선반도의 동향에 주의를 기울여야 하였다. 일본이 고대 율령국가를 형성한 것도 동아시아 속에서 자립하는 것을 목표로 한 것이었다. 가마쿠라시대에 원구(元寇)의 거점이 된 것도 조선반도였다.[36]

한반도는 대륙에 붙어있으면서 고대로부터 해양국인 일본과 긴밀한 관계를 유지하며 일본에 문명을 전해주기도 하였지만, 일본의 안전을 위협하는 요소가 되기도 하였다는 것이다. 이러한 조선의 지정학적인 위치로 인하여 일본은 서구열강이 동아시아에 대한 관심을 늘려감에 따라 일본의 위기도 심각해진다고 하였다. 특히 일본은 부동항을 구하기 위해 동아시아로 눈을 돌린 러

35 『初等國史』第六學年, 1941, 152~153쪽.

36 『改訂版 新しい歷史教科書』, 2010, 161쪽.

시아에 대해 '러시아는 1891년 시베리아철도 건설에 착수하여 그 위협이 물밀 듯이 밀려왔다'고 하였다.[37] 이러한 인식은 『초등국사』에서도 이미 다음과 같이 서술하고 있던 바이다.

> 우리나라에서는 먼저 북방에 나타난 러시아의 세력을 방어하고 국토를 지키려했지만, 그 후 러시아는 블라디보스토크 방면으로부터 조선을 압박했고, 더구나 만주에 진출하여 여순(旅順)·대련(大連)에 이르러 조선을 위협하여 왔다. 그런데 조선에서는 우리나라가 청과 전쟁하면서 까지도 보호하려고 하는 것과 상관없이, 또 정치를 하는 그 사이에 세력다툼이 시작되었다. 우리나라는 만주에서 조선에 다가온 러시아의 세력을 방어하기 위해 러시아에 충고했지만, 조금도 들어주지 않고, 오히려 여순을 지키기 위하여 해륙(海陸)의 병사를 늘리고, 조선의 북부를 점령하였기 때문에 그대로는 한(韓)이 멸망해 버릴 우려가 있었습니다.[38]

이렇게 일본은 만주지역을 점령해 들어오는 러시아의 위협을 강조하면서 서구열강의 침략에 대한 위기의식을 내세워 동양평화를 굳건히 하기 위해서는 일본의 보호를 받아야 한다는 논리를 내세움으로써 일본의 조선에 대한 침략의도를 숨기고자 하였다.

그러나 일본은 동양평화론을 내세워 러일전쟁을 일으켰고, 러일전쟁 후 한국을 보호국화하였다가 결국 병합함으로써 동양평화론은 일본의 침략논리였던 것이다. 당시 병합에 임박하여 통감부가 편찬한 『한국병합전말서(韓國併合顚末書)』에서도 대한제국을 보호하에 둔지 4년여가 경과한 후 다시 병합을 단행하게 된 이유에 대해 '화근을 두절하여 평화를 확보하기 위해 시정개선 노력을 기울여 그 성과가 심대했음에도 불구하고 대한제국의 치안 상황이 도저히 개선되지 않아 일대 혁신을 가할 필요가 있었기 때문'이라고 하였다.[39]

---

37 『改訂版 新しい歴史教科書』, 2010, 162쪽.

38 『初等國史』 第六學年, 1941, 160~161쪽.

39 統監府, 『韓國併合顚末書』, 1910, 5쪽.

또 병합조약을 공포하면서 일본천황이 내린 조선에서도 '동양평화를 영원히 유지하고 제국의 안전을 장래에 보장하는 필요를 생각하며 또 한국이 화란(禍亂)의 연원임을 고려하여 일본 정부로 하여금 한국정부와 협정하게 하고 한국을 제국의 보호하에 두어서 화의 근원을 두절(杜絶)하고 평화의 확보를 기하였다'고 하였다.[40]

곧 동양평화론은 서구열강의 아시아침략을 막기위함이라는 기치를 내걸고 있지만, 일본이 한국을 병합하기 위한 중요한 침략 논리였던 것이다. 이러한 논리는 일제강점하의 『초등국사』나 현재의 『역사교과서』에도 그대로 적용되어 한말의 일련의 침략과정을 정당화하는 논리로 서술되고 있는 것이다.

3.3 합법절차론

합법절차론은 일본의 한국병합이 법적으로 정상적인 절차에 따라 합법적으로 이루어졌다는 논리로 일본의 한국 강점은 합법적이므로 도덕적으로 문제가 없다며 침략을 합리화시키는 논리이다. 교과서에서는 한국 황제의 자발적인 국권이양에 따른 병합이었다는 점을 강조하여 서술하고 있다. 『초등국사』에서는 러일전쟁 후 '한국 황제는 이토오 히로부미[伊藤博文]를 만나 일본의 세력이 성하여 지위가 높아졌으므로 일본을 이용하여 외국의 세력을 막아내고자 외교사무를 일본에게 맡겼다'고 하였다. 그래서 '일본 천황은 이토오를 통감으로 임명하고, 경성에 통감부를 두어 조선을 지도하고, 서로 힘을 합쳐 동아의 수호를 굳게 하였다'는 것이다.[41]

이때의 상황에 대해 『역사교과서』에서는 국내의 합법적 절차보다는 한국의 지배에 대한 외국의 양해를 받음으로써 한국침략에 대한 정당성을 찾고자 하였음을 다음의 내용을 통해 알 수 있다.

---

40 서영희, 「일본 학계의 병합사 연구와 역사교과서 서술에 대한 비판적 검토」, 『역사문화연구』42, 2012, 117~118쪽.

41 『初等國史』第六學年, 1941, 174~175쪽.

일러전쟁 後, 일본은 한국에 한국통감부를 두고 지배를 강화해 갔다. 구미열강은 영국의 인도, 미국의 필리핀, 러시아의 외몽골 등 자국의 식민지나 세력권의 지배를 일본이 인정하는 것 등과 교환하여 일본이 한국을 영향 하에 다스리는 것에 이의를 제기하지 않았다.[42]

이와 같이 일본은 서구열강의 아시아에서의 이권을 인정하는 대신 한국에 대한 지배권을 보장받음으로써 한국에 대한 지배의 안정성을 확보할 수 있었다. 이후 일본은 '병합조약'에 언급한 바와 같이 '상호의 행복을 증진하고 동양 평화를 영구히 확보하고자 하며, 이 목적을 달성하기 위해 한국을 일본제국에 병합함이 선책이라고 확신, 이에 양국 간에 병합조약을 체결하기로 결정'하였다. 병합조약체결에 대해서 『초등국사』에서는 다음과 같이 서술하고 있다.

곧 황제는 세계의 모양과 동아의 형세를 살펴서 조선사람들을 행복하고, 동아의 평화를 유지하려면 우리나라와 하나가 되어 황실의 은혜를 받는 것이 우선이라고 생각하게 되었다. 조선사람들 중에도 같은 생각을 하는 사람이 많았기 때문에 황제는 1910년 이 일을 메이지 천황에게 청원하게 되었다. 천황은 지당하게 생각한 후 황제께서 원하는 대로 앞으로 조선을 통치하게 되었고, 동아의 수호를 점점 굳게 하게 되었다. 그래서 내선은 일체로 되었고, 동아의 공영권을 구축하여 갔다.[43]

곧 병합조약 1 · 2조에 표현되어 있는 것처럼 한국사람들의 행복과 동아의 평화를 위해 한국 황제가 자발적으로 먼저 일본천황에게 국권이양을 청원하였고, 일본천황은 그러한 황국황제의 생각을 지당하게 여겨 받아들이고 내선일체를 이루게 되었다는 것이다. 이와 같이 '초등국사』에서는 합법절차론을 내세워 일본의 한국 지배를 합리적인 것으로 서술하고 있으나 '역사교과서』

42 『改訂版 新しい歷史教科書』, 2010, 170쪽.

43 '初等國史』第六學年, 1941, 176~177쪽.

에서는 '일본정부가 일본의 안정과 만주의 권익을 방위하기 위해, 한국의 병합이 필요하다고 생각하여, 1910년 무력을 배경으로 한국 내의 반대를 누르고 병합을 단행하였다'고 간단히 서술하고 있다.

한편 병합과정에 대하여 2010년 출판된 동경서적(東京書籍)의 '신찬일본사(新撰日本史)』B에서는 '한국병합전말서』에 나타나 있는 바와 같은 러일전쟁 이후 한국과 일본 사이에 체결되어진 대표적인 국권이양 조약들을 순서대로 서술하며 병합에 이르는 과정을 설명하고 있다. 우선 일본은 포츠머스 조약의 체결 후 한국에 대한 지배를 본격적으로 시작하여 러일 전쟁 중에 중요한 외교 안건을 사전에 일본과 협의하는 것을 인정하게 한 제1차한일협약에 이어, 1905년에 제2차한일협약을 맺고 한국을 보호국화하여 외교권을 장악하고 한성에 이토오를 초대 통감으로 하는 통감부를 설치했다고 하였다. 그리고 1907년 헤이그 특사 사건을 계기로 한국 황제를 퇴위시키고 제3차한일협약에 따라 내정 감독권도 장악하고 군대의 해산을 명했으며, 1910년 한국병합에 관한 조약을 맺음으로써 한국을 일본에 병합하고 조선 총독부를 설치하여 무력을 배경으로 한 식민지 지배를 추진했다고 하였다.[44]

이러한 서술체계는 얼핏 보기에는 일본의 강압성을 언급하고 있는 것 같지만, 조약 자체의 불법은 차치하고라도 은연중에 절차적 정당성을 부각시켜 일제의 지배를 합법화시키고 있다. 한일의정서에서부터 병합조약에 이르기까지 병합의 전 과정에 관련된 주요 조약, 법령과 사건들을 각종 공문서와 외교사료 등에 의거하여 서술함으로서 병합이 한일 양국의 합법적인 조약 체결에 의해 정당하게 이루어졌음을 강조하고 있는 것이다.

이상에서 보는 바와 같이 국사교과는 역사의 왜곡을 통하여 일본의 한국 침략을 합리화하고 정당화시킴으로써 한국민족의 패배의식을 조장하고 민족주체성을 상실하게 하는데 유용하게 이용되었다. 이러한 역사왜곡은 현재의 교

44 『新選日本史B』, 東京書籍, 2010, 200쪽.

과서에 까지도 이어져 일본의 침략논리를 그대로 교육하고 있다는데 문제가 있다고 본다. 곧 현재의 일본 역사교과서의 역사왜곡은 역사적 사실의 인정 문제나 역사적 사실에 대한 해석의 차이로 역사분쟁이 일어나거나 외교문제로 비화되는 것에 그치지 않고 일본의 침략사관이 차세대에 교육됨으로서 민족 간에 역사의 우환이 반복될 수 있다는 염려를 가져온다. 따라서 앞으로의 역사왜곡의 문제는 민족 간에 오해를 해소하여 궁극적인 역사분쟁이 해결되는 방향으로 나아가야 할 것이다.

4
일본의 역사왜곡과 치유

일본은 한국강점기에 그들의 침략논리를 합리화하기 위하여 한국의 역사를 왜곡하고 민족정신을 말살하려고 하였다. 일제의 강점은 한국인들에게는 유대인의 홀로코스트와 같이 근원적 트라우마를 형성시켰으며, 더하여 역사왜곡을 통한 민족자존감 상실을 가져오게 하였다. 한국의 일제 강점에 의한 역사적 트라우마는 한국현대사의 여러 가지 질곡을 가져왔으며, 여전히 분단체제 형성으로 오늘까지도 '집단적 리비도'를 억압하고 있다.

일반적으로 서구에서 근대적인 민족국가는 근대 사회의 내적 분열을 극복하기 위해 고안된 '상상의 산물'이었다. 근대사회는 자본과 임노동이라는 적대적 관계로 분열되어 있는 자본주의에서의 계급적 분열과 '시민' 대 '신민'이라는 근대적 주권의 분열속에서 이것을 봉합하는 기제로 '민족'이라는 '상상적 공동체'를 만들어 내었다. 가라타니 고지[柄谷行人]가 말한 것처럼 '민족'은 자본과 국가라는 두 개의 이질적 요소를 결합시키는 '보로메오의 매듭'이다. 자본주의는 화폐에 의한 교환 체계로서, 세계화폐의 발전을 가져오지만 기존의 공동체를 파괴하고 자유와 평등의 결여를 불러오기 때문에 이 결여를 메우는 것으로 요청된 것이 바로 '상상의 공동체'로서 '민족'이었다. 왜냐하면 교환

의 호혜성은 공동체의 결여를 메우는 정서를 제공하기 때문이다.[45]

그러나 한반도에서의 민족은 이와 같은 교환의 호혜성이라는 감정에 기초한 '상상의 공동체'로서 작동할 수 없었다. 일본제국주의에 의한 식민화는 한반도에서의 국가를 '민족'없는 국가로 만들었으며 일제의 수탈은 더욱더 '민족'에 대한 열정을 불러왔다. 이와 같이 끊어진 관계는 우리 민족에게 역사적 트라우마로 남게 되었다. 역사적 트라우마는 개인의 트라우마와 달리 그 자신이 직접 경험한 것이 아니라 특정한 역사적 시점에서 발생한 사건에 의한 트라우마가 역사적 과정을 통해서 특정한 집단의 심리적 상처로 전이된다는 점에서 다르나 역사적 트라우마 역시 상호 관계성의 회복을 목적으로 한다는 점에서 치유되어야 한다.

일반적으로 일제 강점으로 인한 우리 민족이 가지고 있다고 가정해 볼 수 있는 역사적 트라우마는 다음의 세 가지라고 할 수 있다. 첫째는 일제 침략에 의한 국권박탈과 식민화가 '민족적 리비도'의 흐름을 봉쇄하고 한민족의 집단적 욕망을 좌절시킨 '식민트라우마'이다. 둘째는 국가를 잃어버린 민족이 제국주의적 약탈정책과 식민화정책에 의해 다른 나라로 이주할 수밖에 없었던 상황이 낳은 '이산트라우마'이다. 셋째는 8.15 이후 하나의 통일된 독립국가 건설의 열망에도 불구하고 남과 북이라는 두 개의 분단국가로 귀결되면서 겪을 수밖에 없었던 상처로부터 오는 '분단트라우마'가 있을 수 있다.[46]

이러한 역사트라우마의 치유는 역사학 본연의 기능에 의해서 찾아야 할 것이다. 니체는 인간의 삶에서 역사적 사유의 필요성을 언급하면서, 나아가 하나의 질병을 치료하는 치료학으로서 역사학의 문제를 제시하기도 하였다.[47]

즉 역사란 삶의 건강성을 회복하고 유지하는 삶의 건강이론과 연관되어 설명될 수 있는 것이다. 한 인간, 한 민족, 한 문화의 조형력은 "자기 안에서 독자

---

45 柄谷行人著, 조영인역, 『세계공화국으로』, 도서출판B, 2007, 171쪽.

46 박영균, 김종균, 코리언의 역사적 트라우마에 관한 연구방법론, 코리언의 역사적 트라우마, 2012, 47~48쪽.

47 김정현, 「니체의 역사치료학」, 『범한철학』제35집, 2004, 166쪽.

적으로 성장하여 과거의 것이나 이질적인 것을 개조하거나 동화시키고, 상처를 치유하고, 잃어버린 것을 보상하고, 이지러진 형식을 자기 안에서 보충해 가는 힘"에 달려 있기에, 건강한 역사를 유지하기 위해서는 역사적 감각의 한계 규정과 균형적 유지가 반드시 필요하게 된다.[48]

역사가 과거를 다루는 학문이면서도 현실과 밀접하게 관련되어 있는 이유가 여기에 있다.[49]

곧 역사는 시간의 선후 관계를 규명하고 반성을 요구하는 학문으로, 지난 경험에서 우리는 오늘을 살아가는 교훈을 얻을 수 있는데, 그 교훈은 역사를 통하여 우리가 찾는 것이며, 그리고 그 찾는 능력만큼 자신들에게 합당한 교훈, 또 필요한 교훈을 얻게 된다. 만일 교훈을 제대로 얻어내지 못한다면 역사는 무의미해지고 또한 그 사회나 국가는 극단적인 경우 역사가 없는 사회, 국가가 될 수도 있다.

곧 '식민트라우마'의 치유는 일제 강점에 대한 성찰을 통하여 역사적인 교훈을 인식함으로서 관련한 가해자의 반성과 실천적인 책임을 지는 행동이 있어야 한다. 곧 일제강점으로 인하여 잘못 맞추어진 역사의 파편들은 지속적으로 고통을 유발하기 때문에 이를 제대로 맞추는 것으로부터 역사적 트라우마는 치유될 수 있는 것이다. 역사적 트라우마는 기억의 환기를 통해서 작동하는데, 일본은 계속 반복적인 역사왜곡을 현재 까지도 이어옴으로 인해 한민족의 상처를 치유하기보다는 식민의 공포를 상기시키며, 끊임없이 상호의 유대감을 파괴하고 '실재적 불안'을 재생산하고 있다. 따라서 한일간에 건강한 미래를 이루어가기위해서는 일제 강점의 논리였던 역사 왜곡을 중단하고 화해와 용서의 마당을 만들어 가야할 것이다.

48 김정현, 위의 논문, 179~180쪽.

49 한국사특강편찬위원회, 『한국사특강』, 서울대학교출판부, 1993, 1~2쪽.

5
맺음말

일본의 역사왜곡은 한일 양국에 있어서 늘 갈등의 씨앗이 되었고, 서로의 신뢰를 허물어뜨리는 불통의 요소가 되어 왔다. 왜곡된 역사교육을 통하여 다음 세대들에게 그릇된 역사상이 심어지고 그것을 통하여 학생들이 민족적 편견과 우월의식을 이어가게 된다면 그것은 결코 일시적인 문제일 수 없는 것이다. 한국이 일제로부터 해방이 된지 70여년이 되어가지만, 일본이 지속적으로 역사 훼손을 이어간다면 그것은 또 다른 형태의 침략이 계속되는 것이기도 하다.

일본의 역사왜곡은 메이지 유신이후 정한론의 논의 속에서 조선후기 단절되었던 국교를 재개하며 체결한 강화도조약 이후 새롭게 성립한 근대역사학의 일환으로 태동되었다. 일본은 고대시기 일본의 한반도 남부지배설을 기정사실로 인정하고 과거의 영광을 재현하려고 하는 야망을 품게 되었던 것이다. 이에 따라 한국사에 대한 과거의 사실을 왜곡하여 한국에 대한 침략의 정당을 확보하려고 식민사관을 조성하고 그들의 침략을 합리화 하였다. 왜곡된 한국사 인식은 일제강점하 역사교과서 편찬에 반영되었고, 식민지 한국인들에게 내선일체라는 명목으로 민족정신 말살을 기도하였다.

이러한 일제의 침략의 정당성을 확보하고 한국에 대한 지배를 합리화 한 역사왜곡 논리는 일선동조론이나 동양평화론, 합법절차론의 모습으로 여전히 현재에도 일본의 역사교과서에 반영되고 있음을 알 수 있다. 곧 현재의 역사왜곡의 뿌리는 일제의 침략논리에서 찾을 수 있는 것이고, 그것은 양국의 발전적인 미래를 만드는 데에는 걸림돌이 될 수밖에 없다.

이제 양국은 근대초기 양국에서 함께 논의되었던 진정한 동양평화론을 성찰해 보아야 할 때이다. 과거의 역사를 돌아보며 잘못된 사실을 바로잡고 역사적 사실에 대한 해석의 차이를 극복하여 건강한 관계를 수립할 수 있는 치유의 길을 모색해야 할 것이다.

참고문헌

김경미, 「1940년대 조선의 '국사'교과서와 일본의 국사교과서」, 『한국교육사학』제28권 제2호, 2006.

김기봉, 「메타역사로서 역사비평」, 『역사와 현실』 40, 2001.

김여칠, 「1906년 이후의 국사교과서에 대하여」, 『역사교육』 36, 1984.

김여칠, 「개화기의 국사교과서 연구」 하, 『논문집』 19, 1986.

김성준, 「구한말의 역사교육에 대하여」, 『대동문화연구』 8, 1971.

김용섭, 「일본 · 한국에 있어서의 한국사 서술」, 『역사학보』 31, 1966.

김용섭, 「일제 관학자들의 한국사관」, 『사상계』 2월호, 1963.

김정현, 「니체의 역사치료학」, 『범한철학』제35집, 2004.

김흥수, 「한말 역사교육 및 교과서에 관한 연구」, 『역사교육』 29, 1981.

류한철, 「한말 사립학교령 이후 일제의 사학탄압과 그 특징」, 『한국독립운동사연구』, 1987.

박걸순, 『식민지 시기의 역사학과 역사인식』, 경인문화사, 2004.

박영균, 김종군, 코리언의 역사적 트라우마에 관한 연구방법론, 코리언의 역사적 트라우마, 2012.

박이문, 『통합의 인문학』, 知와사랑, 2009.

서영희, 「일본 학계의 병합사 연구와 역사교과서 서술에 대한 비판적 검토」, 『역사문화연구』 42, 2012.

손승철, 「일본 역사교과서 왜곡의 사적 전개와 대응」, 『한일관계사연구』 40, 2011.

손인수, 『韓國開化敎育硏究』, 一志社, 1990.

유재춘, 「인문치료학에서 역사학의 역할-역사의 효능과 인식 갈등의 치유 문제를 중심으로-」, 『인문과학연구』 26, 2010.

이만열, 「19세기말 일본의 한국사연구」, 『청일전쟁과 한일관계』, 一潮閣, 1985

이연복, 「우리나라 근대 역사교육에 대하여」, 『서울교대논문집』 11, 1978.

이종욱, 「역사광복 식민사학을 넘어 본연의 역사착지」, 『인문논총』 제20집, 2006.

이종찬, 「생명의 권력, 역사의 치유」, 『코기토』 61, 2006.

장 신, 『朝鮮總督府敎科書叢書』 歷史編 1~7권, 청운, 2006.

조동걸, 「식민사학의 성립과정과 근대사 서술」, 『역사교육논집』, 제13·14집, 1991.

최재석, 「1892년의 하야씨 타이호(林泰輔)의 조선사 비판」, 『선사와 고대』 18, 2003.

최혜주, 「메이지시대의 한일관계 인식과 일선동조론」, 『한국민족운동사연구』 37, 2003.

최홍규, 「일본 역사교과서의 한국사 왜곡의 前史」, 『경기사학』 5, 경기사학회, 2001.

현명철, 「한·일 역사 갈등의 뿌리를 찾아서 -한일관계의 변화와 총독부 간해 조선사 기술 검토를 중심으로-」, 『한일관계사연구』 40집, 2011.

柄谷行人著, 조영인역, 『세계공화국으로』, 도서출판B, 2007.

佐野通夫, 「1910년대 조선총독부 학무국의 역사 교육」, 『한국독립운동사연구』 38, 2011.

渡部宗助, 「1910년 전후 일본의 역사교육-상황, 교육과정, 교과서-」, 『한국독립운동사연구』 38, 2011.

이 책에 실린 글은 아래의 논고를 수정 보완한 것이다.

엄찬호, 인문학의 치유적 의미에 대하여, 『인문과학연구』 25, 2010.

유재춘, 인문치료학에서 역사학의 역할-역사의 효능과 인식 갈등의 치유문제를 중심으로-, 『인문과학연구』 26, 2010.

엄찬호, 퇴계의 경사상과 『활인심방』에서의 마음치유, 『인문과학연구』 55, 2017.

엄찬호, 역사와 치유-한국현대사의 트라우마를 중심으로-, 『인문과학연구』 29, 2011.

엄찬호, 과거사 청산과 역사의 치유, 『인문과학연구』 33, 2012.

엄찬호, 한국전쟁 전후 민간인학살에 대한 분노와 치유, 『인문과학연구』 36, 2013.

엄찬호, 남북통일 문제에 대한 인문치료적 고찰, 『인문과학연구』 45, 2015.

엄찬호, 동학의 치유사상 연구, 『인문과학연구』 41, 2014.

엄찬호, 일본의 한국사 왜곡과 역사치유, 『한일관계사연구』 44, 2013.

역사와 인문치료학

2017년 7월 25일 발행
2017년 7월 23일 인쇄

지은이 유재춘·엄찬호
펴낸이 원미경
펴낸곳 도서출판 산책

등록 1993년 5월 1일 춘천 80호
주소 강원도 춘천시 우두강둑길 23
전화 033.254.8912
이메일 book4119@hanmail.net

ISBN 978-89-7864-055-8

* 이 저서는 2007년 정부(교육부)의 재원으로 한국연구재단의 지원을 받아 수행된 연구임(NRF-2007-361-AM0056)